Verbotsirrtum und Subventionsbetrug

Schriften zum Strafrecht und Strafprozeßrecht

Herausgegeben von Manfred Maiwald
und Carsten Momsen

Band 109

PETER LANG
Frankfurt am Main · Berlin · Bern · Bruxelles · New York · Oxford · Wien

Simone Reiß

Verbotsirrtum und Subventionsbetrug

Unter Berücksichtigung der Besonderheiten bei der betrügerischen Erlangung von EU-Sanktionen

PETER LANG
Internationaler Verlag der Wissenschaften

Bibliografische Information der Deutschen Nationalbibliothek
Die Deutsche Nationalbibliothek verzeichnet diese Publikation in der Deutschen Nationalbibliografie; detaillierte bibliografische Daten sind im Internet über http://dnb.d-nb.de abrufbar.

Zugl.: Saarbrücken, Univ., Diss., 2010

D 291
ISSN 0938-6181
ISBN 978-3-631-61949-0 (Print)
ISBN 978-3-653-01751-9 (E-Book)
DOI 10.3726/978-3-653-01751-9

www.peterlang.de

Für meine Eltern

Danksagung

Meine Dissertation bewegt sich thematisch an einer Schnittstelle zwischen Strafrecht und Europarecht. Der strafrechtliche Teil wurde von Prof. Dr. Momsen, der europarechtliche Teil von Prof. Dr. Stein betreut.

Mein herzlicher Dank gilt daher zunächst Herrn Prof. Momsen für die intensive Betreuung des strafrechtlichen Teils. Hervorzuheben ist insbesondere, dass er sich immer die Zeit nahm, auch umfangreiche Teile der Arbeit im Handumdrehen zu lesen und mir Anstöße zu geben, die mich weiterbrachten, mir aber auch den gedanklichen Freiraum ließen, eigene Ansätze zu entwickeln.

Auch Herrn Prof. Stein möchte ich an dieser Stelle herzlich danken. Auch wenn sich zwischenzeitlich gezeigt hat, dass – zumindest meiner Auffassung nach – das Strafrecht in Bezug auf das gewählte Thema mehr Konfliktpotenzial birgt als das Europarecht und der europarechtliche „Betreuungsbedarf" daher geringer war als der strafrechtliche, war es für mich sehr beruhigend, für den Fall der Fälle in Prof. Stein eine europarechtlich versierte „Anlaufstelle" zu haben. Ein großes Dankeschön gebührt ihm darüber hinaus für die äußerst zügige Erstellung des Zweitgutachtens.

Des Weiteren gebührt Herrn Prof. Dr. Maiwald mein Dank für die Aufnahme dieser Dissertation in die von ihm herausgegebene Schriftenreihe zum Strafrecht und Strafprozessrecht.

Danken möchte ich auch Frau Susanne Krück, die die Arbeit nicht nur Korrektur gelesen, sondern auch mit Finessen der Word-Textverarbeitung versehen hat.

Abschließend gilt mein besonderer Dank meiner Familie. Die Zeit, während derer ich meine Dissertation schrieb, war durch die schwere Krankheit meiner Mutter geprägt. Ich habe manchmal daran gezweifelt, ob ich es schaffe, neben meinen verschiedenen beruflichen Tätigkeiten und unter dem Druck und der Bürde ganz existenzieller Fragen meine Dissertation abzuschließen. Ich bin glücklich und stolz festhalten zu können: bei dem entsprechenden familiären Zusammenhalt geht es!

St. Ingbert, im Juli 2010

Simone Reiß

Inhaltsverzeichnis

Abkürzungsverzeichnis

a. A.	anderer Ansicht
a. a. O.	am angegebenen Ort
a. F.	alte Fassung
Abl.	Amtsblatt
Abs.	Absatz
AEUV	Vertrag über die Arbeitsweise der Europäischen Union
AK	Alternativkommentar
Alt.	Alternative
Angekl.	Angeklagte(n)
AO	Abgabenordnung
Art.	Artikel
AT	Allgemeiner Teil
Aufl.	Auflage
AWG	Außenwirtschaftsgesetz
BayObLG	Bayerisches Oberstes Landesgericht
BayStGB	Bayerisches Strafgesetzbuch
Bd.	Band
BeckOK	Beck'scher Online-Kommentar
Beschl.	Beschluss
BGB	Bürgerliches Gesetzbuch
BGBl.	Bundesgesetzblatt
BGH	Bundesgerichtshof
BGHR	Systematische Sammlung der Entscheidungen des Bundesgerichtshofs, die von den Richtern des Bundesgerichtshofs herausgegeben wurde in Zivilsachen (mit Verfahrensrecht und Nebengesetzen) und in Strafsachen (mit StPO)
BGHSt	Entscheidungen des Bundesgerichtshofs in Strafsachen
BKartA	Bundeskartellamt
BRAO	Bundesrechtsanwaltsordnung
BT-Drs.	Bundestagsdrucksache
Bundesgesetzbl.	Bundesgesetzblatt
BVerfG	Bundesverfassungsgericht
BVerfGE	Entscheidungen des Bundesverfassungsgerichts
bzw.	beziehungsweise

ders./dies.	derselbe/dieselbe(n)
d. h.	das heißt
EAGFL	Europäischer Ausrichtungs- und Garantiefonds für Landwirtschaft
EG	Europäische Gemeinschaft
EGFinSchG	EG-Finanzschutzgesetz
EGOWiG	Einführungsgesetz zum Gesetz über Ordnungswidrigkeiten
EGStGB	Einführungsgesetz zum Strafgesetzbuch
EGV	Vertrag der Europäischen Gemeinschaft
Einl.	Einleitung
endg.	endgültig
etc.	et cetera
EU	Europäische Union
EuGH	Europäischer Gerichtshof
EUV	Vertrag über die Europäische Union
evtl.	eventuell
EWG	Europäische Wirtschaftsgemeinschaft
f., ff.	folgend(e)
FinanzschutzG	Finanzschutzgesetz
Fn.	Fußnote
FS	Festschrift
GA	Gerichtsakte
GG	Grundgesetz
ggf.	gegebenenfalls
ggü.	gegenüber
GmbH	Gesellschaft mit beschränkter Haftung
GmbHG	Gesetz betreffend die Gesellschaft mit beschränkter Haftung
GS-St	Großer Senat in Strafsachen
h. M.	herrschender Meinung
Hrsg.	Herausgeber
i. d. R.	in der Regel
i. S. v.	im Sinne von
InsO	Insolvenzordnung
i. V. m.	in Verbindung mit

JA	Juristische Arbeitsblätter
JR	Juristische Rundschau
JuS	Juristische Schulung
JZ	JuristenZeitung
Kap.	Kapitel
KG	Kammergericht
KOM	Kommission der Europäischen Gemeinschaften
krit.	kritisch
KritV	Kritische Vierteljahresschrift für Gesetzgebung und Rechtswissenschaft
LK	Leipziger Kommentar
LSubvG	Landessubventionsgesetz
m. Anm.	mit Anmerkung
m. Bsp.	mit Beispielen
MDR	Monatsschrift für Deutsches Recht
MüKo	Münchener Kommentar
m. w. N.	mit weiteren Nachweisen
m. V. a.	mit Verweis auf
n. F.	neue Fassung
NJW	Neue Juristische Wochenschrift
NK	Nomos-Kommentar
Nr.	Nummer
NStE	Neue Entscheidungssammlung für Strafrecht
NStZ	Neue Zeitschrift für Strafrecht
o. ä.	oder ähnliches
o. g.	oben genannt
OLG	Oberlandesgericht
OWiG	Ordnungswidrigkeitengesetz
Rdn., Rn.	Randnummer
RGBl.	Reichsgesetzblatt
RGSt	Reichsgericht in Strafsachen
RR	Rechtsprechungsreport
Rs.	Rechtssache
Rspr.	Rechtsprechung

RStGB	Reichsstrafgesetzbuch
S.	Satz bzw. Seite
SK	Systematischer Kommentar
Slg.	Sammlung
sog.	sogenannte(n)
SSW	Satzger/Schmitt/Widmaier, Kommentar zum Strafgesetzbuch
StGB	Strafgesetzbuch
StPO	Strafprozessordnung
StRK	Sammlung höchstrichterlicher Steuer-Rechtsprechung in Karteiform
StrRG	Gesetz zur Reform des Strafrechts
StV	Strafverteidiger (Zeitschrift)
StVG	Straßenverkehrsgesetz
StVO	Straßenverkehrsordnung
StVZO	Straßenverkehrs-Zulassungs-Ordnung
SubvG	Subventionsgesetz
TierSchG	Tierschutzgesetz
u. a.	unter anderem
u. U.	unter Umständen
Urt.	Urteil
v.	vom
vgl.	vergleiche
VO	Verordnung
VRS	Verkehrsrechtssammlung
VwVfG	Verwaltungsverfahrensgesetz
WiKG	Gesetz zur Bekämpfung der Wirtschaftskriminalität
WuW	Wirtschaft und Wettbewerb
z. B.	zum Beispiel
ZfRV	Zentrum für Rechts- und Verwaltungswissenschaften
zit.	zitiert
ZStW	Zeitschrift für die gesamte Strafrechtswissenschaft

Einleitung

Die vorliegende Arbeit beschäftigt sich mit der Anwendung der Irrtumsregeln des Strafgesetzbuchs auf den Tatbestand des Subventionsbetrugs. Besondere Aufmerksamkeit soll hierbei zwei Problemkreisen geschenkt werden – zum einen der Frage, an welchem Maßstab die Vermeidbarkeit des Verbotsirrtums zu messen ist; zum anderen, inwiefern europarechtliche Vorgaben den Vermeidbarkeitsmaßstab mit formen können bzw. ob ein solches Ansinnen mit den Vorgaben des nationalen Verfassungsrechts in Einklang zu bringen ist. Für diese Untersuchung ist der Tatbestand des Subventionsbetrugs besonders geeignet, da er einerseits stark normativ geprägt ist und damit für Irrtümer ein weites Feld bietet und andererseits sowohl Subventionen der Mitgliedstaaten und der Europäischen Union als Tatobjekt in Betracht kommen.

Während die strafrechtliche Behandlung von Irrtümern schon seit langer Zeit[1] Gegenstand von Gesetzgebung und Rechtsprechung ist, wurde ein kriminalpolitisches Bedürfnis zur Schaffung eines Sondertatbestands des Subventionsbetrugs erst während der 1970er Jahre gesehen. Dies hängt auch damit zusammen, dass rechtliche und tatsächliche Fehlbewertungen auf Seiten des Täters so alt sind wie die Menschheit, sich die umfängliche Auskehrung von Subventionen als Instrument der (Wirtschafts-)Lenkung hingegen erst seit relativ kurzer Zeit großer Beliebtheit erfreut.

Die Vergabe von Subventionen kann schon für das Zeitalter des Merkantilismus festgestellt werden.[2] Die Wirtschaftsordnung des Merkantilismus war im Zeitalter des Absolutismus verbreitet und sah in verschiedenster Hinsicht eine umfängliche staatliche Regulierung vor.[3] Mit dem Aufstieg des Bürgertums ging der Aufstieg einer neuen gesellschaftspolitischen Strömung, des Liberalismus, einher, der die freie Entfaltung des Individuums – sowohl auf politischer als auch auf wirtschaftlicher Ebene – in den Mittelpunkt stellte. Ziel war die Erreichung des größtmöglichen Glücks der größtmöglichen Anzahl von Menschen.

---

1 Die Meinungen darüber, ob Irrtümer in den Rechtssystemen aller geschichtlicher Phasen eine Rolle gespielt haben, gehen auseinander. Teilweise wird vertreten, dass Irrtümer ursprünglich nicht interessierten, da Strafen aufgrund einer Erfolgshaftung verhängt wurden, bei welcher sowohl Rechts- als auch Tatsachenirrtümer irrelevant waren. Andere hingegen führen entsprechenden Passagen in den sowieso nur spärlichen frühen Quellen auf unbeholfene Formulierungen bzw. ein streng formales Prozessrecht zurück. Vgl. m. w. N. *Stuckenberg*, S. 501 f.

2 *Graßmück*, S. 39 ff.

3 Z. B. durch Export- oder Importverbote bestimmter Güter, Schutzzölle, Beschränkungen der Mobilität von Arbeitnehmern, vgl. Zeit-Lexikon, Welt- und Kulturgeschichte, Bd. 9, S. 195 ff.

Triebfeder für dessen Realisierung sollte die eigennützige Interessenverfolgung durch das vernunftbegabte und zu wirtschaftlicher Eigeninitiative fähige Individuum sein. *Adam Smith*, einer der „Väter“ des klassischen Wirtschaftsliberalismus, wies dem Staat daher lediglich die Rolle eines „Nachtwächterstaats“ zu, der die Rahmenbedingungen – vornehmlich im Bereich der öffentlichen Sicherheit und Ordnung – schaffen und deren Einhaltung kontrollieren sollte. Innerhalb dieses Rahmens sollten sich die Kräfte des freien Marktes entfalten können.[4] Für die Vergabe von Subventionen bestand in diesem auf Wettbewerb und Freihandel basierenden wirtschaftspolitischen Konzept kein Raum, da diese die Kräfte des freien Marktes behinderten bzw. außer Kraft setzten. Dies führte zwar nicht zur völligen Abschaffung des Subventionswesens, verringerte jedoch dessen Volumen.[5] Gegen Ende des 19. Jahrhunderts setzte sich allerdings die Erkenntnis durch, dass der „Nachtwächterstaat“ nicht in der Lage war, die schlagwortartig als „soziale Frage“ bezeichneten drängenden sozialen Probleme zu lösen. Daher wandelte sich um die Jahrhundertwende zum 20. Jahrhundert das Verhältnis von Staat und Wirtschaft – der Staat entwickelte sich vom bloßen Nachtwächterstaat zum Wohlfahrtsstaat, was unter anderem den vermehrten Einsatz von Subventionen zur Folge hatte.[6] Hinzu kam der Versuch, mit Subventionen die Folgen des 1. Weltkriegs zu bewältigen.[7]

Mittlerweile sind Subventionen zu einem ebenso typischen wie umstrittenen Instrument der Wirtschaftsförderung avanciert[8] – typisch, weil mittlerweile hohe Summen im Staatshaushalt für Subventionen in Ansatz gebracht werden.[9] Die

---

4 *Graßmück*, S. 42; Zeit-Lexikon Welt- und Kulturgeschichte, Bd. 11, S. 412 ff. Die Theorie der komperativen Kostenvorteile geht davon aus, dass der größte Wohlstand aller dann erreicht wird, wenn jedes Volk das produziert, was es am kostengünstigsten herstellen kann und alle anderen Güter importiert. Dieses freie Spiel der Kräfte des Marktes wird von Subventionen außer Balance gebracht, da sie oftmals dazu dienen, „kranke“ Branchen oder Unternehmen am Leben zu erhalten, obwohl die entsprechenden Güter und Dienstleistungen anderswo kostengünstiger hergestellt bzw. zur Verfügung gestellt werden können.

5 *Graßmück*, S. 42 f. Insbesondere Agrarsubventionen seien weiterhin gewährt worden.

6 LK-*Tiedemann*, § 264, Rn. 2.

7 NK-*Hellmann*, § 264, Rn. 2.

8 *Stober*, § 56 I.

9 Das Subventionsvolumen aller staatlichen Ebenen in Deutschland belief sich im Jahr 2003 auf insgesamt 57 Mrd. € (19. Subventionsbericht v. 1.10.2003, Drucksache 15/1635, S. 7) und im Jahr 2007 auf 58 Mrd. € (22. Subventionsbericht, S. 6, (pdf S. 10), http://www.bundesfinanzministerium.de/nn_4542/DE/Wirtschaft__und__Verwaltung/Finanz__und__Wirtschaftspolitik/Finanzpolitik/Subventionspolitik/100113__Subventionsbericht__anl__Druck,templateId=raw,property=publicationFile.pdf [03.08.2011]).

Sinnhaftigkeit der Subventionsvergabe ist allerdings wirtschaftspolitisch sehr umstritten[10] – in erster Linie deshalb, weil jede Förderung von Einzelunternehmen oder ganzer Industriezweige geeignet ist, den Wettbewerb zugunsten des subventionierten Unternehmens bzw. der subventionierten Branche zu verzerren und so die Kräfte des freien Markts negativ beeinflusst werden. Aufgrund dieser negativen Auswirkungen auf den Wettbewerb beschränken die Art. 107 ff. AEUV (Art. 87 ff. EGV a. F.) die europarechtliche Zulässigkeit von Beihilfen.

Trotz dieser Tendenzen auf supranationaler Ebene, staatliche Zuwendungen aufgrund ihrer wettbewerbsbeeinträchtigenden Natur einzudämmen, ist nicht zu verkennen, dass für die Subventionsvergabe von Seiten der Mitgliedstaaten nach wie vor große Summen verwandt werden. Auch die EU stellt gut gefüllte Fördertöpfe bereit. Paradebeispiel hierfür ist die Gemeinsame Agrarpolitik[11], doch auch über den Strukturfonds bzw. Regionalbeihilfen[12], den Europäischen Sozialfonds[13] und im Rahmen der Externen Politiken[14], z. B. bei Heranführungsbeihilfen an Beitrittskandidaten werden umfänglich Mittel bereitgestellt. Das hohe Volumen der zur Verteilung bereitstehenden Mittel weckt Begehrlichkeiten – legaler und illegaler Natur. Dementsprechend gibt es kriminelle Aktivitäten, die auf die betrügerische Erlangung solcher Zuwendungen abzielen und die finanziellen Interessen der Mitgliedstaaten und der EU[15] massiv schädigen. Wie hoch

---

10 Ausführlich *Sannwald*, S. 31 ff.

11 EAGFL Abteilung Garantie: Die Gemeinsame Agrarpolitik ist in Art. 38 ff. AEUV geregelt; ein wesentlicher Bestandteil ist eine umfängliche Subventionierung, etwa durch direkte Einkommensbeihilfen oder Erstattungen bei der Ausfuhr in Drittstaaten.

12 Ausgaben mit struktureller Zweckbestimmung zur Förderung des wirtschaftlichen und sozialen Zusammenhalts innerhalb der EU, z. B. zur Entwicklung strukturschwacher Regionen, Entwicklung des ländlichen Raumes, Förderung von Vorhaben im Bereich des Umweltschutzes, durch Strukturfonds und EAGFL Abteilung Struktur.

13 Programme in den Bereichen Kultur, Bildung, Jugendaustausch, Energiepolitik, Umwelt, Verbraucherschutz, transeuropäische Netze, Forschung und technologische Entwicklung.

14 Maßnahmen in Drittstaaten, z. B. Reformprogramme für die mittel- und osteuropäischen Staaten, humanitäre Hilfsmaßnahmen, Beiträge zu Hilfsprogrammen internationaler Organisationen, Heranführungshilfen (PHARE).

15 Die finanziellen Interessen der EU werden allerdings nicht nur durch Subventionsbetrug, also auf der Ausgabenseite, sondern auch auf der Einnahmeseite gefährdet. Das Finanzierungssystem der Gemeinschaft basierte ursprünglich auf dem Modell der Fremdfinanzierung, wurde jedoch durch die im Jahr 1970 durchgeführte Finanzreform auf das heute noch gültige System der Eigenfinanzierung umgestellt. Auf der Einnahmeseite sind vor allem die Bereiche Zoll und Mehrwertsteuereinnahmen von Betrügereien betroffen. Vgl. *Dannecker*, ZStW 108 (1996), S. 577; *Hecker*, § 14, Rn. 9. Problematisch sind auch die Steuerausfälle, die der EU durch Steuerhinterziehung entstehen: *Passalacqua*, S. 115 f.

die aus der betrügerischen Erlangung von Subventionen tatsächlich entstandenen Schäden für Mitgliedstaaten und EU sind, ist schwierig abzuschätzen – überwiegend wird davon ausgegangen, dass der volkswirtschaftliche Schaden beträchtlich ist.[16]

Werden Rechtsgüter der EU, z. B. deren finanzielle Interessen, beeinträchtigt, begründet der in Art. 4 Abs. 3 EUV n. F. niedergelegte Grundsatz der loyalen Zusammenarbeit eine Verpflichtung der Mitgliedstaaten, besagte Rechtsgüter zu schützen. Bei massiven Angriffen kann auch ein strafrechtlicher Schutz geboten sein. Die diesbezüglichen europarechtlichen Vorgaben und mögliche Konflikte mit tragenden Grundsätzen des nationalen Verfassungsrechts werden in Kapitel 1 dargestellt und in Bezug zur Regelung des § 17 StGB gesetzt.

Die Strafvorschriften der Mitgliedstaaten gegen Subventionsbetrug divergierten ursprünglich sehr – soweit die Erschleichung von Subventionen überhaupt strafbar war, waren die Tatbestände sehr unterschiedlich ausgestaltet.[17] Diese unterschiedliche Rechtslage kam insbesondere international agierenden kriminellen Organisationen zu Gute, die auch von Mängeln bei der Kooperation zwischen den Mitgliedstaaten profitierten. Eine Vereinheitlichung der Tatbestände des Besonderen Teils wurde durch das Übereinkommen zum Schutz der finanziellen Interessen der Europäischen Gemeinschaft vom 26.7.1995,[18] auch PIF-Konvention genannt, in die Wege geleitet, welches im Jahr 2002 in Kraft trat.[19] Hinsichtlich der einschlägigen Normen des Besonderen Teils ist also eine

---

16 Insbesondere auf nationaler Ebene wird als Argument für die praktische Wirkungslosigkeit des § 264 StGB auf die geringen Fallzahlen verwiesen (*Fischer*, § 264, Rn. 2b), die aber nur aussagekräftig sind, wenn man sie mit dem Dunkelfeld in Relation setzen kann (vgl. auch Achenbach/Ransiek-*Wattenberg*, IV 2, Rn. 5 ff., der auch auf die beträchtliche Schadenshöhe bei den statistisch erfassten Fällen verweist).

17 Dies lässt sich beispielsweise der Darstellung der Rechtslage in den verschiedenen Mitgliedstaaten im Jahr 1996 in LK-*Tiedemann*, § 264, Rn. 10 ablesen.

18 ABl. Nr. C 316 v. 27.11.1995, S. 48 ff. Die Umsetzung der PIF-Konvention ins deutsche Strafrecht erfolgte durch das EG-Finanzschutzgesetz v. 10.9.1998.

19 Im Rahmen der Bekämpfung von Betrügereien zum Nachteil der finanziellen Interessen der EU setzt die Kommission auf eine mehrgleisige Strategie. Einer der Pfeiler dieser Strategie ist die Stärkung der strafrechtlichen Dimension. Die Gesamtstrategie der Kommission, KOM(2000)358 endg., S. 6 ff., datiert aus dem Jahr 2000 und geht auf eine Tagung des Europäischen Rats in Tampere im Oktober 1999 zurück, bei welcher dieser die Kommission aufforderte, eine Gesamtstrategie zur Verwirklichung des mit dem Vertrag von Amsterdam geschaffenen Raums der Freiheit, der Sicherheit und des Rechts auszuarbeiten. Eine zentrale Rolle kommt dabei insbesondere der Prävention und Bekämpfung von Betrug und Korruption zum Nachteil der finanziellen Interessen der Gemeinschaft zu. Die Kommission setzt diesbezüglich auf ein pfeilerübergreifendes Konzept, das auf vier Eckpunkten beruht. Neben der Stärkung der strafrechtlichen

starke Angleichung der Rechtslage zu konstatieren. Im deutschen Strafrecht erfolgte die Umsetzung der PIF-Konvention im Rahmen des § 264 StGB. Dieser Tatbestand wird in Kapitel 2 vorgestellt, wo auch dargelegt wird, in welchen Konstellationen Irrtumsfragen relevant werden können.

Oftmals entscheiden aber nicht nur die Regelungen des Besonderen Teils, sondern auch die des Allgemeinen Teils über Strafbarkeit oder Freispruch. Gerade bei dem stark normativ geprägten Tatbestand des Subventionsbetrugs bietet sich, insbesondere bei unpräzisen Vorgaben von Seiten des Subventionsgebers, ein breites Feld für Irrtümer.

Von der Rechtsfolge her macht es allerdings einen großen Unterschied, ob der Täter über den Sachverhalt oder die Rechtslage irrt. In ersterem Fall entfällt gemäß § 16 Abs. 1 S. 1 StGB der Vorsatz; eine Bestrafung kommt nach §§ 15, 16 Abs. 1 S. 2 StGB nur wegen fahrlässiger Tatbegehung in Betracht, wenn eine solche normiert ist. Rechtliche Fehlbewertungen hingegen werden gemäß § 17 StGB erst auf Ebene der Schuld relevant und führen nur bei Unvermeidbarkeit des Verbotsirrtums zu einem Freispruch – bei Vermeidbarkeit besteht lediglich die Möglichkeit einer fakultativen Strafmilderung. Die strafrechtliche Behandlung des Tatbestandsirrtums ist also für den Täter wesentlich günstiger als die des Verbotsirrtums.

Daher ist es erforderlich, den Anwendungsbereich des § 17 StGB von dem des § 16 StGB abzugrenzen. Diese auf den ersten Blick so einfach erscheinende Unterscheidung bereitet vor allem bei normativen Tatbestandsmerkmalen und Blanketttatbeständen – beide Spezies sind in § 264 StGB reichlich vertreten – Schwierigkeiten. Die Parameter, anhand derer besagte Unterscheidung vorzunehmen ist, werden in Kapitel 3 zunächst allgemein dargelegt und sodann auf die Regelung des § 264 StGB angewandt. Auch wird die Regelung des § 17 StGB vorgestellt.

Sodann wird in Kapitel 4 dargelegt, wann der Täter ohne Unrechtsbewusstsein, also im Verbotsirrtum und wann er mit Unrechtsbewusstsein handelt. Es werden Bezugspunkt und Bewusstseinsform des Unrechtsbewusstseins sowie dessen Bezugspunkt bei Vorsatz- und Fahrlässigkeitsdelikten erörtert.

Auf dieser Abgrenzung des Verbotsirrtums zum Tatbestandsirrtum sowie zum Handeln mit Unrechtsbewusstsein bauen die das „Herzstück“ dieser Arbeit

---

Dimension sind dies eine Verbesserung der Zusammenarbeit der verschiedenen Mitgliedstaaten und der Gemeinschaft, die Bekämpfung von Korruption sowie eine umfassende Gesetzgebung (Verbesserung der Rechtsetzung – klare, leicht anwendbare Regeln, wirksame Kontrollen sowie eine effiziente Einziehung von zu Unrecht gezahlten Beträgen als Anreiz für effiziente nationale Kontrollsysteme). Eine nähere Ausarbeitung der Gesamtstrategie 2000 erfolgte im Aktionsplan 2001-2003, KOM(2001)254 endg.

bildenden Ausführungen zur Vermeidbarkeit des Verbotsirrtums in Kapitel 5 auf. Im Mittelpunkt stehen hierbei der Anlass zum Nachdenken und Einholen von Rechtsrat sowie der Einfluss des verfassungsrechtlich verbürgten Schuldgrundsatzes und die Vereinbarkeit der nationalen Dogmatik mit europarechtlichen Vorgaben.

Kapitel 1 – Europarechtliche Grundlagen

Bevor auf die strafrechtlichen Aspekte eingegangen wird, soll zunächst der europarechtliche Rahmen dargelegt werden, der Einfluss auf die Auslegung des nationalen Strafrechts nehmen könnte. Auch werden erste Verknüpfungen zum Hauptthema der Arbeit, der Vermeidbarkeit des Verbotsirrtums beim Subventionsbetrug, aufgezeigt.

I. Der Grundsatz der Gemeinschaftstreue bzw. der loyalen Zusammenarbeit

1. Allgemeines

Der Grundsatz der Gemeinschaftstreue war vor In-Kraft-Treten des Vertrags von Lissabon in Art. 10 EGV a. F. niedergelegt. Nunmehr ist er in Art. 4 Abs. 3 EUV festgeschrieben.

Art. 10 EGV a. F. lautete wie folgt:

> „Die Mitgliedstaaten treffen alle geeigneten Maßnahmen allgemeiner oder besonderer Art zur Erfüllung der Verpflichtungen, die sich aus diesem Vertrag oder aus Handlungen der Organe der Gemeinschaft ergeben. Sie erleichtern dieser die Erfüllung ihrer Aufgabe.
>
> Sie unterlassen alle Maßnahmen, welche die Verwirklichung der Ziele dieses Vertrags gefährden könnten."

Art. 4 Abs. 3 EUV beinhaltet folgende Regelung:

> „Nach dem Grundsatz der loyalen Zusammenarbeit achten und unterstützen sich die Union und die Mitgliedstaaten gegenseitig in der Erfüllung der Aufgaben, die sich aus den Verträgen ergeben.
>
> Die Mitgliedstaaten ergreifen alle geeigneten Maßnahmen allgemeiner oder besonderer Art zur Erfüllung der Verpflichtungen, die sich aus den Verträgen ergeben.
>
> Die Mitgliedstaaten unterstützen die Union bei der Erfüllung ihrer Aufgabe und unterlassen alle Maßnahmen, die die Verwirklichung der Ziele der Union gefährden könnten."

Der Grundsatz der Gemeinschaftstreue, nunmehr meist als Grundsatz der loyalen Zusammenarbeit bezeichnet, legt fest, nach welchen allgemeinen Grundsätzen die Mitgliedstaaten der EU ihre europarechtlichen Verpflichtungen erfüllen müssen.[20] Aus Art. 4 Abs. 3 EUV ergeben sich Schutzpflichten der Mitgliedstaaten in Bezug auf wichtige Gemeinschaftsgüter wie z. B. die finanziellen

---

[20] *Ambos*, § 11, Rn. 33.

Interessen der EU[21], die insbesondere durch die betrügerische Erlangung bzw. zweckentfremdende Verwendung von EU-Subventionen gefährdet werden.

Zum einen ist für die vorliegende Arbeit von Bedeutung, ob sich aus dem Grundsatz der loyalen Zusammenarbeit eine (ggf. strafrechtliche) Sanktionierungspflicht[22] der Mitgliedstaaten in Bezug auf Verstoße gegen Gemeinschaftsrecht bzw. die Verletzung gemeinschaftsrechtlicher Schutzgüter, etwa in Form einer betrügerischen Erlangung von EU-Subventionen, ableiten lässt. Zum anderen stellt sich die Frage, ob er im Einzelfall Fingerzeige für die Auslegung bzw. Anwendung nationaler Strafvorschriften, etwa hinsichtlich der an die Vermeidbarkeit des Verbotsirrtums zu stellenden Anforderungen, gibt.

2. Gemeinschaftsrechtliche Untergrenzen[23] für die Sanktionierung von Verstößen gegen Gemeinschaftsrecht

Es ist unstreitig, dass Art. 4 Abs. 3 EUV eine Sanktionierungspflicht in Bezug auf Verstöße gegen Gemeinschaftsrecht begründet. Die Rechtsprechung des EuGHs hat aus dem sehr allgemein formulierten Grundsatz der loyalen Zusam-

---

21 *Hecker*, § 7, Rn. 34; *Böse*, S. 416; *Dannecker*, ZStW 117 (2005), S. 697, 721 ff.; *ders.*, Jura 2006, S. 95, 99; *Hugger*, S. 33; *Satzger*, Europäisierung, S. 347. Die Schutzpflicht der Mitgliedstaaten bezieht sich nicht nur auf die finanziellen Interessen der Gemeinschaft, sondern auch auf sonstige Rechtsgüter oder rechtlich geschützte Interessen, die für die Existenz und Funktionsfähigkeit der Gemeinschaft und die Durchsetzung ihrer Politiken von Bedeutung sind. Als Beispiele seien hier die Urteile des EuGHs hinsichtlich der Verpflichtung der Mitgliedstaaten zur Gewährleistung des freien Warenverkehrs, Rs. 265/95, *Kommission/Frankreich*, Slg. 1997, S. 6959 (französische Landwirte), und Rs. 112/00, *Schmidberger/Österreich*, Urt. v. 12.6.2003 genannt.

22 Aus Art. 10 EGV a. F. wurde schon früh die Berechtigung der Mitgliedstaaten abgeleitet, Verstöße gegen sekundärrechtlich verankerte gemeinschaftsrechtliche Ge- oder Verbote strafrechtlich zu ahnden, außer im Fall einer abschließenden gemeinschaftsrechtlichen Regelung, vgl. *Hecker*, § 7, Rn. 19 ff. m. w. N.; *Gröblinghoff*, S. 19 ff.

23 Art. 4 Abs. 3 EUV legt auch Obergrenzen für eine strafrechtliche Haftung fest, da unverhältnismäßig scharfe oder diskriminierende Sanktionen eine Behinderung der Grundfreiheiten darstellen können, *Hecker*, § 7, Rn. 45 ff. m. w. N. Bei Beachtung der gemeinschaftsrechtlichen Obergrenzen wie dem Verhältnismäßigkeitsgrundsatz stehe es den Mitgliedstaaten allerdings frei, sogar eine objektive strafrechtliche Verantwortlichkeit einzuführen, da der Grundsatz *nulla poena sine culpa* im Gemeinschaftsrecht nicht absolut gelte, *Hecker*, § 7, Rn. 51 ff. m. w. N.

menarbeit verschiedene Leitlinien entwickelt, anhand derer zu beurteilen ist, ob mitgliedstaatliche Sanktionierungen gemeinschaftsrechtskonform sind.

Der EuGH hielt diesbezüglich von Anfang an fest, dass die Sanktionen wirksam, abschreckend und verhältnismäßig sein und über einen symbolischen Schadenersatz hinausgehen müssen,[24] überließ aber die Auswahl zwischen Sanktionen strafrechtlicher, zivilrechtlicher oder öffentlich-rechtlicher Natur der freien Entscheidung der Mitgliedstaaten, solange die Sanktionsnormen besagte Wirkungen hatte.

Weitere Leitlinien stellte der EuGH in seiner richtungsweisenden Entscheidung zum *Griechischen Maisskandal* auf.[25] Hintergrund dieses Falls war ein von der Kommission gegen Griechenland angestrengtes Vertragsverletzungsverfahren, in welchem Griechenland vorgeworfen wurde, dass die Einfuhr jugoslawischen Maises nach Griechenland nicht mit der nach EU-Recht zu zahlenden Agrarabschöpfung belegt worden war, und dass dieser jugoslawische Mais sodann unter Mitwirkung griechischer Beamter zu griechischem Mais umetikettiert und im Binnenmarkt in Umlauf gebracht worden war. Der EuGH postulierte in seinem Urteil weitere Mindestanforderungen an die Europarechtskonformität mitgliedstaatlicher Sanktionen und bejahte eine Schutzpflicht der Mitgliedstaaten in Bezug auf Rechtsgüter der Gemeinschaft.

Er entschied:

> „[23] [...] Enthält eine gemeinschaftsrechtliche Regelung keine besondere Vorschrift, die für den Fall eines Verstoßes gegen die Regelung eine Sanktion vorsieht, oder verweist sie insoweit auf die nationalen Rechts- und Verwaltungsvorschriften, so sind die Mitgliedstaaten nach Artikel 5 EWG-Vertrag [Art. 4 Abs. 3 EUV n. F.] verpflichtet, alle geeigneten Maßnahmen zu treffen, um die Geltung und die Wirksamkeit des Gemeinschaftsrechts zu gewährleisten.
>
> [24] Dabei müssen die Mitgliedstaaten, denen allerdings die Wahl der Sanktionen verbleibt, namentlich darauf achten, dass Verstöße gegen das Gemeinschaftsrecht nach ähnlichen sachlichen und verfahrensrechtlichen Regeln geahndet werden wie nach Art und Schwere gleichartige Verstöße gegen nationales Recht, wobei die Sanktion jedenfalls wirksam, verhältnismäßig und abschreckend sein muss.
>
> [25] Außerdem müssen die nationalen Stellen gegenüber Verstößen gegen das Gemeinschaftsrecht mit derselben Sorgfalt vorgehen, die sie bei der Anwendung der entsprechenden nationalen Rechtsvorschriften walten lassen.“

Aus dieser Entscheidung lassen sich hinsichtlich der Sanktionierung von Verstößen gegen Gemeinschaftsrecht zwei wesentliche Aspekte ableiten.

Zum einen müssen sowohl im Hinblick auf das materielle und das Verfahrensrecht als auch bezüglich der Verfolgungspraxis die gleichen Regeln zur

---

[24] EuGH Rs. 14/83, *von Colson und Kamann/Nordrhein-Westfalen,* Rn. 28, Slg. 1984, S. 1891; *Hecker*, § 7, Rn. 22; *Gröblinghoff*, S. 11.

[25] EuGH, Rs. 68/88, *Kommission/Griechenland (griechischer Mais)*, Slg. 1989, S. 2965.

Anwendung kommen wie bei gleichartigen Verstößen gegen nationales Recht. Dies wird vielfach als „Äquivalenzgrundsatz“ bzw. „Gleichstellungserfordernis“ bezeichnet.

Zum anderen muss die Sanktion wirksam, verhältnismäßig und abschreckend, mithin effizient sein. Dieses Erfordernis kann man unter die Begriffe „Effizienzgrundsatz“ bzw. „Mindesttrias“ fassen.

a) Gleichstellungserfordernis bzw. Äquivalenzgrundsatz

Der Äquivalenzgrundsatz verpflichtet die Mitgliedstaaten dazu, Angriffe gegen EU-Rechtsgüter sowohl hinsichtlich des anwendbaren materiellen und Verfahrensrechts als auch in Bezug auf die Ahndung von Verstößen in der Praxis mit der gleichen Schärfe zu sanktionieren bzw. die Sanktionen auch mit der gleichen Stringenz anzuwenden wie bei Verstößen gleicher Art und Schwere gegen nationale Rechtsgüter.[26] Hieran zeigt sich, dass das Gleichstellungserfordernis ein Ausfluss des Diskriminierungsverbots ist.[27] Entscheidet sich ein Mitgliedstaat dafür, nationale Rechtsgüter strafrechtlich zu schützen, muss er diesen strafrechtlichen Schutz auch auf EU-Rechtsgüter ausweiten und z. B. Ermittlungsverfahren mit der gleichen Stringenz betreiben wie bei rein nationalen Sachverhalten. Ein Beispiel aus der deutschen Strafverfolgungspraxis für letzteren Aspekt wäre z. B., dass Einstellungen aus Opportunitätsgründen nach §§ 153 ff. StPO an den gleichen Voraussetzungen festzumachen wären wie bei Straftaten gegen entsprechende nationale Rechtsgüter.

Die Voraussetzungen der Strafbarkeit des Subventionsbetrugs sind in § 264 StGB niedergelegt. Hinsichtlich des sachlichen Anwendungsbereichs unterscheidet § 264 Abs. 7 StGB zwischen Subventionen nach Bundes- und Landesrecht und solchen nach EU-Recht. Bei ersteren ist der Anwendungsbereich nach § 264 Abs. 7 S. 1 Nr. 1 StGB auf Subventionen an Betriebe und Unternehmen zum Zwecke der Wirtschaftsförderung beschränkt. Soweit EU-Subventionen in Rede stehen, erfasst § 264 Abs. 7 S. 1 Nr. 2 StGB hingegen jegliche Art von Subventionen, hat also einen weiteren Anwendungsbereich als in Bezug auf nationale Subventionen. Eine Schlechterstellung von Rechtsgütern der EU im Be-

---

26 *Hecker*, § 7, Rn. 59 ff., *Gröblinghoff*, S. 23 f.; *Satzger*, Europäisierung, S. 364 ff. – von Verstößen gleicher Art ist auszugehen, wenn sie identische oder vergleichbare Interessen berühren, die Bestimmungen auf EU- und nationaler Ebene also dasselbe oder funktionell gleichwertige Rechtsgüter schützen. Hinsichtlich der Schwere kommt es darauf an, ob ein ebenso intensiver Angriff auf ein nationales Rechtsgut strafrechtlich erfasst würde.

27 Vgl. hierzu *Hecker*, § 7, Rn. 31.

sonderen Teil des StGB kann also nicht konstatiert werden – im Gegenteil werden EU-Subventionen umfänglicher geschützt als deutsche.

Bei Ermittlungsverfahren wegen Subventionsbetrugs kann aber auch die Auslegung des Allgemeinen Teils über Strafbarkeit und Freispruch entscheiden. Befand sich der Täter beispielsweise aufgrund einer rechtlichen Fehlbewertung in einem Verbotsirrtum, ist gemäß § 17 StGB zu prüfen, ob der Verbotsirrtum vermeidbar war. War er unvermeidbar, führt dies zum Entfallen der Schuld und damit zu einer Einstellung des Ermittlungsverfahrens mangels Tatverdachts bzw. zu einem Freispruch. Der Äquivalenzgrundsatz gebietet in diesem Zusammenhang, die Vermeidbarkeit am gleichen Maßstab zu messen wie bei rein nationalen Sachverhalten. Ein Verstoß gegen Art. 4 Abs. 3 EUV wäre beispielsweise gegeben, wenn Gerichte und Staatsanwaltschaften bei der betrügerischen Erlangung von EU-Subventionen einen unvermeidbaren Verbotsirrtum in Fällen annähmen, in denen sie bei einem rein nationalen Sachverhalt von einer Vermeidbarkeit ausgehen würden.

Diese Problematik wurde, soweit ersichtlich, bislang nicht diskutiert. Dies mag auch daran liegen, dass es keine statistischen Daten gibt, aus denen sich ergibt, in welchen Fällen z. B. die Einstellung von Ermittlungsverfahren mangels Tatverdachts bzw. wegen Geringfügigkeit EU- bzw. nationale Subventionen betraf. Es kann daher konstatiert werden, dass Verstöße gegen den Äquivalenzgrundsatz derzeit nicht ersichtlich sind.

b) Effizienzgrundsatz bzw. Mindesttrias

Darüber hinaus schreibt der Effizienzgrundsatz die Untergrenze der mitgliedstaatlichen Handlungsverpflichtung in Form der sogenannten „Mindesttrias" fest.[28] Die Sanktionen zum Schutz von EU-Rechtsgütern müssen zumindest wirksam, verhältnismäßig und abschreckend sein, also eine effiziente Ahndung versprechen. Unter dem Begriff der „Sanktion" ist nicht nur die Rechtsfolge, sondern die gesamte Strafnorm, also auch der Tatbestand, zu verstehen.[29] Soweit zivilrechtliche oder öffentlich-rechtliche Sanktionen nicht über ein ausreichendes Abschreckungspotenzial verfügen, kann der Effizienzgrundsatz eine strafrechtliche Ahndung von Verstößen gebieten. Hinsichtlich der Frage, ob die gewählte Sanktion wirksam und abschreckend ist, sind Aspekte der positiven und negativen Generalprävention sowie der Spezialprävention zu berücksichtigen.[30]

---

[28] *Ambos*, § 11, Rn. 35; *Hecker*, § 7, Rn. 39.

[29] *Hecker*, § 7, Rn. 63 f.; *Gröblinghoff*, S. 25.

[30] Einige wollen das Wirksamkeits- und das Abschreckungserfordernis als gemeinsames Gebot behandeln (*Hecker*, § 7, Rn. 65; *Satzger*, Europäisierung, S. 368), während andere das Abschreckungskriterium als Ausdruck der negativen Generalprävention

Hinsichtlich der erforderlichen Präventionswirkung sind nicht nur der Anwendungsbereich des Tatbestands und die abstrakte Höhe der angedrohten Strafe von Bedeutung, sondern auch die praktische Anwendung, etwa hinsichtlich der Häufigkeit und Intensität von Kontrollen, der Verfolgungspraxis sowie der Art und Weise des Vollzugs, maßgebend.[31] Hierin zeigt sich wiederum die besondere Bedeutung des *effet utile* im Europarecht.

Aufgrund des strafrechtlichen Schonungsgebots ist den Mitgliedstaaten allerdings ein weiter Beurteilungsspielraum bei der Wahl der Sanktionen zuzubilligen.[32]

Im Hinblick auf die betrügerische Erlangung von Subventionen hat das Übereinkommen über den Schutz der finanziellen Interessen der Gemeinschaft[33] zu einer Vereinheitlichung und – je nach Mitgliedstaat – auch zu einer mehr oder minder starken Verschärfung der Strafnormen geführt. Es ist davon auszugehen, dass Art. 4 Abs. 3 EUV keine über die Umsetzung besagten Übereinkommens hinausgehende Verschärfung der Vorschriften des Besonderen Teils erforderlich macht.

Allerdings haben auch die Regeln des Allgemeinen Teils Einfluss auf eine effiziente Sanktionierung von Verstößen. Beim Tatbestand des Subventionsbetrugs, der durch eine Vielzahl stark normativ geprägter Merkmale gekennzeichnet ist, sind insofern Irrtumsfragen, insbesondere die Relevanz von Rechtsirrtümern, von großer Bedeutung. Beim Verbotsirrtum entscheidet die (Un-) Vermeidbarkeit der rechtlichen Fehlbewertung über Freispruch oder Verurteilung. Daher ist für die Verhängung von Rechtsfolgen von großer Bedeutung, an welchem Maßstab die Vermeidbarkeit des Verbotsirrtums gemessen wird bzw. welche Erwägungen bei der Bestimmung besagten Maßstabs zu berücksichtigen sind. Diesbezüglich ist insbesondere zu untersuchen, ob bzw. wie Bedürfnissen des Gemeinschaftsrechts bei der Bestimmung besagten Maßstabs Rechnung getragen werden kann.

3. Die „Alcan"-Rechtsprechung

Die Anwendung des Grundsatzes der loyalen Zusammenarbeit lässt sich – außerhalb des Strafrechts – gut am Beispiel der EuGH-Rechtsprechung zum indirekten Vollzug von EU-Recht durch die Mitgliedstaaten erläutern.

---

sehen (*Gröblinghoff*, S. 26). Vgl. zur Berücksichtigung besagter Aspekte bei der Bestimmung des Anlasses zum Nachdenken Kap. 5, II. 5. c).

31 *Hecker*, § 7, Rn. 66.

32 *Satzger*, Europäisierung, S. 369; *Tiedemann*, NJW 1993, S. 23, 26, fordert sogar eine „Einschätzungsprärogative" des nationalen Gesetzgebers; vgl. auch Kap. 1, II. 2.

33 ABl. Nr. C 316 v. 27.11.1995, S. 48.

Beim indirekten Vollzug von EU-Recht werden die auf Ebene der EU geschaffenen Rechtsnormen nicht direkt durch EU-Behörden, sondern mittelbar durch die Behörden der Mitgliedstaaten vollzogen. Dies hat zur Folge, dass das Verwaltungsverfahren nach Maßgabe der nationalen Rechtsnormen durchgeführt wird. In Deutschland ist das, je nachdem, ob der Vollzug durch eine Bundes- oder Landesbehörde erfolgt, das Verwaltungsverfahrensgesetz des Bundes oder des jeweiligen Bundeslandes. Ein wesentlicher Anwendungsbereich ist die Vergabe von Subventionen bzw. deren Rückforderung bei Verstoß gegen das EU-Beihilfenrecht. Die Rückforderung gemeinschaftsrechtswidriger staatlicher Beihilfen richtet sich verfahrensrechtlich nach §§ 48 ff. VwVfG.

§ 48 VwVfG stellt die Rücknahme eines rechtswidrigen Verwaltungsakts dabei in das Ermessen der Behörde und sieht bei rechtswidrigen begünstigenden Verwaltungsakten in den Absätzen 2-4 Einschränkungen vor. Bei gemeinschaftsrechtswidrigen Beihilfen stehen die Absätze 2 und 4 im Mittelpunkt des Interesses. Die Rücknahme eines auf eine Geldleistung gerichteten rechtswidrigen Verwaltungsakts setzt nach § 48 Abs. 2 VwVfG eine Interessenabwägung voraus, in die der Vertrauensschutz zu Gunsten des Begünstigten sowie das öffentliche Interesse an der Rücknahme eingestellt werden. Satz 2 sieht das Vertrauen in der Regel als schutzwürdig an, wenn der Betroffene die gewährten Leistungen verbraucht oder eine Vermögensdisposition getroffen hat, die er nicht mehr oder nur unter unzumutbaren Nachteilen rückgängig machen kann. Satz 3 schließt den Vertrauensschutz in der Regel aus, wenn der Verwaltungsakt durch arglistige Täuschung, Drohung oder Bestechung oder durch Angaben erwirkt worden ist, die in wesentlicher Beziehung unrichtig oder unvollständig waren bzw. wenn der Begünstigte die Rechtswidrigkeit des Verwaltungsakts kannte oder in Folge grober Fahrlässigkeit nicht kannte. Absatz 4 normiert eine Ein-Jahres-Frist ab Kenntnis der Behörde zur Rücknahme des rechtswidrigen Verwaltungsakts.

Die Anwendung dieser Regeln hätte also zur Folge, dass nationales Verwaltungsverfahrensrecht der Rücknahme einer rechtswidrigen Beihilfengewährung entgegensteht, wenn entweder der Vertrauensschutz zu Gunsten des Begünstigten überwiegt oder die Jahresfrist abgelaufen ist.

Diese beiden Aspekte waren auch Gegenstand eines Vertragsverletzungsverfahrens gegen die Bundesrepublik Deutschland. Die BRD hatte sich unter Verweis auf den Vertrauensschutz des Begünstigten und die Jahresfrist darauf berufen, die Rückforderung der gemeinschaftswidrigen Beihilfe sei ihr absolut unmöglich. Der EuGH ließ dies in dieser Pauschalität nicht gelten und führte aus[34]:

---

34 EuGH, Rs. C-5/89, *Kommission/Deutschland* (zitiert nach Juris); bestätigt in EuGH, Rs. C-24/95, *Alcan Deutschland.*

„[12] Nach der Rechtsprechung des Gerichtshofes [...] findet die Rückforderung einer rechtswidrigen Beihilfe grundsätzlich nach Maßgabe des einschlägigen nationalen Rechts statt; *jedoch darf dessen Anwendung die gemeinschaftsrechtlich vorgeschriebene Rückforderung nicht praktisch unmöglich machen* [...].

[13] Nach der Rechtsprechung ist weiter der Grundsatz des Vertrauensschutzes Bestandteil der Rechtsordnung der Gemeinschaft; daher kann es nicht als dieser Rechtsordnung widersprechend angesehen werden, wenn nationales Recht in einem Bereich wie dem der Rückforderung von zu Unrecht gezahlten Gemeinschaftsbeihilfen berechtigtes Vertrauen und Rechtssicherheit schützt [...].

[14] Dasselbe muss für die Rückforderung gemeinschaftsrechtswidriger nationaler Beihilfen gelten. Da die Überwachung der staatlichen Beihilfen durch die Kommission in Artikel 93 EWG-Vertrag zwingend vorgeschrieben ist, darf ein beihilfebegünstigtes Unternehmen auf die Ordnungsmäßigkeit der Beihilfe jedoch grundsätzlich nur dann vertrauen, wenn diese unter Beachtung des dort vorgesehenen Verfahrens gewährt wurde. Einem sorgfältigen Gewerbetreibenden ist es regelmäßig möglich, sich zu vergewissern, ob dieses Verfahren beachtet wurde. [...]

[16] Sicherlich ist nicht auszuschließen, dass der Empfänger einer rechtswidrigen Beihilfe sich ausnahmsweise auf Umstände berufen kann, aufgrund deren sein Vertrauen in die Ordnungsmäßigkeit der Beihilfe geschützt ist, so dass er sie nicht zurückzuerstatten braucht. In einem solchen Fall ist es Sache des nationalen Gerichts, so es befasst wird, alle Umstände zu würdigen und dem Gerichtshof gegebenenfalls Auslegungsfragen vorzulegen.

[17] Ein Mitgliedstaat, dessen Behörden eine Beihilfe unter Verletzung des Verfahrens des Artikels 93 gewährt haben, kann sich hingegen nicht unter Berufung auf das geschützte Vertrauen der Begünstigten der Verpflichtung entziehen, Maßnahmen zur Durchführung einer Entscheidung der Kommission zu ergreifen, die die Rückforderung der Beihilfe anordnet. Andernfalls wären die Artikel 92 und 93 EWG-Vertrag insoweit wirkungslos, als die nationalen Behörden sich auf ihr eigenes rechtswidriges Verhalten stützen könnten, um Entscheidungen der Kommission nach diesen Bestimmungen ihrer Wirkung zu berauben .

[18] Schließlich ergibt sich eine absolute Unmöglichkeit der Durchführung der Entscheidung der Kommission für die Bundesrepublik auch nicht aus den Verpflichtungen, die für die zuständige Behörde aus der besonderen Ausgestaltung des Vertrauensschutzes in § 48 VwVfG hinsichtlich der Abwägung der einschlägigen Interessen und der Frist für die Rücknahme eines begünstigenden Verwaltungsakts erwachsen. Nach ständiger Rechtsprechung kann sich ein Mitgliedstaat nämlich nicht auf Bestimmungen, Übungen oder Umstände seiner internen Rechtsordnung berufen, um sich der Durchführung gemeinschaftsrechtlicher Verpflichtungen zu entziehen.

[19] Insbesondere muss eine Bestimmung, die die Rücknahme eines begünstigenden Verwaltungsakts nur binnen einer bestimmten Frist zulässt, wie alles andere nationale Recht dergestalt angewandt werden, dass die gemeinschaftsrechtlich vorgeschriebene Rückforderung nicht praktisch unmöglich und das Gemeinschaftsinteresse voll berücksichtigt wird."

Demnach können Elemente wie Vertrauensschutz und Rechtssicherheit durchaus Berücksichtigung finden, wenn gewährleistet ist, dass sie die gemeinschaftsrechtlich vorgeschriebene Rechtsfolge nicht praktisch unmöglich machen. Hierin zeigt sich die besondere Bedeutung des *effet utile* im Europarecht, die sich, wie oben ausgeführt, bei der Verpflichtung der Mitgliedstaaten zur Sanktionierung von Verstößen gegen EU-Recht im Effizienzgrundsatz, der eine Verpflichtung der Mitgliedstaaten zur Verhängung wirksamer Sanktionen beinhaltet.

II. Das Verhältnis von Gemeinschaftsrecht und nationalem Recht

1. Vorrang des Gemeinschaftsrechts und europarechtskonforme Auslegung

Aufgrund der Notwendigkeit einer einheitlichen Wirkung des Europarechts in allen Mitgliedstaaten hat der EuGH aus den Gründungsverträgen abgeleitet, dass dem Europarecht Vorrang vor dem nationalen Recht jedweden Rangs zukommen muss.[35] Hierbei handelt es sich aber nicht um einen Geltungsvorrang, sondern um einen Anwendungsvorrang.[36]

Aus dem Grundsatz der Gemeinschaftstreue wird auch eine Verpflichtung zur europarechtskonformen Auslegung des nationalen Rechts abgeleitet.[37]

2. Strafrechtliches Schonungsgebot

Bei Festlegung der Mindestanforderungen, denen eine nationale Regelung genügen muss, ist allerdings von Seiten der Gemeinschaft auf identitätsprägende Eigenheiten und Besonderheiten der nationalen Strafrechtsordnungen, wie sie in den gewachsenen Rechtsstrukturen ihren Niederschlag gefunden haben, Rücksicht zu nehmen.[38] Dies wir als strafrechtliches Schonungsgebot bezeichnet und überwiegend aus dem Grundsatz der Gemeinschaftstreue abgeleitet.[39]

---

35 EuGH, Rs. 6/64, *Costa/E.N.E.L.*; vgl. auch *Schroeder*, § 5, Rn. 9, 16 ff.

36 EuGH, Rs. 178/84, *Kommission/Deutschland*, (Reinheitsgebot für Bier).

37 *Schroeder*, § 16, Rn. 20.

38 *Hecker*, § 7, Rn. 43; EuGH, Rs. C-7/90, *Paul Vandevenne*, Slg. 1991, 4371.

39 *Satzger*, Europäisierung, S. 166 ff., 338 – unter der Geltung des EGV war umstritten, ob eine Rücksichtnahmeverpflichtung der Gemeinschaft gegenüber den Mitgliedstaaten aus Art. 10 EGV a. F. abgeleitet werden kann, da lediglich die umgekehrte Rücksichtnahmeverpflichtung der EG gegenüber den Mitgliedstaaten explizit erwähnt wurde. Diese Problematik ist mit In-Kraft-Treten des Vertrags von Lissabon entfallen,

Das strafrechtliche Schonungsgebot könnte vorliegend in Bezug auf den für die Bestimmung des Vermeidbarkeitsmaßstabs wesentlichen Schuldgrundsatz Bedeutung erlangen. Denkbar ist, dass die Berücksichtigung von präventiven Bedürfnissen des Gemeinschaftsrechts zu Friktionen mit dem verfassungsrechtlich verbürgten Schuldprinzips führt.

3. Die Kompetenz der EU zur Setzung supranationalen Strafrechts

Abschließend soll kurz beleuchtet werden, inwiefern die EU vor bzw. nach dem In-Kraft-Treten des Vertrags von Lissabon eine Kompetenz zur Setzung eines supranationalen Strafrechts hatte bzw. hat.

Dies setzt aufgrund des Grundsatzes der begrenzten Einzelermächtigung die Existenz eines entsprechenden Kompetenztitels voraus.

Der durch den Vertrag von Amsterdam neu geschaffene Art. 280 Abs. 4 EGV a.F. wurde schon vor In-Kraft-Treten des Vertrags von Lissabon teilweise als taugliche Kompetenzgrundlage für die Schaffung eines supranationalen Tatbestands des Subventionsbetrugs gesehen.

Art. 280 Abs. 4 EGV a. F. hat folgenden Wortlaut:

> „Zur Gewährleistung eines effektiven und gleichwertigen Schutzes in den Mitgliedstaaten beschließt der Rat gemäß dem Verfahren des Artikels 251 nach Anhörung des Rechnungshofs die erforderlichen Maßnahmen zur Verhütung und Bekämpfung von Betrügereien, die sich gegen die finanziellen Interessen der Gemeinschaft richten. Die Anwendung des Strafrechts der Mitgliedstaaten und ihrer Strafrechtspflege bleibt von diesen Maßnahmen unberührt."

Umstritten war in diesem Zusammenhang insbesondere, wie Abs. 4 S. 2 auszulegen ist. Die Befürworter einer Strafrechtssetzungskompetenz der EG argumentierten teilweise, dass sich der Vorbehalt des Abs. 4 S. 2 nur auf das Strafprozessrecht oder das Strafverfahren beziehe und daher die Setzung materiellen Strafrechts zulasse bzw., dass Abs. 4 S. 2 lediglich nationales Strafrecht neben dem Gemeinschaftsrecht unter Durchbrechung des Anwendungsvorrangs anwendbar lasse.[40] Vielfach wurde eine Kompetenz der EG zur Setzung supranationalen Strafrechts jedoch abgelehnt und darauf verwiesen, dass sich schon aus dem Wortlaut des Abs. 4 S. 2 („unberührt") eine Kompetenzübertragung nicht ableiten lasse und darüber hinaus in einem Kernbereich nationalstaatlicher

da Art. 4 Abs. 3 EUV n. F. Rücksichtnahmeverpflichtungen in beide Richtungen festschreibt.

40 *Zieschang*, ZStW 113 (2001), S. 255, 260 f. m.w.N. in Fn. 28.

Souveränität eine explizite und ausdrückliche Kompetenzübertragung erforderlich sei.[41]

Art. 325 Abs. 4 AEUV lautet wie folgt:

> „Zur Gewährleistung eines effektiven und gleichwertigen Schutzes in den Mitgliedstaaten sowie in den Organen, Einrichtungen und sonstigen Stellen der Union beschließen das Europäische Parlament und der Rat gemäß dem ordentlichen Gesetzgebungsverfahren nach Anhörung des Rechnungshofs die erforderlichen Maßnahmen zur Verhütung und Bekämpfung von Betrügereien, die sich gegen die finanziellen Interessen der Union richten."

Art. 280 Abs. 4 S. 2 EGV a.F., an dem sich der Streit über die Kompetenz zur Setzung supranationalen Strafrechts entzündet hatte, ist also ersatzlos gestrichen worden. Dies hat zur Folge, dass nunmehr davon ausgegangen wird, dass die EU originär Strafrecht zur Bekämpfung von Betrügereien, die ihre finanziellen Interessen beeinträchtigen setzen kann.[42]

III. Beispielsfall

Mögliche Anknüpfungspunkte und Probleme sollen an dieser Stelle anhand eines Beispielsfalls aufgezeigt werden.

Die EU-Strukturpolitik sieht Hilfsprogramme für Regionen im Strukturwandel vor. Im Bundesland X werden derzeit die letzten noch Kohle fördernden Gruben sukzessiv geschlossen. Aus diesem Grund werden aus besagtem Fonds Gelder bereitgestellt, die eine Eingliederung von Bergarbeitern in den Arbeitsmarkt erleichtern sollen. Das Programm sieht eine zweistufige Förderung vor: In einem ersten Schritt werden Umschulungsmaßnahmen für Bergarbeiter finanziert. In einem zweiten Schritt wird Arbeitgebern, die einen umgeschulten Bergarbeiter einstellen, eine Überbrückungshilfe gewährt, die für einen Zeitraum von einem Jahr einen Teil der Lohnkosten übernimmt. Die hierfür zur Verfügung gestellten Gelder werden mittelbar verwaltet, die Vergabe erfolgt also durch die Behörden der Mitgliedstaaten. Die Regularien des Förderprogramms sehen vor, dass nur solche Beschäftigten der Montanindustrie förderfähig sind, die ein bergbauspezifisches Berufsbild erlernt haben, da man davon ausgeht, dass deren Chancen, ohne Förderung eine neue Beschäftigung zu finden, sehr gering sind. Großküchenbetreiber G expandiert und will daher zehn Köche einstellen. Diese Stellen sollen mit ehemaligen Bergbaubeschäftigten besetzt werden, die sich zu Köchen umschulen ließen. Neun Personen sind ehemalige Bergarbeiter, einer war in der Buchhaltung tätig. Als G in der Presse von der Fördermaßnahme

---

[41] Vgl. *Ambos*, S. 419, Rn. 10 m.w.N. in Fn. 49.

[42] Calliess/Ruffert-*Waldhoff*, Art. 325 AEUV, Rn. 18; *Satzger*, Europäisches Strafrecht, S. 99 f.

liest, stellt er einen Antrag auf Gewährung der Überbrückungshilfe. Die Subvention wird bewilligt. Als Verwendungsbeschränkung wird in den gewährenden Verwaltungsakt, wie von der EU vorgegeben, allerdings aufgenommen, dass nur die Anstellung solcher Köche förderfähig ist, die vorher in einem bergbauspezifischen Beruf gearbeitet haben. G ist klar, dass der nunmehr kochende ehemalige Buchhalter diese Voraussetzungen nicht erfüllt und fragt beim Subventionsgeber nach. Dieser teilt ihm mit, dass dies nicht ins Gewicht falle, da 90 % der eingestellten Köche ehemalige Bergarbeiter seien. Der Text der Verwendungsbeschränkung sei von der EU vorgegeben. Die ihm vorliegenden Vergaberegularien des Ministeriums sähen allerdings vor, dass in Fällen wie dem seinen eine sogenannte „de-minimis"-Ausnahme eingreife. G ist beruhigt. Ihm sind aus der Presse allerdings Äußerungen aus dem Wahlkampf bekannt, man werde die Vergabe der EU-Gelder nicht an den kleinlichen bürokratischen Vorgaben der EU-Technokraten scheitern lassen, sondern dafür sorgen, dass jeder erlangbare Cent eingesetzt werde, um alle arbeitslosen Beschäftigen des Montanunternehmens wieder in Lohn und Brot zu bringen.

Da G selbst erkannt hat, dass die von ihm angedachte Mittelverwendung in Bezug auf einen Arbeitnehmer nicht mit den Verwendungsbeschränkungen in Einklang stand, hatte er einen Anlass zum Nachdenken und Einholen von Rechtsrat. Für die Frage der Vermeidbarkeit kommt es dann darauf an, ob die um Rat ersuchte Stelle sachkundig und objektiv war. G wird sich sicherlich darauf berufen, er habe sich auf die Auskunft der Behörde verlassen dürfen, dass die Verwendungsbeschränkung nicht so beim Wort zu nehmen sei. Grundsätzlich ist auch anerkannt, dass die zuständige Behörde solch eine sachkundige und objektive Stelle ist mit der Folge, dass der Verbotsirrtum unvermeidbar ist. Auf der anderen Seite war für G aufgrund der Berichterstattung in der Presse durchaus erkennbar, dass für die mitgliedstaatlichen Behörden die Erreichung arbeitsmarktpolitischer Ziele im Zentrum stand – auch wenn sich diese nicht mit den EU-Vorgaben deckten. Hier stellt sich die Frage, ob der Grundsatz der loyalen Zusammenarbeit in Gestalt des Effizienzgrundsatzes Einfluss auf den Vermeidbarkeitsmaßstab nehmen und dazu führen könnte, dass in diesem Fall die Auskunft der Behörde nicht als objektiv eingestuft werden muss mit der Folge, dass der Verbotsirrtum vermeidbar ist und G bestraft werden kann. Sollte dies zu bejahen sein, ist zu prüfen, ob solch ein Einfluss mit dem strafrechtlichen Schonungsgebot, insbesondere mit dem Schuldgrundsatz, vereinbar ist.

Ausgangspunkt für die strafrechtliche Würdigung dieses Falls ist die Regelung des Subventionsbetrugs im nationalen Recht. Daher soll zunächst die Regelung des § 264 StGB dargestellt und aufgezeigt werden, in welchen Konstellationen sich Irrtumsprobleme stellen.

Kapitel 2 – Der Subventionsbetrug im nationalen Recht

I. Die Entwicklung des Tatbestands des § 264 StGB

1. Historischer Abriss

Betrügereien zur Erlangung von Subventionen konnten ursprünglich nur über den Betrugstatbestand, § 263 StGB, erfasst werden. Dies machte auf Ebene des objektiven Tatbestands eine durchlaufende Kausalkette zwischen Täuschung, Irrtum, Vermögensverfügung und Vermögensschaden erforderlich; subjektiv musste neben dem Vorsatz die Absicht einer rechtswidrigen und stoffgleichen Bereicherung gegeben sein. Schon auf Ebene des objektiven Tatbestands konnte die Bejahung fast jeden Tatbestandsmerkmals Schwierigkeiten bereiten. Diese Schwierigkeiten multiplizierten sich auf Ebene des Vorsatzes aufgrund der stark normativen Prägung des Subventionsrechts.[43] So konnte schon problematisch sein, ab wann die Grenze zur konkludenten Täuschung überschritten war bzw. ob nicht ein fehlerhaftes Verständnis eines der zahlreichen normativen Begriffe des Subventionsrechts den Täuschungsvorsatz entfallen ließ.[44] Gerade bei den vermehrt angewandten standardisierten Verfahren der Leistungsverwaltung konnte auch der Nachweis eines Irrtums des zuständigen Sachbearbeiters Schwierigkeiten bereiten.[45] Insbesondere hinsichtlich des Erfordernisses einer vorsätzlichen Täuschung und eines sich hieraus ergebenden Irrtums kam die häufig unpräzise Bezeichnung der Vergabevoraussetzungen durch den Subventionsnehmer erschwerend hinzu.[46] Dies konnte auch dazu führen, dass es dem Täter am Vorsatz hinsichtlich der Rechtswidrigkeit der angestrebten Bereicherung fehlte.[47] Auch die Annahme eines Vermögensschadens war mit verschiedenen Schwierigkeiten behaftet. Hierbei war schon umstritten, inwiefern die bewusst unter Verzicht auf eine Gegenleistung erfolgende Weggabe von Vermögen überhaupt einen Vermögensschaden begründen kann. Kritiker sahen hierin einen nicht mit dem Charakter des § 263 StGB als Vermögensdelikt zu

---

43 Vgl. hierzu *Tiedemann*, Subventionskriminalität, mit umfänglichem empirischem Material. Vgl. auch *Müller-Emmert/Maier*, NJW 1976, S. 1657; *Schmidt-Hieber*, NJW 1980, S. 322; BT-Drs. 7/5291, S. 3.

44 *Tiedemann*, Subventionskriminalität, S. 300 ff.; *Eberle*, S. 4 ff.

45 *Bender*, in: Müller-Gugenberger/Bieneck, S. 1501; *Sannwald*, S. 56.

46 *Verjans*, Münchner. Anwaltshandbuch, Hrsg. Volk, § 32, Rn. 1; *Sannwald*, S. 56; *Eberle* S. 6 ff.; MüKo-*Wohlers*, § 264, Rn. 3.

47 *Tiedemann*, Subventionskriminalität, S. 306 ff.

vereinbarenden Schutz der Dispositionsfreiheit. Rechtsprechung und überwiegende Literatur gingen hingegen davon aus, dass die Verfehlung eines sozialen Zwecks eine „Gegenleistung" darstellen und daher einen Vermögensschaden begründen kann. Diese Zweckverfehlungslehre fand auch bei der betrügerischen Erlangung von Subventionen Anwendung. Unsicherheiten blieben allerdings. Auch war die Erfassung mancher Konstellationen über die Zweckverfehlungslehre schwierig.[48] Schließlich war bei arbeitsteiligem Vorgehen durch den Subventionsnehmer u. U. nicht nachweisbar, dass alle Tatbestandsmerkmale in einer Person verwirklicht wurden.[49]

Dies veranlasste den Gesetzgeber zur Schaffung des § 264 StGB,[50] der im Jahr 1976 durch das 1. WiKG[51] in das Strafgesetzbuch aufgenommen und durch das 6. StrRG[52] und das EG-FinanzschutzG[53] geändert wurde. Letzteres diente der Umsetzung des Übereinkommens zum Schutz der finanziellen Interessen der Europäischen Gemeinschaften vom 26.7.1995.[54] Wesentliche Inhalte waren zum einen die Ausdehnung des Subventionsbegriffs bei EU-Subventionen in Abs. 7 Nr. 2 auf sogenannte Sozialsubventionen und zum anderen die Einführung der Begehungsmodalität des Abs. 1 Nr. 2 – des Verstoßes gegen eine Verwendungsbeschränkung. Die kriminalpolitische Notwendigkeit dieser Vorschrift,

---

48 *Tiedemann*, Subventionskriminalität, S. 305 f.; *Eberle*, S. 9, 13 ff.

49 *Verjans*, Münchner Anwaltshandbuch, Hrsg. Volk, § 32 Rn. 1.

50 Ob im Gesetzgebungsverfahren eine tragfähige Begründung für die Einführung des § 264 StGB geliefert wurde, ist umstritten. Eine Auffassung geht davon aus, dass das staatliche Vermögen unter Anwendung der Zweckverfehlungslehre auch über § 263 StGB ausreichend hätte geschützt werden können und dass für die Einführung des § 264 StGB vielmehr kriminalpolitische Gründe maßgebend gewesen seien (Erleichterung des Tatnachweises, Pönalisierung der Leichtfertigkeit) – *Fischer*, § 264, Rn. 2; teilweise wird dies aber mit Verweis darauf akzeptiert, dass § 263 StGB den Unrechtsgehalt der betrügerischen Erlangung von Subventionen nicht ausreichend erfasse und daher die Schaffung eines Sondertatbestandes, der den Besonderheiten bei der Subventionsvergabe ausreichend Rechnung trage, begrüßenswert sei – Schönke/Schröder-*Perron*, § 264, Rn. 1.

51 1. Gesetz zur Bekämpfung der Wirtschaftskriminalität, BGBl. I 1976, S. 2037.

52 BGBl. I 1998, S. 164; es wurde mit Abs. 3 ein Verweis auf die Qualifikation des § 263 Abs. 5 StGB bei banden- und gewerbsmäßigem Handeln eingeführt.

53 BGBl. II 1998, S. 2322.

54 Ob dieses Ziel erreicht wurde, ist insbesondere im Hinblick auf die in der Subventionspraxis der EU weit verbreiteten Vertragssubventionen strittig, vgl. hierzu LK-Nachtrag-*Tiedemann*, § 264, Rn. 2, 5; Achenbach/Ransiek-*Wattenberg*, IV 2, Rn. 25.

insbesondere die Pönalisierung auch leichtfertigen Verhaltens[55], ist allerdings nach wie vor umstritten.[56]

2. Gesetzliche Regelung

a) § 264 StGB

Die Voraussetzungen für die Strafbarkeit des Subventionsbetrugs sind in § 264 StGB geregelt.

§ 264 Subventionsbetrug

(1) Mit Freiheitsstrafe bis zu fünf Jahren oder mit Geldstrafe wird bestraft, wer

1. einer für die Bewilligung einer Subvention zuständigen Behörde oder einer anderen in das Subventionsverfahren eingeschalteten Stelle oder Person (Subventionsgeber) über subventionserhebliche Tatsachen für sich oder einen anderen unrichtige oder unvollständige Angaben macht, die für ihn oder den anderen vorteilhaft sind,
2. einen Gegenstand oder eine Geldleistung, deren Verwendung durch Rechtsvorschriften oder durch den Subventionsgeber im Hinblick auf eine Subvention beschränkt ist, entgegen der Verwendungsbeschränkung verwendet,
3. den Subventionsgeber entgegen den Rechtsvorschriften über die Subventionsvergabe über subventionserhebliche Tatsachen in Unkenntnis lässt oder
4. in einem Subventionsverfahren eine durch unrichtige oder unvollständige Angaben erlangte Bescheinigung über eine Subventionsberechtigung oder über subventionserhebliche Tatsachen gebraucht.

(2) [1] In besonders schweren Fällen ist die Strafe Freiheitsstrafe von sechs Monaten bis zu zehn Jahren. [2] Ein besonders schwerer Fall liegt in der Regel vor, wenn der Täter

1. aus grobem Eigennutz oder unter Verwendung nachgemachter oder verfälschter Belege für sich oder einen anderen eine nicht gerechtfertigte Subvention großen Ausmaßes erlangt,
2. seine Befugnisse oder seine Stellung als Amtsträger missbraucht oder
3. die Mithilfe eines Amtsträgers ausnutzt, der seine Befugnisse oder seine Stellung missbraucht.

(3) § 263 Abs. 5 gilt entsprechend.

(4) Wer in den Fällen des Absatzes 1 Nr. 1 bis 3 leichtfertig handelt, wird mit Freiheitsstrafe bis zu drei Jahren oder mit Geldstrafe bestraft.

(5) [1] Nach den Absätzen 1 und 4 wird nicht bestraft, wer freiwillig verhindert, dass auf Grund der Tat die Subvention gewährt wird. [2] Wird die Subvention ohne Zutun des Täters nicht gewährt, so wird er straflos, wenn er sich freiwillig und ernsthaft bemüht, das Gewähren der Subvention zu verhindern.

(6) [1] Neben einer Freiheitsstrafe von mindestens einem Jahr wegen einer Straftat nach den Absätzen 1 bis 3 kann das Gericht die Fähigkeit, öffentliche Ämter zu

---

[55] S. Kap. 2, II. 3. b); Kap. 2, V. 2.

[56] MüKo-*Wohlers*, § 264, Rn. 17.

bekleiden, und die Fähigkeit, Rechte aus öffentlichen Wahlen zu erlangen, aberkennen (§ 45 Abs. 2). [2] Gegenstände, auf die sich die Tat bezieht, können eingezogen werden; § 74 a ist anzuwenden.

(7) [1] Subvention im Sinne dieser Vorschrift ist

1. eine Leistung aus öffentlichen Mitteln nach Bundes- oder Landesrecht an Betriebe oder Unternehmen, die wenigstens zum Teil
   a) ohne marktmäßige Gegenleistung gewährt wird und
   b) der Förderung der Wirtschaft dienen soll;
2. eine Leistung aus öffentlichen Mitteln nach dem Recht der Europäischen Gemeinschaften, die wenigstens zum Teil ohne marktmäßige Gegenleistung gewährt wird.

[2] Betrieb oder Unternehmen im Sinne des Satzes 1 Nr. 1 ist auch das öffentliche Unternehmen.

(8) Subventionserheblich im Sinne des Absatzes 1 sind Tatsachen,

1. die durch Gesetz oder auf Grund eines Gesetzes von dem Subventionsgeber als subventionserheblich bezeichnet sind oder
2. von denen die Bewilligung, Gewährung, Rückforderung, Weitergewährung oder das Belassen einer Subvention oder eines Subventionsvorteils gesetzlich abhängig ist.

b) Das Subventionsgesetz

Darüber hinaus sind im Gesetz gegen missbräuchliche Inanspruchnahme von Subventionen, kurz Subventionsgesetz, Regelungen niedergelegt, die nicht nur für die Subventionsvergabepraxis und deren Kontrolle durch die Verwaltungsbehörden, sondern auch für die Auslegung des § 264 StGB von Relevanz sind.[57]

(1) Wortlaut

Das Subventionsgesetz wurde durch das 1. WiKG 1976 eingeführt[58] und hat folgenden Wortlaut:

Gesetz gegen missbräuchliche Inanspruchnahme von Subventionen (Subventionsgesetz - SubvG)

§ 1 Geltungsbereich

(1) Dieses Gesetz gilt, soweit Absatz 2 nichts anderes bestimmt, für Leistungen, die Subventionen im Sinne des § 264 des Strafgesetzbuches sind.

(2) Für Leistungen nach Landesrecht, die Subventionen im Sinne des § 264 des Strafgesetzbuches sind, gelten die §§ 2 bis 6 nur, soweit das Landesrecht dies bestimmt.

§ 2 Bezeichnung der subventionserheblichen Tatsachen

(1) Die für die Bewilligung einer Subvention zuständige Behörde oder andere in das Subventionsverfahren eingeschaltete Stelle oder Person (Subventionsgeber)

---

57 LK-*Tiedemann*, § 264, Rn. 7 – das SubvG wurde ebenfalls durch das 1. WiKG eingeführt.

58 BGBl. I S. 2034, 2037.

hat vor der Bewilligung oder Gewährung einer Subvention demjenigen, der für sich oder einen anderen eine Subvention beantragt oder eine Subvention oder einen Subventionsvorteil in Anspruch nimmt (Subventionsnehmer), die Tatsachen als subventionserheblich im Sinne des § 264 des Strafgesetzbuches zu bezeichnen, die nach

1. dem Subventionszweck,
2. den Rechtsvorschriften, Verwaltungsvorschriften und Richtlinien über die Subventionsvergabe sowie
3. den sonstigen Vergabevoraussetzungen

für die Bewilligung, Gewährung, Rückforderung, Weitergewährung oder das Belassen einer Subvention oder eines Subventionsvorteils erheblich sind.

(2) Ergeben sich aus den im Subventionsverfahren gemachten Angaben oder aus sonstigen Umständen Zweifel, ob die beantragte oder in Anspruch genommene Subvention oder der in Anspruch genommene Subventionsvorteil mit dem Subventionszweck oder den Vergabevoraussetzungen nach Absatz 1 Nr. 2, 3 im Einklang steht, so hat der Subventionsgeber dem Subventionsnehmer die Tatsachen, deren Aufklärung zur Beseitigung der Zweifel notwendig erscheint, nachträglich als subventionserheblich im Sinne des § 264 des Strafgesetzbuches zu bezeichnen.

§ 3 Offenbarungspflicht bei der Inanspruchnahme von Subventionen

(1) Der Subventionsnehmer ist verpflichtet, dem Subventionsgeber unverzüglich alle Tatsachen mitzuteilen, die der Bewilligung, Gewährung, Weitergewährung, Inanspruchnahme oder dem Belassen der Subvention oder des Subventionsvorteils entgegenstehen oder für die Rückforderung der Subvention oder des Subventionsvorteils erheblich sind. Besonders bestehende Pflichten zur Offenbarung bleiben unberührt.

(2) Wer einen Gegenstand oder eine Geldleistung, deren Verwendung durch Gesetz oder durch den Subventionsgeber im Hinblick auf eine Subvention beschränkt ist, entgegen der Verwendungsbeschränkung verwenden will, hat dies rechtzeitig vorher dem Subventionsgeber anzuzeigen.

§ 4 Scheingeschäfte, Missbrauch von Gestaltungsmöglichkeiten

(1) Scheingeschäfte und Scheinhandlungen sind für die Bewilligung, Gewährung, Rückforderung und Weitergewährung oder das Belassen einer Subvention oder eines Subventionsvorteils unerheblich. Wird durch ein Scheingeschäft oder eine Scheinhandlung ein anderer Sachverhalt verdeckt, so ist der verdeckte Sachverhalt für die Bewilligung, Gewährung, Rückforderung, Weitergewährung oder das Belassen der Subvention oder des Subventionsvorteils maßgebend.

(2) Die Bewilligung oder Gewährung einer Subvention oder eines Subventionsvorteils ist ausgeschlossen, wenn im Zusammenhang mit einer beantragten Subvention ein Rechtsgeschäft oder eine Handlung unter Missbrauch von Gestaltungsmöglichkeiten vorgenommen wird. Ein Missbrauch liegt vor, wenn jemand eine den gegebenen Tatsachen und Verhältnissen unangemessene Gestaltungsmöglichkeit benutzt, um eine Subvention oder einen Subventionsvorteil für sich oder einen anderen in Anspruch zu nehmen oder zu nutzen, obwohl dies dem Subventionszweck widerspricht. Dies ist namentlich dann anzunehmen, wenn die förmlichen Voraussetzungen einer Subvention oder eines Subventionsvorteils in einer dem Subventionszweck widersprechenden Weise künstlich geschaffen werden.

§ 5 Herausgabe von Subventionsvorteilen
(1) Wer einen Gegenstand oder eine Geldleistung, deren Verwendung durch Gesetz oder durch den Subventionsgeber im Hinblick auf eine Subvention beschränkt ist, entgegen der Verwendungsbeschränkung verwendet und dadurch einen Vorteil erlangt, hat diesen dem Subventionsgeber herauszugeben.
(2) Für den Umfang der Herausgabe gelten die Vorschriften des Bürgerlichen Gesetzbuches über die Herausgabe einer ungerechtfertigten Bereicherung entsprechend. Auf den Wegfall der Bereicherung kann sich der Herausgabepflichtige nicht berufen, soweit er die Verwendungsbeschränkung kannte oder infolge grober Fahrlässigkeit nicht kannte.
(3) Besonders bestehende Verpflichtungen zur Herausgabe bleiben unberührt.

§ 6 Anzeige bei Verdacht eines Subventionsbetrugs
Gerichte und Behörden von Bund, Ländern und kommunalen Trägern der öffentlichen Verwaltung haben Tatsachen, die sie dienstlich erfahren und die den Verdacht eines Subventionsbetrugs begründen, den Strafverfolgungsbehörden mitzuteilen.

§ 7 Berlin-Klausel
Dieses Gesetz gilt nach Maßgabe des § 13 Abs. 1 des Dritten Überleitungsgesetzes vom 4. Januar 1952 (Bundesgesetzbl. I S. 1) auch im Land Berlin.

§ 8 Inkrafttreten
Dieses Gesetz tritt am ersten Tage des auf die Verkündung folgenden Monats in Kraft.

(2) Anwendungsbereich

Beim Subventionsgesetz handelt es sich um ein Bundesgesetz. Es ist auf nach Bundesrecht vergebene Subventionen anwendbar. Erfolgt die Subventionsvergabe nach Landesrecht, ist das Subventionsgesetz gemäß § 1 Abs. 2 SubvG nur anwendbar, wenn das Landesrecht dies ausdrücklich bestimmt. Dies ist in einem Großteil der Bundesländer geschehen.[59]

Hinsichtlich der Anwendbarkeit des Subventionsgesetzes bei EU-Subventionen ist zu unterscheiden. In Bezug auf direkt von der EU vergebene Subventionen hat der Bundesgesetzgeber keine Gesetzgebungskompetenz, sodass eine Anwendbarkeit des Subventionsgesetzes ausscheidet.[60] Bei mittelbar verwalteten EU-Subventionen, die durch Behörden der Mitgliedstaaten vergeben werden, sind nach dem Prinzip der begrenzten Einzelermächtigung nationale Vorschriften anwendbar, soweit die diesbezügliche Gesetzgebungskompetenz bei den Mitgliedstaaten verblieben ist. Die Kompetenz zur Regelung ihres nationalen Verwaltungsverfahrens ist bei den Mitgliedstaaten verblieben, sodass die

59 Schönke/Schröder-*Perron*, § 264, Rn. 35; für alle Bundesländer ist das jeweilige LSubvG entweder bei LK-*Tiedemann*, § 264, Rn. 103 erwähnt oder über Juris abrufbar.

60 LK-*Tiedemann*, § 264, Rn. 54.

Verfahrensvorschriften der §§ 2, 6 SubvG angewandt werden können.[61] Gleiches müsste für § 5 SubvG gelten, der eine Herausgabeverpflichtung bei Verstößen gegen Verwendungsbeschränkungen beinhaltet.

II. Allgemeines

1. Geschütztes Rechtsgut

Die überwiegende Auffassung[62] geht davon aus, dass § 264 StGB zumindest auch Allgemeininteressen schützt. Umstritten ist allerdings, ob der Tatbestand des Subventionsbetrugs ausschließlich Allgemeininteressen schützt[63] oder ob zusätzlich das Vermögen geschütztes Rechtsgut ist[64]. Darüber hinaus herrscht Uneinigkeit, welches Allgemeingut geschützt wird – genannt werden die Planungs- und Dispositionsfreiheit des Subventionsgebers[65], das Interesse an einer effektiven staatlichen Wirtschaftsförderung[66], die Institution der Subvention als Instrument staatlicher Lenkung und die mit ihr verfolgten wirtschaftspolitischen und sonstigen Zielsetzungen[67] sowie das gesamthänderische Interesse der für das

---

61 *Fischer*, § 264, Rn. 1; LK-*Tiedemann*, § 264, Rn. 8 m. w. N., Rn. 54; Schönke/Schröder-*Perron*, § 264, Rn. 35.

62 OLG Karlsruhe, NJW 1981, S. 1383; *Achenbach*, JR 1988, S. 251, 253, der als eine Facette des geschützten Rechtsguts auch den Schutz wahrhafter Angaben im Subventionsverfahren sieht; *Bottke*, wistra 1991, S. 1, 7; *Heinz*, GA 1977, S. 225 f.; *Diemer-Nicolaus*, FS Schmidt-Leichner, S. 31, 42; *Lackner/Kühl*, § 264, Rn 1; *Wessels/Hillenkamp*, Rn. 680; w.N. bei MüKo-*Wohlers*, § 264, Rn. 1, Fn. 1.

63 OLG Hamburg, NStZ 1984, S. 218; *Diemer-Nicolaus*, FS Schmidt-Leichner, S. 31, 42; LK-*Tiedemann*, § 264, Rn. 14; *Otto*, Jura 1989, S. 24, 28 f.; MüKo-*Wohlers*, § 264, Rn. 4.

64 Schönke/Schröder-*Perron*, § 264, Rn. 3; von Heintschel-Heinegg-*Momsen*, § 264, Rn. 3; *Lackner/Kühl*, § 264, Rn. 1.

65 OLG Hamburg, NStZ 1984, S. 218; OLG Karlsruhe, NJW 1981, S. 1383; LK-*Tiedemann*, § 264, Rn. 11; *Jung*, JuS 1976, S. 757, 758; *Heinz*, GA 1977, S. 193, 225; *Schmidt-Hieber*, NJW 1980, S. 322, 323 f.; *Lüderssen*, wistra 1988, S. 43, 45.

66 *Lackner/Kühl*, § 264, Rn. 1 m. w. N.

67 Schönke/Schröder-*Perron*, § 264, Rn. 4; LK-*Tiedemann*, § 264, Rn. 11 m. w. N. in Fn. 11; MüKo-*Wohlers*, § 264, Rn. 8, der auf „das gesamthänderische Interesse an der Funktionsfähigkeit der für das Subventionswesen relevanten Funktionszusammenhänge“ abstellt.

Subventionswesen relevanten Funktionszusammenhänge[68]. Einige Autoren sehen das staatliche Vermögen als alleiniges Schutzgut an.[69]

Dafür, dass § 264 StGB auch den Schutz des Individualvermögens bezweckt, spricht neben der systematischen Stellung im 22. Abschnitt – Betrug und Untreue –, dass diese Norm zumindest teilweise dem § 263 StGB nachgebildet ist und im Verhältnis zum Betrug kein völliges *aliud* ist.[70] Insbesondere die Tatmodalitäten des Abs. 1 Nr. 2 und 3 – Verstoß gegen Verwendungsbeschränkungen und Verletzungen von Mitteilungspflichten – zeigen jedoch, dass das Vermögen nicht alleiniges Schutzgut des § 264 StGB ist, sondern vielmehr auch Allgemeininteressen geschützt werden. Da jedoch EU-Subventionen auch dann von § 264 StGB erfasst werden, wenn sie nicht dem Schutz der Wirtschaft dienen, kann dieses Allgemeininteresse nicht ausschließlich im Schutz einer effizienten staatlichen Wirtschaftsförderung gesehen werden.[71] Auch die Planungs- und Dispositionsfreiheit scheidet als geschütztes Rechtsgut aus, da sie zum einen schon bei § 263 StGB nicht geschützt wird und zum anderen die Disposition über staatliches Vermögen nie frei im Sinne von willkürlich, sondern immer nur normativ gebunden erfolgen darf.[72] Als geschütztes Allgemeinrechtsgut ist vielmehr das Subventionswesen als Instrument staatlicher Lenkung und die damit verfolgten wirtschaftspolitischen und sonstigen Zielsetzungen anzusehen. Der Sache nach deckungsgleich hiermit dürfte die Definition des geschützten Allgemeinrechtsguts als gesamthänderisches Interesse an den für das Sub-

---

68 MüKo-*Wohlers*, § 264, Rn. 8 – die Institution Subventionswesen baue auf einem empirisch feststellbaren Substrat konkreter Interaktionszusammenhänge und Handlungsabläufe auf, die real beeinträchtigt werden könnten.

69 *Maurach/Schroeder/Maiwald*, § 41, Rn. 165; NK-*Hellmann*, § 264, Rn. 10; *Fischer*, § 264, Rn. 2b – die Legitimation der Strafandrohung ergebe sich aus der Gegenleistungsfreiheit, die besondere Tatanreize schaffe und zu einer besonderen Gefährdung des Rechtsgutsinhabers führe. Die wirtschaftspolitische Motivation und das Allgemeininteresse an einer planungskonformen und prozedural gerechten Verteilung öffentlicher Wohltaten sei lediglich mittelbar geschützt; SK-*Hoyer*, § 264, Rn. 10 ff.; *Krack*, NStZ 2001, S. 505, 506; *Maiwald*, ZStW 96 (1984), S. 66, 78; *Hack*, S. 63; *Hefendehl*, S. 375 ff.

70 So auch Schönke/Schröder-*Perron*, § 264, Rn. 4, der zu Recht darauf verweist, dass sonst zwischen § 263 und § 264 StGB Idealkonkurrenz angenommen werden müsste.

71 MüKo-*Wohlers*, § 264, Rn. 1

72 Dagegen auch SK-*Hoyer*, § 264, Rn. 8: Die Dispositionsfreiheit privater Vermögensmassen werde über § 263 StGB nicht geschützt; das staatliche Vermögen könne nicht weitergehend geschützt werden, da es nicht der Persönlichkeitsentfaltung diene, sondern normativ gebunden sei; ebenso Schönke/Schröder-*Perron*, § 264, Rn. 3; kritisch auch LK-*Tiedemann*, § 264, Rn. 11 – die Begrifflichkeit sei aufgrund der normativen Bindung des Subventionsgebers zumindest missverständlich.

ventionswesen relevanten Funktionszusammenhängen sein. In einem demokratischen Rechtsstaat kann solch ein gesamthänderisches Interesse nur durch die gewählte Mehrheit im Parlament bzw. die von diesem gewählte Regierung bestimmt werden. Dann aber sind besagte Funktionszusammenhänge mit der oben beschriebenen Lenkungswirkung zur Erreichung wirtschaftspolitischer oder sonstiger Zielsetzungen deckungsgleich.[73]

2. Deliktskategorie

§ 264 StGB wird ganz überwiegend als abstraktes Gefährdungsdelikt eingestuft.[74] Der Eintritt eines tatbestandlichen Erfolgs, wie etwa beim Betrug der Eintritt eines Vermögensschadens, ist nicht erforderlich.[75] Dies hat zur Folge, dass die Vollendung bereits in einem sehr frühen Zeitpunkt eintritt. Bei Abs. 1 Nr. 1 ist es z. B. ausreichend, dass der Betroffene gegenüber dem Subventionsgeber unrichtige Angaben macht.

Aufgrund des sehr frühen Eintritts der Vollendung bestand kein kriminalpolitisches Bedürfnis, den Versuch unter Strafe zu stellen. Eine weitere Folge der weiten Vorverlagerung der Strafbarkeit ist die Verankerung des Strafaufhe-

---

73 Unabhängig von der Bestimmung des geschützten Rechtsguts besteht allerdings Einigkeit darüber, dass § 264 StGB zwar *lex specialis* gegenüber § 263 StGB ist, die Anwendbarkeit des Betrugstatbestands jedoch nicht ausschließt, wenn die Voraussetzungen des § 264 StGB nicht vorliegen. Begründet wird dies damit, dass der Gesetzgeber bei Einführung des Tatbestands des Subventionsbetrugs eine Privilegierung des Täters nicht beabsichtigte. Ausführlich zu den Konkurrenzen Schönke/Schröder-*Perron*, § 264, Rn. 86 f.

74 Schönke/Schröder-*Perron*, § 264, Rn. 5; OLG München, NStZ 2006, S. 630, Rn. 16 (zitiert nach Juris) mit Auswirkungen zur Auswirkung dieser Einstufung auf den Verjährungsbeginn; *Lackner/Kühl*, § 264, Rn. 2; *Fischer*, § 264, Rn. 4; LK-*Tiedemann*, § 264, Rn. 17, der nur überindividuelle Rechtsgüter als geschützt ansieht und vor diesem Hintergrund darauf hinweist, dass beim Schutz überindividueller Rechtsgüter die Unterscheidung zwischen konkreten und abstrakten Gefährdungsdelikten ihren Sinn verliere; a. A. MüKo-*Wohlers*, § 264, Rn. 12: Kumulationsdelikt, da das Rechtsgut Schaden nehmen würde, wenn viele oder alle Subventionsnehmer eine der Tathandlungen vornähmen; a. A. SK-*Hoyer*, § 264, Rn. 16 ff. – abstrakt-konkretes Gefährdungsdelikt; ähnlich SSW-*Saliger*, § 264, Rn. 2 – Eignungsdelikt, da zwar eine generelle Eignung der Tathandlungen vorliege, die der Richter auch im Rahmen eines generellen Kausalitätsurteils feststellen müsse, eine unwiderlegliche gesetzliche Vermutung der Gefährlichkeit jedoch nicht angenommen werden könne.

75 Aus diesem Grund ist die Bezeichnung als „Subventionsbetrug“ missverständlich, weil Parallelen zu § 263 StGB suggeriert werden, die z. B. hinsichtlich des Erfordernisses eines Vermögensschadens gerade nicht bestehen; vgl. LK-*Tiedemann*, § 264, Rn. 16.

bungsgrundes der tätigen Reue in Abs. 5, der es dem Täter bei Nr. 1, 2 und 4[76] ermöglicht, auch nach Eintritt der Vollendung Straffreiheit zu erlangen.[77] Ziel war, die Rechtslage bei § 264 StGB an den Betrug anzupassen, wo aufgrund des späteren Vollendungszeitpunkts in weiterem Umfang ein strafbefreiender Rücktritt vom Versuch möglich ist. Die Voraussetzungen der tätigen Reue sind auch stark an die Rücktrittsregelung des § 24 StGB angelehnt.[78]

3. Verfassungskonformität

Vereinzelt wurden Bedenken gegen die Verfassungsmäßigkeit des § 264 StGB laut. Bezweifelt wurde die Vereinbarkeit mit dem Bestimmtheitsgebot und dem Schuldprinzip.

a) Bestimmtheitsgrundsatz

Teilweise wurde die Frage aufgeworfen, ob der Tatbestand des Subventionsbetrugs dem Bestimmtheitsgrundsatz genügt.[79] Überwiegend wird aber davon ausgegangen, dass es zwar sicherlich Tatbestände gibt, die präziser gefasst sind als der des Subventionsbetrugs. Die Unschärfe des Tatbestands halte sich allerdings noch innerhalb der durch das Bestimmtheitsgebot gezogenen Grenzen und sei nicht größer als bei vielen anderen Tatbeständen auch.[80]

Der Bestimmtheitsgrundsatz soll einerseits gewährleisten, dass für den Bürger aus dem Strafgesetz ersichtlich ist, welche Verhaltensweisen strafbar sind und welche nicht, er also freiheitssichernde Funktion hat, andererseits aber auch sicherstellen soll, dass der im Rahmen der Gewaltenteilung hierzu berufene Gesetzgeber Art und Umfang des strafbaren Verhaltens selbst bestimmt.[81]

---

76 Bei der Unterlassungsvariante des Abs. 1 Nr. 3 besteht ein gewisser Spielraum hinsichtlich der Unverzüglichkeit der Mitteilung; nach diesem Zeitpunkt scheidet tätige Reue jedoch aus, *Lackner/Kühl*, § 264, Rn. 28.

77 Vom Wortlaut her soll die Möglichkeit der tätigen Reue nur bei Abs. 1 und 4 (vorsätzlicher bzw. leichtfertiger Grundtatbestand) offen stehen. Die h. M. geht von einer Anwendbarkeit auch auf Abs. 2 aus, was überzeugt, da die dort normierten Regelbeispiele allein auf Ebene der Strafzumessung relevant werden. Nicht erfasst ist hingegen die Qualifikation nach Abs. 3. Vgl. auch SK-*Hoyer*, § 264, Rn. 101, der bei mehreren Tatbeteiligten § 24 Abs. 2 StGB analog anwenden will (Rn. 103).

78 Schönke/Schröder-*Perron*, § 264, Rn. 66 mit ausführlicher Darstellung der Voraussetzungen des Abs. 5 in Rn. 67 f.

79 *Heinz*, GA 1977, S. 193, 210; *Löwer*, JZ 1979, S. 621.

80 Schönke/Schröder-*Perron*, § 264, Rn. 3.

81 Vgl. Kap. 3, III. 4. b) (1) in Bezug auf Blankettgesetze sowie BVerfGE 126, 170 – *Landowsky* – Rn. 68 ff. (zitiert nach Juris).

Das BVerfG hat in seiner „Landowsky"-Entscheidung in Bezug auf den Tatbestand der Untreue Strafnormen mit hohem Abstraktionsgrad als grundsätzlich mit dem Bestimmtheitsgrundsatz vereinbar angesehen, da der Gesetzgeber auch im Strafrecht in der Lage sein müsse, der Vielgestaltigkeit des Lebens Herr zu werden, gleichzeitig jedoch ein Präzisierungsgebot der fachgerichtlichen Rechtsprechung postuliert, so dass verfassungsrechtliche Bedenken gegen die Weite eines Tatbestands durch eine gefestigte höchstrichterliche Rechtsprechung sowie eine restriktive, präzisierende Auslegung ausgeräumt werden können.[82]

Meines Erachtens kann die Frage nach der ausreichenden Bestimmtheit des § 264 StGB nicht pauschal mit einem „ja" oder „nein" beantwortet werden, da diese Norm sehr stark an Vorgaben des Subventionsgebers anknüpft. Grund hierfür ist die Verwendung einer Vielzahl von normativen Tatbestandsmerkmalen bzw. Blanketten, deren Gehalt wiederum größtenteils spezifisch für die in Rede stehende Subvention vom Subventionsgeber bestimmt wird. Dies hat zur Folge, dass das vom BVerfG postulierte Präzisierungsgebot nicht durch eine gefestigte Rechtsprechung umgesetzt werden kann. Solch eine gefestigte Rechtsprechung gibt es beim Tatbestand der Untreue beispielsweise in Bezug auf schwarze Kassen bzw. Haushaltsuntreue, Kreditvergabe, Sponsoring und die gesellschaftsrechtliche Untreue.[83] Kennzeichnend ist also die Bildung von Fallgruppen, für die jeweils gesondert Leitlinien entwickelt werden, die üblicherweise bei bestimmten Fallgruppen anzutreffende Besonderheiten typisieren. In der bei Landowski entscheidungserheblichen Fallgruppe waren dies die anerkannten bankkaufmännischen Grundsätze in Bezug auf die Bonitätsprüfung und Chancen-/Risikenabwägung bei einer Kreditvergabe. Da die Voraussetzungen und Ziele der Subventionsvergabe von Subvention zu Subvention auch aufgrund der jeweils aktuellen politischen Rahmenbedingungen von Subvention zu Subvention ändern, erscheint solch eine typisierende Fallgruppenbildung in Bezug auf die verwaltungsrechtlichen Anknüpfungsnormen kaum möglich.

§ 264 Abs. 1 Nr. 1 StGB pönalisiert beispielsweise das Machen unrichtiger oder unvollständiger Angaben über subventionserhebliche Tatsachen. Letztere werden z. B. nach Abs. 8 Nr. 1 vom Subventionsgeber durch oder aufgrund eines Gesetzes festgelegt. Sind die subventionserheblichen Tatsachen als Anknüp-

---

82 BVerfGE 126, 170 – *Landowsky* – Rn. 75, 80 (zitiert nach Juris) – das Bestehen eines gefestigten Verständnisses unterliege hierbei in vollem Umfang der verfassungsgerichtlichen Überprüfung, während der Inhalt dieses gefestigten Normverständnisses nur im Rahmen einer Vertretbarkeitskontrolle dahingehend überprüft werden soll, ob es evident ungeeignet ist – Rn. 81 ff.

83 *Tiedemann*, Wirtschaftsstrafrecht BT, Rn. 149 ff., 379 ff., 383 ff., 387 ff.

fungspunkt der Tathandlung des Abs. 1 Nr. 1 präzise festgelegt, kann von der Unbestimmtheit des Tatbestands keine Rede sein.

Gemäß § 264 Abs. 7 Nr. 1b) StGB sind Leistungen aus öffentlichen Mitteln nach Bundes- bzw. Landesrecht nur dann Subventionen, wenn sie u.a. der Förderung der Wirtschaft dienen. Maßgebend ist hierbei der vom Subventionsgeber verfolgte Endzweck. Wurde dieser vom Subventionsgeber klar und eindeutig bestimmt, stellen sich hinsichtlich der Auslegung dieses Tatbestandsmerkmals keine Probleme.

Wurden die subventionserheblichen Tatsachen hingegen nur schwammig bezeichnet, kann dies schon die Verneinung des objektiven Tatbestands zur Folge haben – z. B. wenn man davon ausgehen muss, dass eine Tatsache, über die falsche Angaben gemacht wurden, nicht subventionserheblich war oder wenn sich nicht sicher feststellen lässt, ob zumindest einer der verfolgten Endzwecke der Förderung der Wirtschaft dienen soll.[84] In diesem Zusammenhang gewinnt die zweite Komponente des vom BVerfG postulierten Präzisierungsgebots an Bedeutung – die restriktive, präzisierende Rechtsprechung, die im Einzelfall entscheiden muss, ob eine Falschangabe des Täters nach den anerkannten juristischen Auslegungsmethoden und unter Beachtung des möglichen Wortsinns als äußerste Grenze einer das Verbot der strafbegründenden Analogie beachtenden Rechtsprechung unter eine der vom Subventionsgeber bezeichneten subventionserheblichen Tatsachen subsumiert werden kann bzw. ob unter Beachtung dieser Auslegungsregeln davon ausgegangen werden kann, dass die Förderung der Wirtschaft zumindest einer der von der Subventionsvergabe verfolgten Endzwecke ist. Kann dies nicht sicher angenommen werden, ist aus Rechtsgründen freizusprechen.

Können die subventionserheblichen Tatsachen oder bei nationalen Subventionen der mit der Subventionsvergabe verfolgte Zweck der Wirtschaftsförderung trotz schwammiger Bezeichnung durch Auslegung bestimmt werden, bietet sich ein breites Feld für Irrtümer. Fehlt es an der erforderlichen Parallelwertung in der Laiensphäre durch den Täter, führt dies zum Entfallen des Vorsatzes nach § 16 Abs. 1 S. 1 StGB.[85] Ähnliche Probleme stellen sich im Bereich der Blanket-

---

84 Als Begründung wird in der Literatur teilweise auf den Grundsatz *in dubio pro reo* verwiesen. Dies erscheint insofern problematisch als der Zweifelsgrundsatz nur anwendbar ist, wenn sich der der rechtlichen Würdigung zu Grunde zu legende Sachverhalt nicht zur vollen Überzeugung des Tatgerichts klären lässt. Steht der Sachverhalt hingegen fest, ist es dem Richter, der das Recht zu kennen hat (*iura novit curia*), verwehrt, seine Entscheidung auf den Zweifelsgrundsatz zu stützen – er hat eine erschöpfende Würdigung der Rechtslage unter Anwendung sämtlicher juristischer Auslegungsmethoden vorzunehmen – *Wessels/Beulke*, AT, Rn. 802 ff.

85 Vgl. hierzu ausführlich Kap. 2, III. 1. c) (2); Kap. 3, III., 5. a).

te, die bei § 264 StGB ebenfalls vertreten sind.[86] Selbst wenn man den Vorsatz bejaht, kann die geringe Bestimmtheit eines Tatbestands Ansatzpunkt für eine rechtliche Fehlbewertung sein, die zum Entfallen des Unrechtsbewusstseins und damit zum Eingreifen des § 17 StGB führt.

Auch wenn festgehalten werden kann, dass die Unbestimmtheit des § 264 StGB zwar nicht so gravierend ist, dass sie zur Verfassungswidrigkeit besagten Tatbestands führt, können unpräzise Vorgaben von Seiten des Subventionsgebers Irrtümern des Täters den Weg bereiten. Da die Bestimmtheit des Tatbestands im Einzelfall stark von Vorgaben des jeweiligen Subventionsgebers abhängt, verbieten sich pauschale Aussagen im Hinblick auf die Auswirkungen auf Vorsatz und Irrtum. Es kann aber bereits festgestellt werden, dass unpräzise Vorgaben des Subventionsgebers einerseits dazu führen, dass sich ein breiteres Feld für Tatbestandsirrtümer bietet. Andererseits dürfte es auch bei Bejahung des Vorsatzes häufiger vorkommen, dass der Täter ohne Unrechtsbewusstsein, also im Verbotsirrtum handelt.

b) Schuldprinzip

Es kann auch nicht davon ausgegangen werden, dass in der Pönalisierung der Leichtfertigkeit eine gegen das Schuldprinzip verstoßende unzulässige Verdachtsstrafe darstellt. Zum einen hat die leichtfertige Tatbegehung einen eigenen Unrechtsgehalt, der auch für sich genommen strafwürdig ist.[87] Zum anderen gibt es viele Tatbestände des Wirtschaftsstrafrechts, in denen nicht nur Leichtfertigkeit, sondern auch einfache Fahrlässigkeit strafbar ist – man denke nur nach §§ 283, 283b StGB, § 15a InsO.[88] Auch wenn man die kriminalpolitische Notwendigkeit der Verhängung von Kriminalstrafe anstelle einer Einstufung leichtfertigen Verhaltens, wie bei § 378 AO, als Ordnungswidrigkeit durchaus in Frage stellen kann, hat der Gesetzgeber die ihm verfassungsrechtlich gesetzten Grenzen seines Ermessens noch nicht überschritten.[89]

---

86 Vgl. hierzu Kap. 3, III. 5. b).

87 Vgl. Schönke/Schröder-*Perron*, § 264, Rn. 2, 3.

88 Vgl. zur Frage, ob die Pönalisierung der Leichtfertigkeit rechtspolitisch begrüßenswert ist, NK-*Hellmann*, § 264, Rn. 6, der davon ausgeht, dass die kriminalpolitische Notwendigkeit einer Bestrafung leichtfertigen Verhaltens nur unzureichend belegt sei. Es müsse daher davon ausgegangen werden, dass der Schwerpunkt in prozessualen Problemen bei der Beweisbarkeit lag (Rn. 7). Soweit ein Subventionsnehmer verlorene Zuschüsse in Anspruch nehme, rechtfertige dies die schärfere Sanktionierung der Leichtfertigkeit, da hiermit eine erhöhte Verantwortung korrespondiere; bedenklich sei dies nur bei EU-Subventionen, die nicht an Betriebe ausgereicht würden (Rn. 10).

89 NK-*Hellmann*, § 264, Rn. 7.

III. Sachlicher und persönlicher Anwendungsbereich

Der sachliche Anwendungsbereich des Subventionsbetrugs ist eröffnet, wenn zum einen eine Subvention im Sinne von § 264 Abs. 7 StGB gewährt worden ist und zum anderen subventionserhebliche Tatsachen vorliegen, auf die sich die Tathandlungen beziehen können. Der persönliche Anwendungsbereich hängt von der Definition der Tatbestandsmerkmale Subventionsgeber und –nehmer ab.

1. Subvention

Die Anwendbarkeit von § 264 StGB setzt zunächst voraus, dass Subventionen i. S. v. § 264 Abs. 7 StGB gewährt worden sind. Diese Norm orientiert sich nicht am öffentlich-rechtlichen Subventionsbegriff[90], sondern verankert einen spezifisch strafrechtlichen Subventionsbegriff.[91]

a) Direkte und indirekte Subventionen

§ 264 Abs. 7 StGB erfasst lediglich direkte Subventionen. Die Erschleichung von Steuervorteilen wird aufgrund des Primats des Steuer(Straf)rechts allein anhand des § 370 AO beurteilt. § 264 StGB und § 370 AO stehen im Verhältnis tatbestandlicher Exklusivität, wobei die Steuerhinterziehung das speziellere Gesetz ist.[92] Da die Wirkung von direkten und indirekten Subventionen im Ergebnis gleich ist, kann eine Abgrenzung in sinnvoller Weise nur anhand der Vergabetechnik erfolgen, also danach, ob die Vermögenszuwendung in einem Besteuerungsverfahren als Ergebnis einer Verrechnung mit der Steuer gewährt wurde oder nicht.[93] Festzuhalten bleibt allerdings, dass diese Abgrenzung im Einzelfall teilweise schwierig ist.

Für den Beschuldigten ist diese Abgrenzung in verschiedener Hinsicht von großer Bedeutung. Auf materiell-rechtlicher Ebene erfasst der Straftatbestand des § 370 AO lediglich die vorsätzliche Steuerverkürzung, während Leichtfer-

---

90 Dieser ist umstritten, vgl. Nachweise bei Schönke/Schröder-*Perron*, § 264, Rn. 7; teilweise werde auch die Möglichkeit einer einheitlichen Definition in Abrede gestellt; zum öffentlichen Subventionsrecht *Gusy*, JA 1991, S. 286, 327.

91 von Heintschel-Heinegg-*Momsen*, § 264, Rn. 7.

92 BeckOK-*Momsen*, § 264, Rn. 11; Schönke/Schröder-*Perron*, § 264, Rn. 10, dort auch zu Abgrenzungsschwierigkeiten zwischen direkten und indirekten Subventionen; vgl. zu besagter Abgrenzung *Fuhrhop*, NJW 1980, S. 1261.

93 NK-*Hellmann*, § 264, Rn. 18; SK-*Hoyer*, § 264, Rn. 23; LK-*Tiedemann*, § 264, Rn. 27; MüKo-*Wohlers*, § 264, Rn. 36; ausführlich *Sannwald*, S. 92 ff. sowie *Eberle*, S. 55 ff.

tigkeit gemäß § 378 AO nur als Ordnungswidrigkeit verfolgt wird.[94] Demgegenüber ist die leichtfertige Subventionserschleichung nach § 264 Abs. 4 StGB eine Straftat. Des Weiteren kann der Steuerstraftäter durch eine Selbstanzeige nach § 371 AO Straffreiheit erlangen, wenn die Tat noch nicht entdeckt war und die Steuern innerhalb angemessener Frist nachentrichtet werden. Die Möglichkeiten, beim Subventionsbetrug nach Vollendung durch tätige Reue gemäß § 264 Abs. 8 StGB Straffreiheit zu erlangen, sind wesentlich beschränkter. Auf weitere Besonderheiten[95] soll hier nicht näher eingegangen werden.

b) Materieller Subventionsbegriff

Der Gesetzgeber hat sich in § 264 Abs. 7 StGB für einen sogenannten materiellen Subventionsbegriff entschieden.[96] Als Alternative hierzu wurde im Gesetzgebungsverfahren auch ein formeller Subventionsbegriff diskutiert, bei welchem es für eine Anwendbarkeit des § 264 StGB darauf angekommen wäre, ob die Subventionen im Gesetz als solche bezeichnet sind oder nicht. Hiervon wurde aber Abstand genommen, da – auch wegen der Einwirkungsmöglichkeiten von Interessengruppen – die Gefahr einer Ungleichbehandlung gleichgelagerter Sachverhalte bestanden hätte, je nachdem, ob formell eine Bezeichnung als Subvention erfolgt wäre oder nicht.[97] Aus diesen Gründen erhielt der materielle Subventionsbegriff den Vorzug mit der Folge, dass sich das Vorliegen einer Subvention unabhängig von ihrer Bezeichnung aus den in § 264 Abs. 7 StGB abschließend aufgeführten materiellen Kriterien ergibt.

---

94 Kritiker sehen hierin einen Wertungswiderspruch, vgl. *Fischer*, § 264, Rn. 3. Dem wird entgegengehalten, dass die unterschiedliche Behandlung durch Unterschiede in der Tätertypologie gerechtfertigt sei, vgl. LK-*Tiedemann*, § 264, Rn. 6.

95 Im Steuerstrafrecht ermittelt nicht die Polizei, sondern die Steuerfahndung. Des Weiteren greift im Rahmen der Rechtshilfe bei Ermittlungen wegen Steuerhinterziehung teilweise die sog. *fiscal offence exception*, die Staaten eine Verweigerung der Rechtshilfe bei Fiskaldelikten erlaubt. Sie ist bei Ermittlungen wegen § 264 StGB nicht anwendbar.

96 Vgl. MüKo-*Wohlers*, § 264, Rn. 3.

97 SK-*Hoyer*, § 264, Rn. 20; LK-*Tiedemann*, § 264, Rn. 25 – der Gesetzgeber habe das Spannungsverhältnis zwischen Gleichheits- und Bestimmtheitsgrundsatz in vertretbarer Weise zugunsten der Gleichheit gelöst; MüKo-*Wohlers*, § 264, Rn. 33; Schönke/Schröder-*Perron*, § 264, Rn. 3; *Sannwald*, S. 77 f.; ausführlich zur Gesetzgebungsgeschichte und den für und gegen den formellen und materiellen Subventionsbegriff angeführten Argumenten *Hack*, S. 148 ff.

c) Subventionen nach nationalem und EU-Recht

§ 264 Abs. 7 StGB unterscheidet hierbei zwischen Subventionen, die nach nationalem Recht und solchen, die nach EU-Recht gewährt werden.

(1) Gemeinsamkeiten bei nationalen und EU-Subventionen

Subventionen nach nationalem und EU-Recht ist gemeinsam, dass es sich um Leistungen aus öffentlichen Mitteln nach Bundes- oder Landesrecht bzw. EU-Recht handeln muss, die wenigstens zum Teil ohne marktmäßige Gegenleistung gewährt werden.

Hinsichtlich des Erfordernisses der Leistungsgewährung nach Bundes- oder Landes- bzw. EU-Recht genügt jede mittelbare Rückführbarkeit auf Bundes-, Landes- oder EU-Recht. Rechtsgrundlage kann jede Rechtsnorm im formellen und materiellen Sinn sein.[98] In Betracht kommen daher sowohl spezialgesetzliche Regelungen als auch der Ansatz der Mittel in dem durch Haushaltsgesetz festgelegten Haushaltsplan.[99] Eine Leistung wird aus öffentlichen Mitteln nach dem Recht der Europäischen Gemeinschaften erbracht, wenn sie aus dem Gesamthaushaltsplan der EG, den Haushaltsplänen einzelner Gemeinschaften oder aus Haushaltsplänen von Mitgliedstaaten, deren Verwaltung im Auftrag der EU erfolgt, gewährt wird.[100]

In der EU-Praxis sind reine Vertragssubventionen weit verbreitet.[101] Teilweise wird behauptet, diese seien vom Subventionsbegriff des § 264 Abs. 7 StGB nicht erfasst, weshalb diese Norm völkerrechtswidrig sei.[102] Dem kann

---

98 von Heintschel-Heinegg-*Momsen*, § 264, Rn. 9; SK-*Hoyer*, § 264, Rn. 29; LK-*Tiedemann*, § 264, Rn. 30 – der Strafgesetzgeber habe den Streit, ob Subventionen ebenso wie hoheitliche Eingriffe in die Freiheitssphäre einer Ermächtigungsgrundlage bedürfen, nicht entscheiden wollen.

99 *Lackner/Kühl*, § 264, Rn. 5; BeckOK-*Momsen*; § 264, Rn. 9; Schönke/Schröder-*Perron*, § 264, Rn. 8.

100 Schönke/Schröder-*Perron*, § 264, Rn. 26; vgl. auch *Fischer*, § 264, Rn. 12 – erfasst sind beispielsweise Subventionen aus dem Ausrichtungs- und Garantiefonds für die Landwirtschaft oder verschiedener Strukturfonds (z. B. Europäischer Sozialfonds, Fonds für regionale Entwicklung, Kohäsionsfonds, Entwicklungsfonds, Europäische Investitionsbank) sowie Fonds, die auf eigene Rechnung von Gemeinschaftsinstitutionen ohne Organstellung verwaltet werden (z. B. Europäische Umweltagentur, Europäisches Zentrum zur Förderung der Berufsbildung). EU-Sozialsubventionen sind z. B. die Arbeitsförderung bei der Eingliederung von Migranten sowie die Kultur-, Sport-, Wissenschaftsförderung.

101 Schönke/Schröder-*Perron*, § 264, Rn. 28.

102 SK-*Hoyer*, § 264, Rn. 29; MüKo-*Wohlers*, § 264, Rn. 41 – jeweils mit Verweis auf LK-*Tiedemann*, Nachtrag zu § 264, Rn. 5. Hier scheint insofern ein Missverständnis

allerdings insofern nicht gefolgt werden, als auch bei reinen Vertragssubventionen ein Ansatz der Mittel zumindest im Haushaltsplan der EU erfolgen muss. Dies genügt aber, um eine Leistung aus öffentlichen Mitteln anzunehmen. Die Problematik der Vertragssubventionen liegt vielmehr darin begründet, dass es oftmals an einer Bezeichnung der subventionserheblichen Tatsachen durch oder aufgrund eines Gesetzes bzw. einer gesetzlichen Abhängigkeit fehlt, da eine vertragliche Festlegung dieser subventionserheblichen Tatsachen bei bloßer Rückführbarkeit auf einen Ansatz im Haushalt den Anforderungen des § 264 Abs. 8 StGB nicht genügt.[103]

Die erforderliche marktmäßige Gegenleistung kann nicht in der Erfüllung des Subventionszwecks gesehen werden, sondern wird durch einen Vergleich des Werts der in einem echten Austauschverhältnis stehenden Leistungen und Gegenleistungen ermittelt.[104] Umstritten ist, wie vorzugehen ist, wenn für eine staatliche Leistung kein Markt besteht, ob also ein hypothetischer Marktpreis zu ermitteln[105] oder darauf abzustellen ist, ob die Gegenleistungen zumindest kostendeckend sind[106].

(2) Zusätzliche Erfordernisse bei Subventionen nach Bundes- oder Landesrecht

Abs. 7 Nr. 1 verlangt für nationale Subventionen zudem, dass sie Betrieben oder Unternehmen gewährt werden und der Förderung der Wirtschaft dienen. Die Beschränkung auf Leistungen an Betriebe und Unternehmen zur Förderung der Wirtschaft[107] hat zur Folge, dass die Erschleichung z. B. von Sozialsubventionen nicht von § 264 StGB erfasst wird und jene Subventionsnehmer nur nach § 263

vorzuliegen, weil *Tiedemann* zwar die Völkerrechtskonformität des § 264 StGB im Hinblick auf reine Vertragssubventionen anzweifelt, dies aber nicht an dem Tatbestandsmerkmal der Subvention nach Abs. 7, sondern dem der subventionserheblichen Tatsachen nach Abs. 8 festmacht.

103 So auch LK-*Tiedemann*, Nachtrag zu § 264, Rn. 5. Vgl. Kap. 2, III. 2. b).

104 Schönke/Schröder-*Perron*, § 264, Rn. 11.

105 *Eberle*, S. 86; SSW-*Saliger*, § 264, Rn. 10; NK-*Hellmann*, § 264, Rn. 30; SK-*Hoyer*, § 264, Rn. 27.

106 *Graßmück*, S. 13; *Fischer*, § 264, Rn. 9; MüKo-*Wohlers*, § 264 Rn. 45, der darauf verweist, dass die Ermittlung eines hypothetischen Marktpreises mit dem Bestimmtheitsgebot nicht vereinbar sei.

107 Nach *Fischer*, § 264, Rn. 11 fallen unter den Begriff der Wirtschaft „alle nicht nur vorübergehende Zusammenfassungen mehrerer Personen unter dem Einsatz von Sachmitteln in gewissem räumlichem Zusammenhang unter einer Leitung zur Erreichung eines bestimmten, nicht stets wirtschaftlichen Zwecks. Rechtsform und Gewinnerzielungsabsicht sind irrelevant. Erfasst werden auch freie Berufe"; vgl. auch Schönke/Schröder-*Perron*, § 264, Rn. 14 mit vielfältigen Beispielen in Rn. 15.

StGB oder anderen allgemeinen Strafvorschriften belangt werden können. Da es ausreicht, wenn die Leistung wenigstens zum Teil der Förderung der Wirtschaft dient, muss die Wirtschaftsförderung nicht Hauptzweck der Maßnahme sein.[108] Hierdurch gelingt es, die bei der Subventionsvergabe häufig anzutreffenden „Gemengelagen“, bei denen mehrere Zwecke verfolgt werden, unter § 264 StGB zu subsumieren. Die Förderung der Wirtschaft darf allerdings auch nicht (unbeabsichtigte) Nebenfolge sein. Unter Zweck versteht man in diesem Zusammenhang nach h. M. nicht den Primärzweck, sondern den Endzweck.[109] Problematisch bleibt allerdings, dass der Endzweck oft schwierig zu ermitteln ist. Lässt sich nicht eindeutig ermitteln, dass Endzweck der vergebenen Subvention zumindest teilweise die Förderung der Wirtschaft ist, ist § 264 StGB wegen des Bestimmtheitsgrundsatzes nicht anwendbar.[110]

Doch auch, wenn der Endzweck durch Auslegung zu ermitteln ist, bieten sich Ansatzpunkte für Irrtümer auf Seiten des Täters. Fehlt es dem Täter aufgrund des Irrtums an der erforderlichen Parallelwertung in der Laiensphäre, führt dies nach § 16 Abs. 1 S. 1 StGB zum Entfallen des Vorsatzes. Auch bei Bejahung des Vorsatzes kann es vorkommen, dass sich der Täter in einem Verbotsirrtum befindet.

Der materielle Subventionsbegriff ist also im Hinblick auf Bestimmtheit und Ansatzpunkte für Irrtümer mit gewissen Unzulänglichkeiten behaftet. Es hat sich aber auch gezeigt, dass diese Unzulänglichkeiten in unpräzisen Vorgaben von Seiten des Subventionsgebers begründet liegen. Aus diesem Grund kann die „Unschärfe“ des Subventionsbegriffs nicht pauschal kritisiert werden. Der Subventionsbegriff ist ebenso präzise oder unpräzise wie die verwaltungsrechtlichen Grundlagen der Subventionsgewährung.

Der im Gesetzgebungsverfahren ebenfalls diskutierte formelle Subventionsbegriff würde zwar einen Zugewinn an Bestimmtheit bedeuten, da die Bezeichnung als Subvention über die Anwendbarkeit des § 264 StGB entscheiden würde. Der hierfür auf Ebene des Gleichbehandlungsgebots zu zahlende Preis wäre allerdings zu hoch, da zu befürchten steht, dass – z. B. aufgrund des Einflusses von Lobbygruppen oder Schlamperei – besagte formelle Bezeichnung unterbleiben und damit gleichgelagerte Sachverhalte strafrechtlich unterschiedlich behandelt würden.

---

[108] BeckOK-*Momsen*, § 264, Rn. 13; Schönke/Schröder-*Perron*, § 264, Rn. 17; LK-*Tiedemann*, § 264, Rn. 45 ff.

[109] Schönke/Schröder-*Perron*, § 264, Rn. 18 mit Beispielen; von Heintschel-Heinegg-*Momsen*, § 264, Rn. 13 – entscheidend sei die Zielsetzung des Subventionsgebers; a. A. SK-*Hoyer*, § 264, Rn. 34 f.

[110] *Eberle*, S. 99.

Es kann also konstatiert werden, dass der materielle Subventionsbegriff insbesondere hinsichtlich des Tatbestandsmerkmals „zur Förderung der Wirtschaft" aufgrund unpräziser Vorgaben von Seiten der Verwaltung Ansatzpunkte für Irrtümer bietet. Er ist jedoch, da der formelle Subventionsbegriff noch größere Schwächen aufweist, alternativlos. Ansatzpunkte für Irrtümer können, bei präziser Arbeit der Verwaltungsbehörden, zwar sicherlich begrenzt werden. Aufgrund des politisch-kompromisshaften Wesens der Subvention an sich, das zur Folge hat, dass der Subventionszweck nicht immer klar bestimmt werden kann, ist allerdings davon auszugehen, dass gewisse Unschärfen bestehen bleiben werden – es sei denn, es würden keine Subventionen mehr vergeben.

(3) Subventionen nach EU-Recht

Der in Abs. 7 Nr. 2 niedergelegte Begriff der Subventionen nach EU-Recht verzichtet auf die Tatbestandsmerkmale „Betriebe und Unternehmen" sowie „zur Förderung der Wirtschaft". Dies hat zur Folge, dass auch EU-Subventionen in den Bereichen Kultur, Soziales, Gesundheit, Bildung oder Forschung von § 264 StGB erfasst werden.

2. Subventionserhebliche Tatsache

Die Tathandlungen des § 264 Abs. 1 StGB haben gemein, dass sie sich auf subventionserhebliche Tatsachen i. S. v. Abs. 8 beziehen müssen. Voraussetzung für die Anwendbarkeit des § 264 StGB ist daher, dass nach Maßgabe des Abs. 8 Nr. 1 die entsprechenden Tatsachen formell als subventionserheblich bezeichnet worden sind bzw. eine gesetzliche Abhängigkeit nach Abs. 8 Nr. 2 besteht.[111] Die materielle Subventionserheblichkeit ist gerade nicht ausreichend. Fehlt es an dieser formellen Bezeichnung, scheidet der Subventionsbetrug aus.[112] Gleiches gilt im umgekehrten Fall, wenn also eine materiell nicht subventionserhebliche Tatsache formell als solche bezeichnet wird.[113]

---

111 *Fischer*, § 264, Rn. 13. Schönke/Schröder-*Perron*, § 264, Rn. 34.

112 Eine Strafbarkeit kann sich jedoch, wenn die Tatsachen materiell für die Vergabe der Subvention von Bedeutung waren, formell aber nicht als subventionserheblich bezeichnet wurden, aus § 263 StGB ergeben, dem insofern Auffangfunktion zukommt: Schönke/Schröder-*Perron*, § 264, Rn. 27, 87.

113 BeckOK-*Momsen*, § 264, Rn. 19; LK-*Tiedemann*, § 264, Rn. 58 f. – dann bewege sie sich entgegen Nr. 1 nicht im Rahmen des gesetzlich Zulässigen, sodass auch eine gesetzliche Abhängigkeit nicht gegeben ist.

a) Bezeichnung durch oder aufgrund eines Gesetzes

Nach Abs. 8 Nr. 1 werden Tatsachen erfasst, die durch oder aufgrund eines Gesetzes als subventionserheblich bezeichnet worden sind. Unter den Begriff des Gesetzes fallen sowohl Gesetze im formellen als auch im materiellen Sinn, also z. B. Rechtsverordnungen oder Satzungen.[114] Für ein Gesetz in diesem Sinn ist charakteristisch, dass es Außenwirkung hat. Aus diesem Grund ist die Bezeichnung in Verwaltungsvorschriften, verwaltungsinternen Richtlinien, „Rahmenplänen" o. ä. nicht ausreichend.[115] Eine Bezeichnung aufgrund eines Gesetzes kann z. B. durch behördliche Einzelverfügung erfolgen.

(1) Bezeichnungspflicht nach § 2 SubvG

Als Gesetz, auf dessen Grundlage die Bezeichnung subventionserheblicher Tatsachen erfolgt, kommt insbesondere § 2 SubvG in Betracht.[116] Diese Vorschrift begründet eine Bezeichnungspflicht für den Subventionsgeber. Hierdurch sollte Fehlentwicklungen in der früheren Vergabepraxis begegnet werden, da früher die unklare Formulierung von Vergabevoraussetzungen oftmals zur Fehlleitung von Subventionen führte, es aufgrund von Beweisproblemen aber gleichzeitig schwierig war, die Subventionsnehmer strafrechtlich zu belangen.[117] Diese präzise Bezeichnung subventionserheblicher Tatsachen soll die zweckentsprechende Bindung des Subventionsnehmers und die zweckentsprechende Verwendung der Subventionen sicherstellen.[118]

Nach § 2 Abs. 1 SubvG ist der Subventionsgeber verpflichtet, dem Subventionsnehmer vor Bewilligung oder Gewährung einer Subvention diejenigen Tatsachen genau zu bezeichnen, die nach dem Subventionszweck, den Rechtsvorschriften, Verwaltungsvorschriften oder Richtlinien über die Subventionsvergabe sowie den sonstigen Vergabevoraussetzungen für die Bewilligung, Gewährung, Rückforderung, Weitergewährung oder Belassung der Subvention von Bedeutung sind. § 2 Abs. 2 SubvG erweitert diese Bezeichnungspflicht in Fällen, in denen wegen Angaben im Subventionsverfahren oder sonstigen Umständen Zweifel bestehen, ob die Subvention mit Subventionszweck oder Vergabevor-

---

114 Schönke/Schröder-*Perron*, § 264, Rn. 33; von Heintschel-Heinegg-*Momsen*, § 264, Rn. 16, 20; *Fischer*, § 264, Rn. 13.

115 NK-*Hellmann*, § 264, Rn. 60; Schönke/Schröder-*Perron*, § 264, Rn. 32 mit Verweis auf BGHSt 44, 237; LG Magdeburg, wistra 2005, S. 156.

116 Schönke/Schröder-*Perron*, § 264, Rn. 35; nicht hingegen §§ 3-5 SubvG – so SSW-*Saliger* § 264, Rn. 18.

117 Schönke/Schröder-*Perron*, § 264, Rn. 28.

118 *Stober*, § 57 III 2.

aussetzungen im Einklang steht – der Subventionsgeber muss dann subventionserhebliche Tatsachen auch im Nachhinein als solche bezeichnen.[119]

Auf dem Papier betrachtet scheint hier ein System entwickelt worden zu sein, das für den Subventionsnehmer klare Verhältnisse schafft und aufgrund der klaren Bezeichnung der subventionserheblichen Tatsachen eindeutige Anknüpfungspunkte für eine strafrechtliche Beurteilung entsprechender Sachverhalte schafft.

Es gibt aber auch Stimmen, die hieran zweifeln. *Tiedemann* beispielsweise vertritt die Auffassung, dass gerade für die Subventionierung zahlreiche Unklarheiten in Bezug auf die normativen und praktischen Subventionsvergabevoraussetzungen typisch seien, die im politisch-kompromisshaften Wesen der Subvention wurzeln. Gerade der Subventionszweck sei oftmals nicht hinreichend bestimmt. Daher sei es teilweise schwierig, den Subventionszweck als subventionserhebliche Tatsache zu bezeichnen. Deshalb werde die gesetzgeberische Entscheidung durch die Bezugnahme auf den Subventionszweck in § 2 Nr. 1 SubvG zumindest teilweise entwertet.[120]

Es ist sicherlich korrekt, dass bei manchen Subventionen der Subventionszweck nicht eindeutig bestimmt worden ist und es bei der hieran anknüpfenden Bezeichnungspflicht nach § 2 SubvG zu Unklarheiten kommen kann. Auf der anderen Seite muss festgehalten werden, dass, insbesondere im Verhältnis zur Rechtslage vor Erlass des Subventionsgesetzes, die gesetzliche Verankerung einer Bezeichnungspflicht und deren Umsetzung in der Praxis die Sach- und Rechtslage in vielen Fällen klarer und transparenter gemacht hat. Aus diesen Gründen hat die Bezeichnungspflicht nach § 2 SubvG Ansatzpunkte für Irrtümer zwar sicherlich nicht vollständig eliminiert, aber doch nicht unerheblich vermindert.

(2) Anforderungen an eine wirksame Bezeichnung

Hinsichtlich der Anforderungen an eine wirksame Bezeichnung besteht Einigkeit darüber, dass zum einen die Verwendung des Begriffs „subventionserheblich" nicht erforderlich ist, zum anderen aber auch darüber, dass eine ganz pauschale oder formelhafte Bezeichnung nicht ausreicht.[121] Sinn und Zweck dieser Regelung ist es nämlich, klare Verhältnisse auch für den Subventionsnehmer zu

---

[119] NK-*Hellmann*, § 264, Rn. 59; LK-*Tiedemann*, § 264, Rn. 54. Die nachträgliche Bezeichnung nach § 2 Abs. 2 SubvG wirkt nur *ex nunc*.

[120] LK-*Tiedemann*, § 264, Rn. 7.

[121] Schönke/Schröder-*Perron*, § 264, Rn. 30 f.; BGHSt 44, 233, 237 ff.; LG Düsseldorf, NStZ 1981, S. 223 m. Anm. *Ranft*, NJW 1986, S. 3163; LG Magdeburg, wistra 2005, S. 156; LK-*Tiedemann*, § 264, Rn. 55 – aber auch BGH, wistra 1992, S. 257: „wirtschaftliche Verhältnisse des Antragsstellers" sei ausreichend bestimmt.

schaffen und Missverständnissen vorzubeugen.[122] Bei der Bezeichnung durch Gesetz reicht eine pauschale Bezeichnung nicht aus.[123] Es genügt, wenn sich die Kennzeichnung eindeutig aus dem Zusammenhang ergibt.[124]

b) Gesetzliche Abhängigkeit

Abs. 8 Nr. 2 erfasst Tatsachen, von denen die Bewilligung einer Subvention gesetzlich abhängig ist. Gesetz bedeutet auch hier sowohl Gesetz im formellen als auch im materiellen Sinn – sowohl im Hinblick auf nationale Rechtsvorschriften als auch auf solche der EU.[125] Voraussetzung ist, dass die Vergabe- und Rückforderungsvoraussetzungen dem Gesetz im Wege der Auslegung entnommen werden können.[126] Nicht ausreichend ist, wenn die Subventionsvergabe ins Ermessen der Behörde gestellt ist, da dann nicht das Gesetz, sondern die Behörde bestimmt, von welchen Tatsachen die Subventionierung im konkreten Fall abhängt.[127]

In Relation zu Abs. 8 Nr. 1 verbleibt Abs. 8 Nr. 2 nur eine relativ geringe eigenständige Bedeutung. Zum einen ist hier an Fälle zu denken, in denen eine ausdrückliche Bezeichnung nach Abs. 8 Nr. 1 nicht (wirksam) erfolgt ist.[128] Dies kann der Fall sein, wenn der Subventionsgeber unter Verstoß gegen § 2 SubvG seinen Bezeichnungspflichten nicht nachgekommen ist.[129] Insofern kommt Abs. 8 Nr. 2 eine Auffangfunktion zu. Zum anderen gibt es Fälle, in denen, wie z. B. bei der unmittelbaren Subventionsvergabe durch EU-Behörden[130], das SubvG nicht anwendbar ist. Dann ist hinsichtlich der gesetzlichen Abhängigkeit auf die Rechtsvorschriften der EU abzustellen.

---

122 SSW-*Saliger*, § 264, Rn. 17; Schönke/Schröder-*Perron*, § 264, Rn. 30.

123 BeckOK-*Momsen*, § 264, Rn. 19; LG Marburg, wistra 2005, S. 155, 156.

124 BeckOK-*Momsen*, § 264, Rn. 18; a. A. Schönke/Schröder-*Perron*, § 264, Rn. 30.

125 Schönke/Schröder-*Perron*, § 264, Rn. 36; LK-*Tiedemann*, § 264, Rn. 62 – nicht ausreichend sind Verwaltungsrichtlinien.

126 Schönke/Schröder-*Perron*, § 264, Rn. 36; LK-*Tiedemann*, § 264, Rn. 63.

127 BGHSt 44, 233, 241; LG Marburg, wistra 2005, S. 155, 156 f. ; NK-*Hellmann*, § 264, Rn. 61, 67.

128 *Lackner/Kühl*, § 264, Rn. 14; LK-*Tiedemann*, § 264, Rn. 64 – dem Vertrauensschutz des Betroffenen werde ausreichend über § 16 StGB Rechnung getragen; a. A. SK-*Hoyer*, § 264, Rn. 41 f. – komme der Subventionsgeber seiner Bezeichnungspflicht nach Nr. 1 Alt. 2 nicht nach, sei das Vertrauen des Subventionsnehmers insofern schutzwürdig, als ein Rückgriff auf Nr. 2 ausscheiden müsse.

129 BeckOK-*Momsen*, § 264, Rn. 20.

130 Schönke/Schröder-*Perron*, § 264, Rn. 36 – dies sei der Hauptanwendungsfall des Abs. 8 Nr. 2.

Wie oben[131] schon dargelegt, bereitet dieses Tatbestandsmerkmal bei reinen Vertragssubventionen, die insbesondere bei der EU beliebt sind, Schwierigkeiten. Wurden die Mittel nämlich lediglich im Haushalt angesetzt und die weiteren Vergabevoraussetzungen vertraglich geregelt, fehlt es an der gesetzlichen Abhängigkeit der subventionserheblichen Tatsachen ebenso wie an einer Bezeichnung der subventionserheblichen Tatsachen durch oder aufgrund eines Gesetzes.[132]

3. Subventionsgeber und Subventionsnehmer

Der Begriff des Subventionsgebers, gegenüber welchem die Tathandlungen vorgenommen werden, ist in § 264 Abs. 1 Nr. 1 StGB als die für die Bewilligung zuständige Behörde und/oder eine von ihr eingeschaltete Stelle oder Person legaldefiniert.

Eine Legaldefinition des Begriffs des Subventionsnehmers findet sich in § 264 StGB nicht, wohl aber in § 2 SubvG. Nach dieser Vorschrift ist sowohl derjenige, der eine Subvention für sich oder einen anderen beantragt, als auch derjenige, der eine Subvention oder einen Subventionsvorteil für sich in Anspruch nimmt, Subventionsnehmer. Die h. M. geht davon aus, dass diese Definition, die sowohl den Antragssteller als auch den Begünstigten erfasst, auch im Strafrecht zugrunde zu legen ist.[133]

IV. Tathandlungen

Die Tathandlungen des Subventionsbetrugs sind in § 264 Abs. 1 StGB niedergelegt.

1. § 264 Abs. 1 Nr. 1 StGB

Gemäß § 264 Abs. 1 Nr. 1 StGB macht sich strafbar, wer gegenüber dem Subventionsgeber für sich oder einen anderen unrichtige oder unvollständige Anga-

131 S. Kap. 2, III. 1. c) (1).

132 LK-*Tiedemann*, § 264, Rn. 63; Nachtrag zu § 264, Rn. 5 – die bloße Existenz eines Haushaltstitels stelle keine wirksame Rechtsgrundlage für eine Bezeichnung aufgrund eines Gesetzes dar; Achenbach/Ransiek-*Wattenberg*, VI 2, Rn. 25; NK-*Hellmann*, § 264, Rn. 52, der daher ebenso wie *Tiedemann* a.a.O. eine vollständige Umsetzung der PIF-Konvention durch Deutschland verneint.

133 *Fischer*, § 264, Rn. 21; SK-*Hoyer*, § 264, Rn. 48; BeckOK-*Momsen*, § 264 Rn. 21; a. A. LK-*Tiedemann*, § 264, Rn. 71, der zwar auch von § 2 Abs. 1 SubvG ausgeht, aber den strafrechtlichen Begriff des Subventionsnehmers als über diese Legaldefinition hinausgehend ansieht.

ben über subventionserhebliche Tatsachen macht, die für ihn oder den anderen vorteilhaft sind. Es handelt sich also um ein Äußerungsdelikt.[134] Diese Begehungsmodalität weist Parallelen zum Tatbestand des Betrugs auf. Allerdings hat der Gesetzgeber auf verschiedene Tatbestandsmerkmale wie Irrtum, Vermögensverfügung und Vermögensschaden verzichtet.

Angaben sind vorteilhaft, wenn sie zu einer abstrakten Erhöhung der Wahrscheinlichkeit einer Bewilligung der Subvention führen. Die Rechtsprechung hält es, entgegen der herrschenden Lehre[135], in diesem Zusammenhang für unbeachtlich, ob die Subvention schon aus anderen Gründen hätte bewilligt werden müssen.[136] Eine Strafbarkeit wird aber verneint, wenn die Bewilligung schon aus anderen Gründen nicht hätte erfolgen dürfen, da der Subventionsgeber nicht vor Fehlern seiner eigenen Mitarbeiter geschützt werden soll.[137]

2. § 264 Abs. 1 Nr. 2 StGB

Diese Begehungsmodalität hat untreueähnlichen Charakter und wurde durch das EG-FinSchG eingeführt. Sie stellt den Verstoß gegen Verwendungsbeschränkungen unter Strafe. Dies konnte vorher nur über oftmals gleichzeitig verwirklichte Verstöße gegen Mitteilungspflichten erfasst werden.[138] Da Offenbarungspflichten europarechtlich nur lückenhaft geregelt waren, ergaben sich dadurch allerdings Lücken im Strafschutz der finanziellen Interessen der EU.[139]

Die Verwendungsbeschränkung kann sich unmittelbar aus Rechtsvorschriften ergeben oder aber vertraglich oder durch Verwaltungsakt des Subventions-

---

134 Schönke/Schröder-*Perron*, § 264, Rn. 43.

135 *Fischer*, § 264, Rn. 24; LK-*Tiedemann*, § 264, Rn. 84 – diese Rechtsprechung laufe auf einen Schutz der Wahrheit im Subventionsverfahren hinaus; *Lackner/Kühl*, § 264, Rn. 18 m. w. N.; NK-*Hellmann*, § 264, Rn. 95; Schönke/Schröder-*Perron*, § 264, Rn. 47 m. w. N.; SK-*Hoyer*, § 264, Rn. 57 f.

136 BGHSt 34, 265, 268 f.; so auch *de lege lata* MüKo-*Wohlers*, § 264, Rn. 89. Hier zeigen sich Parallelen zum Kompensationsverbot bei der Steuerhinterziehung – vgl. *Lührs*, wistra 1999, S. 89, 92.

137 BeckOK-*Momsen*, § 264, Rn. 26; aus diesem Grund erscheine auch die subsidiäre Anwendbarkeit der §§ 263, 22 StGB in solchen Konstellationen problematisch, so *Lührs*, wistra 1999, S. 89, 93.

138 Schönke/Schröder-*Perron*, § 264, Rn. 49a; kritisch *Fischer*, § 264, Rn. 26 – kaum noch verfassungskonforme Weite.

139 Vgl. MüKo-*Wohlers*, § 264, Rn. 90: Die im nationalen Recht eine Offenbarungspflicht begründende Norm des § 3 SubvG ist auf EU-Subventionen nicht anwendbar, vgl. Kap. 2, I. 2. b) (2).

gebers konkretisiert werden.[140] Es ist ausreichend, wenn sich die Verwendungsbeschränkung aus dem Vergabeakt oder der Vergabenorm ergibt.[141] Die Beschränkung muss im Hinblick auf den Subventionszweck erfolgt sein.

3. § 264 Abs. 1 Nr. 3 StGB

Gemäß § 264 Abs. 1 Nr. 3 StGB macht sich strafbar, wer den Subventionsgeber über subventionserhebliche Tatsachen in Unkenntnis lässt.[142] Tauglicher Täter ist nur derjenige, der hinsichtlich besagter subventionserheblicher Tatsachen eine Aufklärungspflicht hat.[143] Daher ist Abs. 1 Nr. 3 ein Sonderdelikt und kann nur vom Subventionsnehmer begangen werden. Da es sich bei der Eigenschaft als Subventionsnehmer um ein besonderes persönliches Merkmal handelt, richtet sich, wenn der Subventionsnehmer eine juristische Person oder eine rechtsfähige Personengesellschaft ist, die Strafbarkeit der handelnden Mitarbeiter nach der Zurechnungsnorm des § 14 StGB.

Das Machen unvollständiger Angaben wird oftmals von einer pflichtwidrigen Unterlassung der Aufklärung nach Abs. 1 Nr. 3 flankiert. Der Schwerpunkt der Vorwerfbarkeit liegt hier allerdings auf dem Machen unvollständiger Angaben, sodass dem Unterlassungsdelikt keine eigenständige Bedeutung mehr zukommt.[144]

Von zentraler Bedeutung ist hierbei, woraus sich eine Offenbarungspflicht des Subventionsnehmers herleiten lässt. Überwiegend wird davon ausgegangen, dass sich eine solche nicht aus allgemeinen Grundsätzen wie Treu und Glauben ergeben kann. Gleiches gilt für lediglich intern wirkende Verwaltungsrichtlinien,[145] die bestehende Offenbarungspflichten aber u. U. konkretisieren können.[146] Erforderlich ist vielmehr eine gesetzliche Verankerung,[147] die sich aus

140 SSW-*Saliger*, § 264, Rn. 28; Schönke/Schröder-*Perron*, § 264, Rn. 49b: Aufgrund der Regelung des § 6 Nr. 8 StGB werden auch Verstöße gegen Rechtsvorschriften der EU und anderer Mitgliedstaaten erfasst.

141 Schönke/Schröder-*Perron*, § 264, Rn. 49b.

142 Teilweise wird vertreten, § 264 Nr. 3 StGB habe nur klarstellende Wirkung, weil man § 264 Nr. 1 StGB auch durch Unterlassen, § 13 StGB verwirklichen könne – Gleiches sei für die Steuerhinterziehung anerkannt: NK-*Hellmann*, § 264, Rn. 109.

143 BeckOK-*Momsen*, § 264, Rn. 28; Schönke/Schröder-*Perron*, § 264, Rn. 55.

144 Schönke/Schröder-*Perron*, § 264, Rn. 44.

145 Schönke/Schröder-*Perron*, § 264, Rn. 52 .

146 BeckOK-*Momsen*, § 264, Rn. 28; LK-*Tiedemann*, § 264, Rn. 22.

147 Schönke/Schröder-*Perron*, § 264, Rn. 52; LK-*Tiedemann*, § 264, Rn. 93: z. B. in Gesetzen, Verordnungen oder Rechtsvorschriften – nicht ausreichend seien vertragliche Regelungen und interne Verwaltungsrichtlinien ohne gesetzliche Grundlage; diese seien

allgemeinen Rechtsvorschriften wie § 3 Abs. 1 SubvG oder spezialgesetzlicher Normierung ergeben kann.[148] Aufbauend auf einer korrekten Bezeichnung der subventionserheblichen Tatsachen, wird für die Anwendung des § 264 StGB insbesondere die Regelung des § 3 SubvG relevant, der eine Offenbarungspflicht des Subventionsnehmers bei und nach Inanspruchnahme der Subvention begründet. Absatz 1 statuiert hierbei eine Mitteilungspflicht des Subventionsnehmers in Bezug auf alle Tatsachen, die der Bewilligung, Gewährung, Weitergewährung, Inanspruchnahme oder Belassen der Subvention entgegenstehen. Absatz 2 rundet dies mit einer Anzeigepflicht bei zweckwidriger Verwendung der Subvention ab. Die Mitteilungspflicht umfasst beispielsweise auch den eine Umgehung nach § 4 Abs. 2 SubvG begründenden Sachverhalt.[149] Gemäß § 3 Abs. 1 S. 2 SubvG treten spezialgesetzliche Normierungen neben die allgemeine Offenbarungspflicht nach § 3 S. 1 SubvG.

4. § 264 Abs. 1 Nr. 4 StGB

§ 264 Abs. 1 Nr. 4 StGB pönalisiert den Gebrauch von durch unrichtige oder unvollständige Angaben erlangten Bescheinigungen über die Subventionsberechtigung bzw. subventionserhebliche Tatsachen und ist insofern als Auffangtatbestand konzipiert. Da der für diese Alternative verbleibende Anwendungsbereich recht schmal ist[150], soll auf sie im weiteren Verlauf der Untersuchung nicht eingegangen werden.

---

aber geeignet, eine schon bestehende Offenbarungspflicht, z. B. aus § 3 SubvG, zu konkretisieren.

148 BeckOK-*Momsen*, § 264 Rn. 28; Beispiele für eine spezialgesetzliche Normierung bei Schönke/Schröder-*Perron*, § 264, Rn. 54.

149 Schönke/Schröder-*Perron*, § 264, Rn. 53. Vgl. zur sich hieraus ggf. ergebenden Irrtumsproblematik Kap. 3, III. 5. a) (2) (a), (b).

150 Schönke/Schröder-*Perron*, § 264, Rn. 58 mit ausführlicher Erörterung, inwiefern überhaupt nennenswerte Lücken bestehen; NK-*Hellmann*, § 264, Rn. 120 geht ebenfalls davon aus, dass keine Strafbarkeitslücken bestehen, sondern Nr. 4 die Strafbarkeit lediglich beschränkt, weil diese Alternative nicht leichtfertig begangen werden kann; ähnlich MüKo-*Wohlers*, § 264, Rn. 103. Umstritten ist zudem, ob die Begehungsmodalität wegen des Grundsatzes der Verhältnismäßigkeit restriktiv zu interpretieren ist, wenn sich die unrichtigen Angaben auf nicht subventionserhebliche Tatsachen beziehen. Auch diese Konstellation wäre vom Wortlaut der Norm erfasst, würde aber zu einer Pönalisierung mittelbarer schriftlicher Lügen führen.

V. Subjektiver Tatbestand

1. Vorsatz

§ 264 Abs. 1 StGB ist ein Vorsatzdelikt. Ausreichend ist bedingter Vorsatz. Zu beachten ist allerdings, dass der Subventionsbetrug kein Verletzungs-, sondern ein Gefährdungsdelikt ist. Daher muss sich der Vorsatz auch nur auf die Gefährdung beziehen.[151] Die erforderliche Bedeutungskenntnis setzt allerdings voraus, dass der Täter den bedrohlichen Zustand erfasst hat.[152] Da der Tatbestand des § 264 StGB stark normativ geprägt ist, sind der Bezugspunkt des Vorsatzes und die Abgrenzung des Tatbestandsirrtums zum Verbotsirrtum oftmals problematisch. Dies wird im folgenden Kapitel ausführlich erörtert.[153]

2. Leichtfertigkeit

Nach § 264 Abs. 4 StGB genügt bei den Tathandlungen des Abs. 1 Nr. 1-3 Leichtfertigkeit.[154]

a) Beurteilungsmaßstab der Leichtfertigkeit

Unter Leichtfertigkeit versteht man eine gesteigerte Form der Fahrlässigkeit. Leichtfertig handelt, wer die im Verkehr erforderliche Sorgfalt in besonders hohem Maß außer Acht lässt bzw. dessen Verhalten einen hohen Grad an Fahrlässigkeit aufweist, also in grobem Maße fahrlässig ist.[155] Teilweise wird auch eine gesteigerte Vorhersehbarkeit gefordert.[156] Der Maßstab ähnelt dem der groben Fahrlässigkeit nach § 277 BGB.[157] Der strafrechtliche unterscheidet sich allerdings von dem zivilrechtlichen Fahrlässigkeitsbegriff darin, dass dem Straftäter sein Verhalten individuell vorwerfbar sein muss, also auf Ebene der Schuld die individuellen Fähigkeiten des Täters Berücksichtigung finden.[158] Abzustellen ist daher auf die individuellen Kenntnisse und Erkenntnismöglichkeiten des Sub-

---

151 *Lackner/Kühl*, § 15, Rn. 28.

152 *Lackner/Kühl*, § 15, Rn. 28.

153 Eine ausführliche Darstellung erfolgt in Kap. 3, III. 5.

154 Kritisch zur Begrenzung der Leichtfertigkeitshaftung auf Abs. 1 Nr. 1-3 Schönke/Schröder-*Perron*, § 264, Rn. 64.

155 BGHSt 33, 66.

156 *Lackner/Kühl*, § 264, Rn. 24.

157 NK-*Hellmann*, § 264, Rn. 153.

158 MüKo-*Wohlers*, § 264 Rn. 112; NK-*Hellmann*, § 264, Rn. 162; OLG Hamburg, NStZ 1984, S. 218, 219; AK-*Zielinski*, §§ 15, 16, Rn. 97.

ventionsnehmers.[159] Teilweise wird gefordert, dass die Nähe zum Vorsatz Berücksichtigung finden müsse.[160] Dem ist jedoch entgegenzuhalten, dass die Fahrlässigkeit bzw. Leichtfertigkeit im Verhältnis zum Vorsatz kein Minus, sondern ein *aliud* ist und daher nach gesonderten Maßstäben zu beurteilen ist.[161] Daher kann auch die Verneinung vorsätzlichen Handelns nichts darüber aussagen, ob Leichtfertigkeit gegeben ist.[162]

Hinsichtlich des für das Vorliegen der Leichtfertigkeit anzuwendenden Beurteilungsmaßstabs ist unstreitig, dass in verschiedener Hinsicht differenziert werden muss.[163] Zunächst bietet sich eine Unterscheidung nach dem Adressatenkreis an. So obliegen Wirtschaftsunternehmen, die bei nationalen Subventionen allein taugliche Täter sind, umfänglichere Prüf- und Erkundigungspflichten als Antragsstellern, die etwa EU-Kultur- oder -Sozialsubventionen für den nicht wirtschaftlichen Bereich in Anspruch nehmen.[164] In diesem Zusammenhang muss auch die berufliche Qualifikation des Subventionsnehmers Berücksichtigung finden.[165] Des Weiteren wird danach unterschieden, ob der Täter Subventionen für sich oder Dritte beantragt.[166] Der Annahme von Leichtfertigkeit kann die unklare oder missverständliche Bezeichnung durch die Behörde entgegenstehen.[167]

b) Kriminalpolitische Kritik

Kriminalpolitisch war diese Regelung von Beginn an umstritten.

---

159 SK-*Hoyer*, § 264, Rn. 96; SSW-*Saliger*, § 264, Rn. 40.

160 LK-*Tiedemann*, § 264, Rn. 123; *Graßmück*, S. 29.

161 NK-*Hellmann*, § 264, Rn. 163; MüKo-*Wohlers*, § 264, Rn. 112.

162 Schönke/Schröder-*Perron*, § 264, Rn. 65.

163 SK-*Hoyer*, § 264, Rn. 97 ff. entwickelt hierzu ein dreistufiges Prüfungsmodell: Danach soll bei einem Täter, der nicht selbst Antragssteller ist, Leichtfertigkeit nur angenommen werden, wenn sich die Abs. 1 Nr. 1-3 aufgrund konkreter Anhaltspunkte geradezu aufdrängten. Antragssteller, die nicht für einen Betrieb oder einen Unternehmen handeln bzw. keine Wirtschaftssubventionen beantragen, sollen sich regelmäßig auf Dritte mit (scheinbar) größerer Sachkunde verlassen können. Demgegenüber soll die Beantragung von Wirtschaftssubventionen für einen Betrieb oder ein Unternehmen zur Überprüfung von Informationen sowie Auswahl und Überwachung von Hilfspersonen in gewissem Umfang zumutbar machen.

164 *Fischer*, § 264, Rn. 37; ausführlich Schönke/Schröder-*Perron*, § 264, Rn. 65 und NK-*Hellmann*, § 264, Rn. 156 mit Beispielen.

165 MüKo-*Wohlers*, § 264, Rn. 113 ff.

166 NK-*Hellmann*, § 264, Rn. 155; MüKo-*Wohlers*, § 264, Rn. 113 ff.

167 von Heintschel-Heinegg-*Momsen*, § 264, Rn. 35.1; *Fischer*, § 264, Rn. 37.

Insbesondere wurde ein Wertungswiderspruch zu § 378 AO, der die leichtfertige Erschleichung indirekter Steuersubventionen als lediglich ordnungswidrig einstuft, moniert.[168] Auch setze § 378 AO den Eintritt eines Vermögensnachteils voraus.[169] Für die strafrechtliche Pönalisierung der leichtfertigen Tatbegehung wird angeführt, dass die kriminelle Energie desjenigen, der dem Staat Mittel entziehe, höher sei als die desjenigen, der lediglich sein Vermögen dem staatlichen Zugriff vorenthalte.[170] Des Weiteren wird kritisiert, § 264 Abs. 4 StGB begründe eine Verdachtsstrafe bei nicht nachweisbarem Vorsatz.[171] Dem wird entgegengehalten, dass gerade hierin eine Ausformung des „in-dubio"-Grundsatzes zu sehen sei[172] und eine Verurteilung wegen Leichtfertigkeit nur erfolgen könne, wenn die entsprechenden Voraussetzungen zweifelsfrei gegeben seien. Schließlich wurde hervorgehoben, dass die Strafbarkeit von nichtvorsätzlichen Verstößen im Bereich der Vermögensdelikte dem Grundgedanken des freien Wirtschaftsverkehrs widerspreche.[173] Dem kann in dieser Pauschalität allerdings nicht gefolgt werden, da es auch im Bereich der Vermögensdelikte verschiedene Tatbestände gibt, die sogar einfache Fahrlässigkeit unter Strafe stellen, etwa §§ 283, 283b StGB, § 15a InsO. Diesbezüglich wird auch darauf verwiesen, dass derjenige, der öffentliche Mittel zumindest teilweise unentgeltlich in Anspruch nehme, eine erhöhte Verantwortung trage[174]

---

[168] *Fischer*, § 264, Rn. 3; *Maurach/Schroeder/Maiwald*, § 41, Rn. 173 mit Verweis darauf, dass die leichtfertige Steuerverkürzung im Jahr 1968 von Seiten des Gesetzgebers bewusst zu einer Ordnungswidrigkeit herabgestuft worden sei.

[169] MüKo-*Wohlers*, § 264, Rn. 110; *Hack*, S. 143. Zu beachten ist allerdings, dass aufgrund des steuerrechtlichen Kompensationsverbots eine Steuerverkürzung auch in Fällen angenommen würde, in denen aufgrund des Grundsatzes der Gesamtsaldierung ein Vermögensschaden im Sinne des Betrugstatbestands zu verneinen wäre.

[170] LK-*Tiedemann*, § 264, Rn. 6; *Geerds*, S. 314; a. A. Schönke/Schröder-*Perron*, § 264, Rn. 65 sowie *Eberle*, S. 166 ff. – eine erhöhte Pflichtenstellung bei der Inanspruchnahme direkter Subventionen im Verhältnis zu den Pflichten bei der Inanspruchnahme indirekter Subventionen in Gestalt von Steuervergünstigungen sei nicht feststellbar.

[171] *Fischer*, § 264, Rn. 3; a.A. *Eberle*, S. 165 unter Verweis auf die historischen Wurzeln der Verdachtsstrafe.

[172] NK-*Hellmann*, § 264, Rn. 11.

[173] *Fischer*, § 264, Rn. 36.

[174] Schönke/Schröder-*Perron*, § 264, Rn. 2 – von Wirtschaftsteilnehmern könne ein Mindestmaß an Sorgfalt erwartet werden; die Ausweitung der Strafbarkeit bei EU-Subventionen sei aber nicht unproblematisch. Da die Pönalisierung der Leichtfertigkeit völkerrechtlich nicht erforderlich gewesen sei, seinen bei privaten Antragsstellern besonders hohe Anforderungen an die Leichtfertigkeit zu stellen; LK-*Tiedemann*, § 264, Rn. 6: Auch das klassische Vermögensstrafrecht kenne Sonderpflichten, die teilweise schon bei leichter Fahrlässigkeit Strafbarkeit nach sich ziehen können. Die

Inanspruchnahme öffentlicher Subventionsmittel ohne Gegenleistung schaffe eine besondere Pflichtenposition, die über diejenige beim privaten Austausch von Leistung und Gegenleistung hinausginge. Diese erhöhte Verantwortlichkeit legitimiere die Pönalisierung der Leichtfertigkeit; vgl. auch Schönke/Schröder-*Lenckner*, Rn. 2 m. w. N.; *Tiedemann*, NJW 1990, S. 2226, 2228 m. w. N. Für die Notwendigkeit einer Sonderregelung: *Tiedemann*, Subventionskriminalität, S. 300 ff.; *Achenbach*, GA 2004, S. 565; krit. *Herzog*, S. 122; zur Strafverfolgungspraxis: *Detzner*, S. 50 ff.; *Dörn*, DStZ 1995, S. 164; *Lührs*, wistra 1999, S. 89 f. (neue Bundesländer); zur Kriminologie des EU-Subventionsbetrugs *Martens*, S. 214.

Kapitel 3 –Vorsatz und Irrtum im StGB

Im Zentrum dieser Arbeit steht die Frage, welche Maßstäbe für den auf rechtlicher Ebene irrenden Subventionsnehmer, insbesondere hinsichtlich der (Un) Vermeidbarkeit seines Irrtums gelten. Dies setzt zunächst eine Grenzziehung zwischen Verbotsirrtum und Tatbestandsirrtum, also tatsächlichen und rechtlichen Fehlbewertungen voraus. Diese auf den ersten Blick so einfach erscheinende Unterscheidung ist insbesondere bei stark normativ geprägten Tatbeständen wie § 264 StGB schwierig. Daher sollen zunächst überblicksartig die Regelungen zu Vorsatz und Irrtum sowie die für die Abgrenzung zwischen beiden Irrtumsformen relevanten Aspekte dargestellt und sodann auf Besonderheiten in Bezug auf den Tatbestand des Subventionsbetrugs eingegangen werden.

I. Das Gesetz

Die strafrechtliche Relevanz einer Handlung oder Unterlassung ist im Rahmen des dreigliedrigen Deliktsaufbaus zu beurteilen und setzt ein tatbestandsmäßiges, rechtswidriges und schuldhaftes Verhalten des Täters voraus. Im Rahmen des Tatbestands wird zwischen dem objektiven und subjektiven Tatbestand, auch objektive und subjektive Zurechnung genannt, unterschieden. Irrt der Täter bei der Verwirklichung eines Straftatbestands auf tatsächlicher oder rechtlicher Ebene, stellt sich die Frage, ob und wenn ja, wo im dreigliedrigen Deliktsaufbau der entsprechende Irrtum Berücksichtigung findet.

Im Hinblick auf Vorsatz und Irrtum enthält das StGB in den §§ 15-17 folgende Regelungen:

> **§ 15 Vorsätzliches und fahrlässiges Handeln**
> Strafbar ist nur vorsätzliches Handeln, wenn nicht das Gesetz fahrlässiges Handeln ausdrücklich mit Strafe bedroht.
>
> **§ 16 Irrtum über Tatumstände**
> (1) [1] Wer bei Begehung der Tat einen Umstand nicht kennt, der zum gesetzlichen Tatbestand gehört, handelt nicht vorsätzlich. [2] Die Strafbarkeit wegen fahrlässiger Begehung bleibt unberührt.
> (2) Wer bei Begehung der Tat irrig Umstände annimmt, welche den Tatbestand eines milderen Gesetzes verwirklichen würden, kann wegen vorsätzlicher Begehung nur nach dem milderen Gesetz bestraft werden.

§ 17 Verbotsirrtum
[1] Fehlt dem Täter bei Begehung der Tat die Einsicht, Unrecht zu tun, so handelt er ohne Schuld, wenn er diesen Irrtum nicht vermeiden konnte. [2] Konnte der Täter den Irrtum vermeiden, so kann die Strafe nach § 49 Abs. 1 gemildert werden.

Das Gesetz unterscheidet also zwischen Tatbestandsirrtum, § 16 StGB, und Verbotsirrtum, § 17 StGB, und belegt diese beiden Irrtumsarten mit unterschiedlichen Rechtsfolgen.

II. Der Tatbestandsirrtum

Bei dem in § 16 StGB geregelten Tatbestandsirrtum[175] irrt der Täter auf tatsächlicher Ebene und realisiert deshalb nicht, dass ein bestimmtes Tatbestandsmerkmal, welches entweder die Strafbarkeit begründet (Abs. 1) oder zu einer Strafschärfung führt (Abs. 2), objektiv erfüllt ist. Dies hat zur Folge, dass er von der Appell- und Warnfunktion des objektiven Tatbestands nicht erreicht wird[176] und führt gemäß § 16 Abs. 1 S. 1 StGB zum Entfallen des Vorsatzes. Der Tatbestandsirrtum wirkt sich also auf der Ebene des Unrechtstatbestands aus und lässt das Unrecht der Vorsatztat entfallen. Die Frage, ob dem Täter diese tatsächliche Fehlbewertung in irgendeiner Form vorgeworfen werden kann, spielt auf Ebene des Vorsatzdelikts keine Rolle.[177] Gemäß § 16 Abs. 1 S. 2 StGB bleibt die Strafbarkeit wegen fahrlässiger Begehung jedoch unberührt. Nach § 15 StGB ist allerdings grundsätzlich nur vorsätzliches Handeln strafbar, es sei denn, das Gesetz bedroht fahrlässiges Handeln ausdrücklich mit Strafe.

Das Zusammenspiel von § 16 Abs. 1 S. 1 und 2 StGB sowie die hierdurch begründeten Grenzen der Strafbarkeit lassen sich am Tatbestand des Subventionsbetrugs zeigen. Die für § 16 Abs. 1 S. 2 StGB relevante Strafandrohung für fahrlässiges Verhalten existiert in Form des § 264 Abs. 4 StGB. Diese Norm sieht hinsichtlich der Fahrlässigkeitsstrafbarkeit jedoch in zweierlei Hinsicht Beschränkungen vor. Zum einen ist § 264 Abs. 4 StGB lediglich auf drei der vier Begehungsmodalitäten, nämlich auf Abs. 1 Nr. 1-3, anwendbar. Zum anderen wurde nur die leichtfertige Tatbegehung unter Strafe gestellt. Einfache Fahrlässigkeit des Täters reicht also zur Begründung einer Strafbarkeit nicht aus. Befindet sich der Täter eines Subventionsbetrugs in einem Tatbestandsirrtum, wür-

---

175 Kritisch zur – seiner Ansicht nach missverständlichen – Begriffswahl LK-*Vogel*, § 16, Rn. 14: Der Begriff „Tatumstandsirrtum" sei vorzugswürdig.

176 *Wessels/Beulke*, Rn. 244.

177 Die grundsätzliche Relevanz des Irrtums über Tatsachen ist auch international anerkannt. Streit besteht allerdings darüber, ob das Verschulden für die Entlastung von Vorsatzstrafbarkeit eine Rolle spielen kann: *Tiedemann*, FS Geerds, S. 95, 96.

de er also gemäß § 16 Abs. 1 S. 1 StGB nicht wegen vorsätzlicher Tatbegehung bestraft, könnte aber gemäß § 16 Abs. 1 S. 2 i. V. m. § 264 Abs. 4 StGB wegen leichtfertiger Tatbegehung belangt werden, wenn er unrichtige, vorteilhafte Angaben über subventionserhebliche Tatsachen gemacht (Abs. 1 Nr. 1), gegen eine Verwendungsbeschränkung verstoßen (Abs. 1 Nr. 2) oder den Subventionsgeber über subventionserhebliche Tatsachen in Unkenntnis gelassen hat (Abs. 1 Nr. 3). Nur im Falle des Abs. 1 Nr. 4, dem Gebrauch einer durch unrichtige oder unvollständige Angaben erlangten Bescheinigung über eine Subventionsberechtigung oder über subventionserhebliche Tatsachen, würde § 16 Abs. 1 S. 2 StGB mangels Fahrlässigkeitsstrafbarkeit leerlaufen.[178] Demnach ist bei einem Großteil der nach § 264 StGB pönalisierten Verhaltensweisen die leichtfertige Tatbegehung strafbar, sodass der im Tatbestandsirrtum befindliche Täter strafrechtlich haftet, wenn ihm Leichtfertigkeit zur Last gelegt werden kann.

Hat der Täter hingegen Kenntnis vom Vorliegen der Tatbestandsmerkmale, ist § 16 StGB nicht anwendbar. Es stellt sich dann u. U. die Frage, ob der Täter aufgrund einer fehlerhaften rechtlichen Bewertung ohne Unrechtsbewusstsein handelte mit der Folge, dass bei Unvermeidbarkeit gemäß § 17 StGB die Schuld entfällt. Bei rein deskriptiven Tatbestandsmerkmalen ist die Scheidelinie zwischen tatsächlichen und rechtlichen Fehlbewertungen und damit auch zwischen Tatbestandsirrtum und Verbotsirrtum recht leicht zu ziehen. Bei normativen Tatbestandsmerkmalen hingegen stellt sich die Frage, in welchem Umfang das fehlerhafte Verständnis rechtlicher Konnotationen einen Tatbestandsirrtum begründen kann, da es aus diesem Grund an einer korrekten Parallelwertung in der Laiensphäre fehlt. Der Bezugspunkt des Vorsatzes bei Blankettmerkmalen ist noch stärker umstritten.

In Kapitel 2 wurden die verschiedenen Tatbestandsmerkmale des § 264 StGB dargestellt. Es wurde deutlich, dass der Tatbestand stark normativ geprägt ist – als Beispiele seien nur die subventionserheblichen Tatsachen nach Abs. 8, der Subventionsbegriff des Abs. 7, der Verstoß gegen Verwendungsbeschränkungen nach Abs. 1 Nr. 2 oder die Verletzung von Mitteilungspflichten nach Abs. 1 Nr. 3 genannt. Die Frage danach, wann der Täter etwa Vorsatz in Bezug auf das Vorliegen einer subventionserheblichen Tatsache oder den Verstoß gegen Verwendungsbeschränkungen hat, kann demnach erst beantwortet werden, wenn herausgearbeitet wurde, was genau Bezugspunkt des Vorsatzes ist. Dies soll im Folgenden geschehen.

---

178 Es ist allerdings zu berücksichtigen, dass in vielen Fällen die Erlangung besagter Bescheinigung schon unter Abs. 1 Nr. 1 fallen dürfte.

III. Die Abgrenzung des Tatbestandsirrtums vom Verbotsirrtum

Beim im Tatbestandsirrtum befindlichen Täter entfällt, wie soeben dargelegt, gemäß § 16 Abs. 1 S. 1 StGB die Vorsatzstrafbarkeit; ihm droht höchstens Strafverfolgung wegen Fahrlässigkeit, falls diese pönalisiert ist. Beim vermeidbaren Verbotsirrtum hingegen wird wegen vorsätzlicher Tatbegehung bestraft. Aufgrund der unterschiedlichen Ausgestaltung der Rechtsfolgen hat die Abgrenzung zwischen Tatbestandsirrtum und Verbotsirrtum große praktische Bedeutung.

Beim Tatbestandsirrtum hat der Täter aufgrund einer Fehlbewertung auf tatsächlicher Ebene das Vorliegen eines bestimmten objektiven Tatbestandsmerkmals nicht in seinen Vorsatz aufgenommen. Wann dies der Fall ist, kann nur beurteilt werden, wenn Klarheit darüber besteht, was Gegenstand des Vorsatzes ist. Hierfür ist zunächst zu klären, was unter Vorsatz zu verstehen bzw. wie er dogmatisch einzuordnen ist.

Vorab sei angemerkt, dass sowohl terminologische Unklarheiten als auch unterschiedliche methodische Ansätze es schwierig machen, den Meinungsstand zu überblicken und die unterschiedlichen Auffassungen miteinander zu vergleichen. Vorweggenommen werden kann allerdings, dass sich viele Ansätze zwar terminologisch und hinsichtlich der Begründung, nicht so sehr hingegen in Bezug auf das Ergebnis unterscheiden. Da der Schwerpunkt dieser Arbeit auf der Vermeidbarkeit des Verbotsirrtums liegt, kann lediglich ein Überblick über den Meinungsstand gegeben und auf Streitpunkte nur insoweit eingegangen werden, als sie für die Fragestellung dieser Arbeit relevant sind.

1. Die Einordnung des Vorsatzes

In der älteren Lehre wurde mit dem Begriff „subjektive Zurechnung" die Schuld bezeichnet, die alle geistigen und seelischen Vorgänge erfasste, die sich während der Tat im Innern des Täters abspielten.[179] Demgegenüber wird heute überwiegend die sog. personale[180] Unrechtslehre verfochten, die Vorsatz und Fahrlässigkeit (zumindest auch) dem Unrechtstatbestand zuordnet, da sie den für das Unrecht konstitutiven Handlungsunwert ausmachen.[181] Die wesentliche Erkenntnis der personalen Unrechtslehre besteht in der Trennung der Handlungssteuerung (Vorsatz und Fahrlässigkeit) von der Antriebssteuerung (z. B. Un-

---

179 *Jescheck/Weigend*, § 22 II 1.

180 SSW-*Momsen*, §§ 15, 16 Rn. 7; AK-*Zielinski*, §§ 15, 16 Rn. 6 ff.

181 AK-*Zielinski*, §§ 15, 16, Rn. 6.

rechtsbewusstsein als Schuldelement).[182] Da Vorsatz und Fahrlässigkeit jedoch auch die beiden im deutschen Recht anerkannten Schuldformen sind, ergeben sich ebenfalls Verbindungen mit dem Schuldelement des Unrechtsbewusstseins.[183]

2. Der Aufbau des Vorsatzes

Der Vorsatz wird nach einer geläufigen Definition als „Wissen und Wollen der zum gesetzlichen Tatbestand gehörenden objektiven Merkmale" definiert.[184] Wesentlich ist nach überwiegender Auffassung, dass der Vorsatz sowohl eine Willens- als auch eine Wissenskomponente aufweist.

a) Das voluntative Element des Vorsatzes

Das voluntative Element des Vorsatzes betrifft die Haltung des Täters zum Eintritt des tatbestandlichen Erfolgs. Umstritten ist sowohl, ob ein voluntatives Element überhaupt erforderlich ist, als auch, welche Anforderungen an sein Vorliegen zu stellen sind. Von Bedeutung ist diese Problematik für die Abgrenzung zwischen bedingtem Vorsatz[185] und bewusster Fahrlässigkeit.

Teilweise wird vertreten, das Willenselement sei entbehrlich.[186] Zur Abgrenzung von Vorsatz und bewusster Fahrlässigkeit wird beispielsweise auf die Möglichkeits- oder Wahrscheinlichkeitsvorstellung des Täters oder darauf abgestellt, ob der Täter von einer konkreten oder abstrakten bzw. einer abgeschirmten oder unabgeschirmten Gefahr für das Rechtsgut ausgeht.[187]

Diese Annahme kann nicht überzeugen. Zum einen ist eine Abgrenzung zwischen bedingtem Vorsatz und bewusster Fahrlässigkeit allein unter Rückgriff auf das kognitive Element mit großen Schwierigkeiten behaftet. Zum anderen ist für das im Vergleich zur Fahrlässigkeit größere Unrecht einer Vorsatztat charakteristisch, dass in dem Verhalten des Täters eine Entscheidung für das Unrecht

---

182 AK-*Zielinski*, §§ 15, 16, Rn. 9; *Zielinski*, S. 84 ff.

183 SSW-*Momsen*, §§ 15, 16, Rn. 7; BGHSt 36, 1; 39, 100; BGH, NStZ 1994, S. 483.

184 BGH, NJW 1989, S. 781; Schönke/Schröder-*Cramer/Sternberg-Lieben*, § 15, Rn. 9; kritisch zu dieser Kurzformel AK-*Zielinski*, §§ 15, 16, Rn. 18 – Vorsatz sei der Entschluss zur Durchführung eines Handlungsprojekts in Kenntnis der tatbestandlich relevanten Modalitäten und Folgen der Handlung.

185 Kritisch zu dieser Begriffswahl Schönke/Schröder-*Cramer/Sternberg-Lieben*, § 15, Rn. 72, da Vorsatz immer einen unbedingten Handlungswillen voraussetze.

186 *Maurer*, S. 194 f. m. w. N.

187 Einen guten Überblick über die Vielzahl der hierzu vertretenen Theorien bietet *Kühl*, § 5, Rn. 61 ff.

gesehen werden kann.[188] Dies wiederum kann nur unter Berücksichtigung der voluntativen Einstellung des Täters zur Tat beurteilt werden. Allein auf der Basis des kognitiven Elements kann eine sinnvolle Abgrenzung nicht vorgenommen werden. Entscheidend ist vielmehr die unterschiedliche Geisteshaltung der jeweiligen Täter auf Ebene des voluntativen Elements.

Unter welchen Voraussetzungen solch eine Willensentscheidung des Täters für das tatbestandliche Unrecht angenommen werden kann, ist wiederum umstritten.

Die Einwilligungs- oder Billigungstheorie verlangt, dass der Täter den für möglich gehaltenen Erfolg gebilligt oder billigend in Kauf genommen hat.[189] Soweit man hierbei allerdings einen engen Begriff des „Billigens" im Sinn eines Einverständnisses zugrunde legt, rückt dies den *dolus eventualis* in die Nähe der Absicht und verengt somit dessen Anwendungsbereich sehr stark.[190] Daher nimmt die Rechtsprechung mittlerweile ein Billigen auch in Fällen an, in denen der Täter den Erfolg innerlich missbilligt.[191] Dann aber erscheint es schon sprachlich widersprüchlich, bei einer inneren Missbilligung der Tat von einem vorsatzbegründenden billigenden In-Kauf-Nehmen zu sprechen.[192] Schon aufgrund dieser terminologischen Unsauberkeiten ist der Billigungstheorie daher nicht zu folgen.

Die Gleichgültigkeitstheorie lässt es genügen, wenn der Täter die für möglich gehaltene Tatbestandsverwirklichung aus Gleichgültigkeit gegenüber dem geschützten Rechtsgut in Kauf nimmt.[193] Konsequenterweise müsste sie in Fällen, in denen der Erfolg dem Täter unerwünscht ist, den Vorsatz verneinen, da dann von einer Gleichgültigkeit des Täters gegenüber dem Erfolg nicht gesprochen werden kann. Dies kann, wenn der Täter diesen Erfolg bewusst einkalkuliert hat und sich auch durch eine innere Missbilligung des möglichen Erfolgseintritts nicht von der Tatbestandsverwirklichung hat abhalten lassen, nicht überzeugen.[194] Daher ist die Gleichgültigkeitstheorie abzulehnen.

Überzeugender erscheint es, mit der überwiegenden Auffassung *dolus eventualis* anzunehmen, wenn sich der Täter auch nicht durch die naheliegende Möglichkeit des Erfolgseintritts von der Tatausführung hat abhalten lassen und sein

188 *Roxin*, AT I, § 12, Rn. 23; Schönke/Schröder-*Cramer/Sternberg-Lieben*, § 15, Rn. 80.

189 BGHSt 7, 363, 369 (Lederriemen-Fall); w. N. bei Schönke/Schröder-*Cramer/Sternberg-Lieben*, § 15, Rn. 81 f.

190 *Roxin*, AT I, § 12, Rn. 36 ff.

191 BGHSt 7, 363, 369 (Lederriemen-Fall).

192 *Roxin*, AT I, § 12, Rn. 39 m. w. N.

193 *Engisch*, S. 186 ff., 233 ff. w. N. bei Schönke/Schröder-*Cramer/Sternberg-Lieben*, § 15, Rn. 81 ff.

194 *Roxin*, AT I, § 12, Rn. 40.

Verhalten den Schluss rechtfertigt, dass er sich um des erstrebten Ziels willen mit dem Risiko der Tatbestandsverwirklichung abgefunden hat, während der bewusst fahrlässig handelnde Täter fest darauf vertraut, dass alles gut gehen und es ihm gelingen werde, den drohenden Erfolgseintritt und die Verwirklichung des Tatbestands zu vermeiden.[195]

b) Das kognitive Element des Vorsatzes

Die Wissensseite des Vorsatzes, auch kognitives Element genannt, ist gegeben, wenn der Täter die den Unrechtstypus der Tat konstituierenden Merkmale kennt.[196] Nach überwiegender Auffassung genügt für die Annahme der Wissensseite des Vorsatzes ein sog. „sachgedankliches Mitbewusstsein".[197] Das kognitive Element dient dazu, dem Täter die Bedeutung seines Verhaltens vor Augen zu führen und ihm einen Impuls zur Unterlassung des Tatentschlusses zu vermitteln.[198] Sein Vorliegen bzw. Fehlen entscheidet darüber, ob der Täter vorsätzlich handelt bzw. sich in einem vorsatzausschließenden Tatbestandsirrtum befindet.

In manchen Bereichen ist diese Trennlinie leicht zu ziehen. Man denke etwa an den Jäger im Wald, der in der Annahme in ein Gebüsch schießt, dort befinde sich ein Wildschwein, und bedauerlicherweise einen dort befindlichen Pilzsammler trifft. Der Jäger handelte ohne Körperverletzungs- bzw. Tötungsvorsatz in Bezug auf das Tatobjekt „Mensch", da er davon ausging, auf ein Wildschwein zu schießen.

3. Normativ geprägte Tatbestandsmerkmale

Soweit ein Tatbestand stärker normativ geprägt ist, bereitet diese Abgrenzung schon im Hinblick auf die an den Vorsatz zu stellenden Anforderungen Schwierigkeiten. Es stellt sich die Frage, anhand welcher Kriterien besagte Abgrenzung vorzunehmen ist. Zudem wird diskutiert, ob in diesem Zusammenhang zwischen normativen Tatbestandsmerkmalen und Blankettmerkmalen zu unterscheiden ist. Bei ersteren soll Vorsatz nur gegeben sein, wenn der Täter den Gehalt des

---

195 *Wessels/Beulke*, Rn. 225; *Jescheck/Weigend*, § 29 III 3; *Kühl*, § 5, Rn. 85; *Küpper*, ZStW 100, S. 759, 766; *Lackner/Kühl*, § 15, Rn. 24; *Roxin*, AT I, § 12, Rn. 27.

196 Schönke/Schröder-*Cramer/Sternberg-Lieben*, § 15, Rn. 10.

197 SSW-*Momsen*, §§ 15, 16, Rn. 23. Problematisch sei aber die Grenze zu dem Fehlschluss, Vorsatz sei gegeben, weil sich eine Vorstellung aufgedrängt haben müsse. Daher biete sich eine Unterscheidung zwischen deskriptiven und normativen Tatbestandsmerkmalen an. Bei ersteren sei sachgedankliches Mitbewusstsein ausreichend; bei letzteren nicht, wobei die Anforderungen an den Vorsatz steigen, je mehr wertende Merkmale ein Tatbestandsmerkmal enthalte: SSW-*Momsen*, §§ 15, 16, Rn. 24 ff.

198 *Platzgummer*, S. 63; SSW-*Momsen*, §§ 15, 16, Rn. 25; *Bachmann*, S. 35.

Tatbestandsmerkmals im Rahmen einer „Parallelwertung in der Laiensphäre“ erfasst hat. Dies hat zur Folge, dass rechtliche Fehlbewertungen in gewissem Umfang einen Tatbestandsirrtum und damit das Entfallen der Vorsatzstrafbarkeit begründen können. Ob bei Blanketten das rechtliche Ge- oder Verbot selbst vom Vorsatz umfasst sein muss, ein fehlerhaftes Verständnis also einen Tatbestandsirrtum begründen kann, oder ob sich der Gegenstand des Vorsatzes schon durch ein Zusammenlesen von Blankettgesetz und ausfüllender Norm ergibt, also Irrtümer über Inhalt und Existenz der Ausfüllungsnorm lediglich zu einem Verbotsirrtum führen, ist umstritten. Auch dies soll im Folgenden näher untersucht werden.

Die soeben aufgeworfenen Fragen sind insbesondere für den Tatbestand des Subventionsbetrugs aufgrund der Verwendung der Blanketttechnik[199] und dessen stark normativer Prägung von großer Bedeutung. Als Beispiele seien nur die Tatbestandsmerkmale Subvention und subventionserhebliche Tatsache genannt. Insbesondere im Hinblick auf letzteres Tatbestandsmerkmal wurde bereits dargelegt[200], dass durch die Einführung einer Bezeichnungspflicht in § 2 SubvG in Bezug auf subventionserhebliche Tatsachen die Ausgangslage nunmehr in gewissem Umfang klarer ist. In Fällen jedoch, in denen der Subventionszweck beispielsweise nicht präzise bestimmt ist, besteht die Gefahr, dass die Bezeichnung subventionserheblicher Tatsachen ebenso unpräzise erfolgt und sich die Frage stellt, ob der Täter z. B. bei Falschangaben nach § 264 Abs. 1 Nr. 1 StGB vorsätzlich handelte oder sich im Tatbestandsirrtum befand. Diese Frage kann nur beantwortet werden, wenn man weiß, welche Anforderungen an das im Bereich der Irrtümer wesentliche kognitive Element des Vorsatzes zu stellen sind.

a) Unterscheidung zwischen normativen und deskriptiven Tatbestandsmerkmalen bzw. Ablehnung dieser Grenzziehung

Hinsichtlich der an die Wissensseite des Vorsatzes zu stellenden Anforderungen wird vielfach zwischen deskriptiven und normativen Tatbestandsmerkmalen unterschieden.

Deskriptiv ist ein Tatbestandsmerkmal, wenn es durch einfache Beschreibung zum Ausdruck bringt, was sachlich-gegenständlich zum Verbot oder Gebot des Tatbestands gehört[201] und durch sinnliche Wahrnehmung festgestellt werden

199 Vgl. Kap. 3, III. 4., 5.
200 Vgl. Kap. 2, III. 2. a) (1).
201 *Wessels/Beulke*, Rn. 131.

kann.[202] Vorsatz wird bereits bei vollständiger Tatsachenkenntnis bejaht; ein „geistiges Verstehen" ist nicht erforderlich.[203]

Normative Tatbestandsmerkmale hingegen werden dadurch gekennzeichnet, dass die entsprechenden Tatumstände nur unter der logischen Voraussetzung einer Norm gedacht und nur durch Werturteil festgestellt werden können[204]. Bloße Tatsachenkenntnis reicht für die Bejahung des Vorsatzes nicht aus, da diese allein nicht den Bedeutungsgehalt des Verhaltens vermittelt. Übereinstimmung besteht allerdings dahingehend, dass eine korrekte Subsumtion unter juristische Fachtermini nicht verlangt werden kann, da sonst nur Juristen Straftaten begehen könnten.[205] Der Täter muss vielmehr durch einen Akt geistigen Verstehens den für die Unrechtsbegründung wesentlichen Bedeutungsgehalt erfasst haben[206]. So ist beispielsweise für die Annahme der Fremdheit einer Sache beim Diebstahl nicht ausreichend, wenn der Täter den Sachverhalt erkannt hat, der zivilrechtlich das Eigentum eines anderen begründet. Erforderlich ist vielmehr, dass er auch eine laienhafte Vorstellung davon hat, fremdes Eigentum zu verletzen, da er sonst von der Appellfunktion des Tatbestands nicht erreicht wird. Dieser Akt geistigen Verstehens wird oftmals – unpräzise[207] – mit dem Schlagwort der „Parallelwertung in der Laiensphäre" bezeichnet. Problematisch an dieser Begrifflichkeit ist, dass auf Ebene des Vorsatzes, anders als beim Unrechtsbewusstsein, gerade keine „Wertung" durch den Täter vorgenommen wird – der Täter muss Kenntnis von der sozialen Bedeutung seines Verhaltens haben. Da sich der Terminus aber eingebürgert hat und im Ergebnis auch Einigkeit darüber bestehen dürfte[208], dass unter „Parallelwertung in der Laiensphäre" gerade keine rechtliche Wertung, sondern ein Verstehen der sozialen Bedeutung des eigenen Verhaltens gemeint ist, wird besagter Terminus im Folgenden weiter verwendet werden.

Unbestritten ist allerdings auch, dass die Grenzziehung zwischen deskriptiven und normativen Tatbestandsmerkmalen fließend ist, da auch viele deskriptive Merkmale einen gewissen normativen Einschlag haben.[209] Man denke nur das Tatobjekt „Mensch" der Tötungsdelikte und die Frage, wann menschliches Le-

---

202 Schönke/Schröder-*Cramer/Sternberg-Lieben*, § 15, Rn. 18.

203 LK-*Vogel*, § 16, Rn. 21; SK-*Rudolphi*, § 16, Rn. 20 ff.

204 *Wessels/Beulke*, Rn. 132; Schönke/Schröder-*Cramer/Sternberg-Lieben*, § 15, Rn. 19.

205 Schönke/Schröder-*Cramer/Sternberg-Lieben*, § 15, Rn. 43a.

206 SK-*Rudolphi*, § 16, Rn. 21.

207 *Tiedemann*, Wirtschaftsstrafrecht AT, Rn. 227; Schönke/Schröder-*Cramer/Sternberg-Lieben*, § 15, Rn. 43a bevorzugt den Terminus „Parallelwertung im Täterbewusstsein" – diese Formulierung sei genauer; ähnlich *Bachmann*, S. 38 f.

208 Vgl. Kap. 3, III. 3. e).

209 *Wessels/Beulke*, Rn. 132.

ben beginnt bzw. endet. Aus diesem Grund wird die Unterscheidung zwischen deskriptiven und normativen Tatbestandsmerkmalen teilweise als willkürlich erachtet und der Schwerpunkt allgemein auf die Frage gelegt, wie viel Wertigkeit vom Vorsatz umfasst sein muss bzw. welche Wertungen Bestandteil des Unrechtsbewusstseins sind.[210] Wenn man sich darüber im Klaren ist, dass die Übergänge zwischen deskriptiven und normativen Tatbestandsmerkmalen fließend sind, scheint diese Kategorisierung allerdings zumindest für eine erste Orientierung hilfreich.

b) Fiktion der korrekten Erfassung des sozialen Sinns (Kindhäuser)

Kindhäuser[211] hingegen unterscheidet zwischen Irrtümern über den Sinn einer Aussage und solchen über die Wahrheit einer Aussage und will nur Irrtümer über letztere Kategorie als vorsatzausschließend anerkennen. Auf den ersten Blick scheint er recht hohe Anforderungen an das Vorliegen des Vorsatzes zu stellen, da er für die Annahme des Vorsatzes volle Rechtskenntnis verlangt. Auf den zweiten Blick erweist sich diese Annahme jedoch als Trugschluss. Ausgehend von der Annahme, Vorsatz sei die für die Bildung eines Vermeidemotivs ausreichende Faktenkenntnis, will *Kindhäuser* auf Ebene des Unrechtstatbestands das Vermeidemotiv – also die Rechtsnorm und deren richtiges Verständnis durch den Täter als wesentliches Element des Vermeidemotivs – unterstellen. Dies führt im Ergebnis dazu, dass auch bei stark normativ geprägten Tatbestandsmerkmalen ein Tatbestandsirrtum nur in Betracht kommt, soweit sich der Täter auf deskriptiver Ebene, also bezogen auf den seinem Verhalten zugrunde liegenden Sachverhalt, geirrt hat. Eine irgendwie geartete Parallelwertung in der Laiensphäre ist hingegen entbehrlich.

Es wurde bereits dargelegt[212], dass der Subventionsgeber gemäß § 2 SubvG verpflichtet ist, die subventionserheblichen Tatsachen zu bezeichnen. Aus verschiedenen Gründen kann es geschehen, dass besagte Bezeichnung unpräzise ist und erst durch Auslegung ermittelt werden kann, welche Tatsachen subventionserheblich sind und welche nicht. Es ist nun ohne Weiteres denkbar, dass der Subventionsnehmer zwar alle Tatsachen kannte, die Grundlage für besagte Aus-

---

210 AK-*Zielinski*, §§ 15, 16, Rn. 10, 43 mit Ausführungen zur Frage, inwiefern auf Grundlage der modernen Sprachtheorie und Wahrnehmungspsychologie von einer Kenntnis der Realität ausgegangen werden kann – Seinsinhalte würden nicht unmittelbar in Vorstellungsinhalte abgebildet; vielmehr komme lediglich eine begriffliche Erfassung in Betracht.

211 GA 1990, S. 407; ähnlich *Dopslaff*, GA 1987, S. 1, 25 f.

212 Vgl. Kap. 2, III. 2. a).

legung bilden, den Auslegungsvorgang selbst, der die Tatsache als subventionserheblich einstuft, jedoch nicht nachvollziehen konnte. Er wusste aber durchaus, dass er über die – seiner Ansicht nach subventionsunerhebliche – Tatsache falsche Angaben machte. Fingiert man nun, wie *Kindhäuser*, das richtige Verständnis der Rechtsnorm durch den Täter, könnte man in solchen Konstellationen ohne Probleme den Vorsatz bejahen, da der Täter bezüglich der deskriptiven Seite volle Tatsachenkenntnis hatte. Verlangt man zusätzlich eine Parallelwertung in der Laiensphäre im Sinne eines Verständnisses des Normbefehls, wäre der Vorsatz zu verneinen, da der Täter – fälschlicherweise – davon ausging, dass eine bestimmte Tatsache nicht subventionserheblich war.

Gerade bei stark normativ geprägten Tatbestandsmerkmalen kann von einem Verständnis des Normbefehls durch den Täter jedoch nur ausgegangen werden, wenn er Kenntnis vom sozialen Sinn seiner Handlung hatte. Denn nur dann kann das kognitive Element des Vorsatzes die ihm zugewiesene Funktion erfüllen – dem Täter die Bedeutung seines Verhaltens vor Augen zu führen und einen Impuls zur Unterlassung zu vermitteln. Unterstellt man auf Ebene des Unrechtstatbestands, der Täter habe die Norm richtig verstanden, fingiert man einen eventuell nicht bestehenden Vorsatz.

c) Vorsatz als volle Bedeutungskenntnis (Puppe)

Puppe[213] fordert für die Annahme des Vorsatzes volle Bedeutungskenntnis[214], die ggf. eine volle Rechtskenntnis umfassen müsse[215] und kritisiert aus diesem Grund den von der Rechtsprechung und Teilen der Literatur geprägten Begriff der Parallelwertung in der Laiensphäre. Hiermit sei eine Abschwächung des Erfordernisses der Bedeutungskenntnis hin zu einer bloß ungefähren Sinnerkenntnis verbunden. Dies sei mit dem Erfordernis einer vollen Rechtskenntnis nicht zu vereinbaren. Auch *Puppe* setzt volle Rechtskenntnis nicht mit einer juristisch präzisen Subsumtion unter das Gesetz gleich. Sie schlägt zur Ermittlung, ob volle Rechtskenntnis gegeben ist oder nicht, vor, der Richter müsse L-implizierte

---

213 GA 1990, S. 145, 150, 182.

214 Das Erfordernis einer vollen Bedeutungskenntnis wird allerdings nur für sog. rechtlich institutionelle Tatsachen, nicht hingegen für Wertprädikate aufgestellt. Bei ersteren sei volle Rechtskenntnis erforderlich, die durch das oben beschriebene Dialogverfahren ermittelt werden solle. Ob dem zu folgen ist, kann für die vorliegende Arbeit dahingestellt bleiben, da bei § 264 StGB nur die erstere Gruppe eine Rolle spielt und insofern auch nach dieser Auffassung eine Erfassung des rechtlichen Bedeutungsgehalts zu verlangen ist.

215 *Puppe*, GA 1990, S. 145, 151 ff.

Sätze[216] zu einem bestimmten Tatbestandsmerkmal bilden und mit dem Angeklagten in einen Dialog treten, bis man sich auf begrifflicher Ebene einig sei. Im Rahmen dieser Verständigung könne man ermitteln, ob der Angeklagte über den Bedeutungsgehalt vorsatzrelevant geirrt oder sich bloß in einem Subsumtionsirrtum befunden habe. Unter dieser Prämisse scheint aber fraglich, ob sich hinter den terminologischen Differenzen zwischen der „vollen Rechtskenntnis" *Puppes* und dem – begrifflich unpräzisen – Erfordernis einer „Parallelwertung in der Laiensphäre" in der Sache große Unterschiede verbergen.

d) Erkenntnis der Verletzungs- bzw. Gefährdungsrelevanz (Schlüchter)

Schlüchter fordert darüber hinausgehend, der Täter müsse die Verletzungs- bzw. Gefährdungsrelevanz seines Handelns im Hinblick auf den beabsichtigten Rechtsgüterschutz erfasst haben,[217] da solch ein Wissen ihm aufgrund der Appellfunktion des Tatbestandswissens Anlass geben musste, über das Verboten sein seines Verhaltens nachzudenken[218].

Problematisch ist allerdings, dass dann Aspekte einfließen würden, die auf Ebene des Unrechtsbewusstseins bzw. der Vermeidbarkeit des Verbotsirrtums von Relevanz sind – dies würde die sowieso schon schwierige Grenzziehung noch stärker verwischen. Es ist daher auf Ebene des Vorsatzes ausreichend, wenn der Täter die Bedeutung des Sachverhalts für das Rechtsgut, nicht aber die Rechtsgutsverletzung oder -gefährdung selbst erkannt hat.[219]

---

216 Vgl. *Puppe*, a. a. O, S. 150 ff. – L-äquivalente Sätze umschreiben den gleichen Sachverhalt, haben also den gleichen Sinn, unterscheiden sich aber im Wortlaut. Ein L-implizierter Satz stehe im Verhältnis begrifflicher Spezialität zu L-äquivalenten Sätzen, sei also nur wahr, wenn der im Tatbestand aufgestellte Satz wahr sei. Der Richter müsse in Bezug auf das möglicherweise einen Irrtum begründende Tatbestandsmerkmal das abstrakte Niveau juristischer Begriffsbildung verlassen und unter Verwendung L-implizierter Sätze konkreter fragen. Erst wenn sich Richter und Angeklagter in der Verwendung der Begriffe einig seien, könne man entscheiden, ob ein Tatbestandsirrtum oder ein Verbotsirrtum vorliege.

217 *Schlüchter*, S. 104 ff., 116 f.; *Nierwetberg*, Jura 1985, S. 238, 241; AK-*Zielinski*, §§ 15, 16, Rn. 46.

218 LK-*Vogel*, § 16, Rn. 31.

219 *Bachmann*, S. 37 ff., 49 ff.; *Tischler*, S. 369 mit ausführlicher Darlegung, wie festgestellt werden kann, ob der Täter die erforderliche Bedeutungskenntnis bei normativen Tatbestandsmerkmalen hatte oder nicht sowie Darstellung und Diskussion der Ansätze *Kuhlens*, *Herzbergs*, *Bleis* und *Hafts*.

e) Fazit

Es kann festgehalten werden, dass an Begrifflichkeiten anknüpfende Streitereien den Blick darauf verstellen, dass inhaltlich überwiegend[220] dahingehend Übereinstimmung besteht, dass, soweit Sachverhaltskenntnis allein dem Täter noch nicht die soziale Bedeutung seines Verhaltens verständlich macht, ein zusätzlicher Akt des Verstehens erforderlich ist, um den Vorwurf vorsätzlichen Verhaltens erheben zu können.[221] Die soziale Bedeutung strafbaren Verhaltens liegt darin, dass für das Zusammenleben wesentliche und daher unter den Schutz des Strafrechts gestellte Rechtsgüter verletzt oder gefährdet werden.[222] Vor diesem Hintergrund kann es nur darauf ankommen, ob der Täter bei normativ geprägten Tatbestandsmerkmalen die soziale Bedeutung seines Verhaltens erfasst hat, die die Rechtsgutsverletzung oder -gefährdung ausmacht.[223] Wenn dies der Fall war, können rechtliche Fehlbewertungen lediglich zu einer fehlenden Kenntnis des juristischen Verbots führen, also einen Verbotsirrtum begründen.[224]

Es wurde bereits dargelegt[225], dass hierbei von erheblicher Bedeutung ist, wie klar die Vorgaben des Subventionsgebers z. B. im Hinblick auf subventionserhebliche Tatsachen bzw. den verfolgten Subventionszweck sind. Je unpräziser besagte Vorgaben sind, desto näherliegend ist, dass eine fehlerhafte Parallelwertung in der Laiensphäre zum Entfallen des Vorsatzes führt. Eine detaillierte Einordnung der einzelnen Tatbestandsmerkmale soll später gesondert erfolgen.[226]

4. Blankettgesetze

Besonders umstritten ist die Abgrenzung zwischen Tatbestandsirrtum und Verbotsirrtum bei Blankettgesetzen. Hierunter versteht man Strafgesetze, die selbst nur Art und Maß der Strafe regeln und im Übrigen anordnen, dass derjenige bestraft wird, der gegen Gebote oder Verbote verstößt, die in ausfüllenden Vorschriften, etwa Gesetz, Rechtsverordnung oder Verwaltungsakt, niedergelegt sind.[227] Entscheidendes Kriterium ist also, dass sie das tatbestandliche Unrecht nicht oder nicht vollständig selbst beschreiben, sondern das die Handlungs- oder

---

220 A. A. *Kindhäuser*, GA 1990, S. 407, 423.

221 Schönke/Schröder-*Cramer/Sternberg-Lieben*, § 15, Rn. 39 f. – zusätzliche Bedeutungskenntnis, die das im Tatbestand vertypte Unrecht nach Laienart erfasst.

222 *Bachmann*, S. 17, 36 f.

223 *Bachmann*, S. 36; *Roxin*, AT I, § 12, Rn. 101.

224 *Roxin*, AT I, § 12, Rn. 104.

225 Vgl. Kap. 2, III.

226 Vgl. Kap. 3, III. 1. c) (2); 2. a).

227 *Fischer*, § 1, Rn. 5a; BVerfGE 14, 245; OLG Hamburg, NStZ-RR 2007, S. 233.

Unterlassungspflicht begründende Gebot oder Verbot in der Ausfüllungsnorm enthalten ist.[228] Von einem Blankett(merkmal) kann demgegenüber nicht ausgegangen werden, wenn das Strafgesetz lediglich zur Beschreibung einzelner Begriffe auf andere Gesetze verweist, aber selbst das tatbestandliche Unrecht vollständig beschreibt,[229] wie es beispielsweise bei normativen Tatbestandsmerkmalen der Fall ist.

Mittlerweile ist im Grundsatz anerkannt, dass sowohl ein förmliches Gesetz gleich welchen Gesetzgebers[230] als auch Rechtsverordnungen oder Verwaltungsakte der Exekutive Ausfüllungsnormen sein können.[231] Soweit eine Ausfüllung durch Verwaltungsakte erfolgt, ist allerdings zu differenzieren: Ein Blankett liegt nur vor, wenn das ver- oder gebotene Verhalten im Verwaltungsakt niedergelegt ist. Wird das Verbot im Gesetz selbst umschrieben und lediglich zusätzlich auf eine behördliche Anordnung Bezug genommen, liegt kein Blankett vor.[232]

a) Gründe für die Verwendung der Blanketttechnik

Blankettgesetze dienen in verschiedener Hinsicht der gesetzgeberischen Zweckmäßigkeit.[233] So kann die Verwendung von Blankettgesetzen aus stilistisch-technischen Gründen erfolgen. Dies gilt insbesondere, wenn innerhalb ei-

---

228 LK-*Vogel*, § 16, Rn. 36; *Müller-Magdeburg*, S. 13; *Winkelbauer*, S. 13 ff.; teilweise wird ergänzend bzw. zur Konkretisierung verlangt, sie müssten die gleiche Schutzrichtung vorweisen, *Bachmann*, S. 31 ff.

229 *Müller-Magdeburg*, S. 13; *Lohberger*, S. 17 f.; *Warda*, Abgrenzung, S. 6 f.; *Winkelbauer*, S. 15 – vgl. z. B. § 242 StGB: Das Handlungsverbot wird in § 242 StGB selbst normiert. Die Vorschriften des BGB konkretisieren lediglich, wann eine fremde bewegliche Sache als taugliches Tatobjekt vorliegt.

230 Früher wurde vertreten, dass die Ausfüllung durch untergeordnete Institutionen erfolgen müsse, vgl. *Binding*, Bd. 1, S. 161, zit. nach *Warda*, Abgrenzung, Fn. 15. Diese Auffassung hat sich als zu eng erwiesen, vgl. *Bachmann*, S. 23. Dies gilt auch für die Auffassung, die nur solche Ausfüllungsnormen anerkennen wollte, die vom Bundesgesetzgeber an andere Institutionen delegiert worden waren – so *Ensenbach*, S. 231 f. m. w. N.

231 Vgl. beispielsweise zur Abgrenzung zwischen Blankettgesetz und bloßem Verweis *Müller-Magdeburg*, S. 21 f.; BGHSt 6, 30, 40. Auf diese und andere Abgrenzungen kann vorliegend nicht näher eingegangen werden, da sie für das Thema nicht von Belang sind. Vgl. zur staatsrechtlichen Frage, ob echte dynamische Blankettgesetze mit Art. 103 Abs. 2 GG vereinbar sind, *Enderle* S. 173 ff.

232 *Müller-Magdeburg*, S. 12 m. Bsp.; vgl. auch *Lohberger*, S. 37 ff.; *Warda*, Abgrenzung, S. 15 ff.; *Winkelbauer*, S. 13 f.

233 LK-*Vogel*, § 16, Rn. 37 m. V. a. *Kohlrausch*, Irrtum und Schuldbegriff im Strafrecht, S. 179.

nes Gesetzes verschiedene Ver- bzw. Gebotsnormen verankert wurden und Verstöße gegen dieselben zusammenfassend in einer – zumeist am Ende des Gesetzes befindlichen – Strafvorschrift pönalisiert werden. Denkbar ist auch, dass sich die zusammenfassende Strafnorm in einem anderen Gesetz befindet. Auch dann dient die Verwendung von Blanketten insofern der Vereinfachung, als der Gesetzgeber den Gesetzestext der Ausfüllungsnorm nicht in der Strafvorschrift wiederholen muss.[234] Hierfür hat sich die Bezeichnung „unechtes Blankettgesetz" eingebürgert.[235] Schließlich soll die Verwendung der Blanketttechnik oftmals anpassungsfähigen Strafrechtsschutz gewährleisten, da sie vermeidet, dass Strafgesetze zu starr und kasuistisch werden und sich dem Wandel der Verhältnisse und den Besonderheiten des Einzelfalls nicht mehr anpassen können.[236] Solche Strafnormen werden vielfach als „echte Blankettgesetze" bezeichnet.[237]

b) Verfassungsrechtliche Anforderungen an die Ausfüllungsnorm

In verfassungsrechtlicher Hinsicht setzen allerdings insbesondere die Art. 103 Abs. 2, 104, 80 Abs. 1 S. 2 GG der Verwendung und Ausgestaltung von Blankettgesetzen Grenzen.[238] Soweit deren Anforderungen erfüllt werden, bestehen aber keine grundsätzlichen Bedenken gegen deren Verwendung.

(1) Art. 103 Abs. 2 GG

In Art. 103 Abs. 2 GG ist der Grundsatz *nulla poena sine lege* verfassungsrechtlich verankert. Er enthält unter anderem das Erfordernis *nulla poena sine lege certa*, also den Bestimmtheitsgrundsatz. Demnach muss das strafbare Verhalten durch Gesetz ausreichend bestimmt werden. Der strenge Gesetzesvorbehalt, der es Exekutive und Judikative verbietet, selbst die Voraussetzungen der Strafbar-

---

234 *Müller-Magdeburg*, S. 23; *Winkelbauer*, S. 13.

235 *Müller-Magdeburg*, S. 21 f.; LK-*Vogel*, § 16, Rn. 40.

236 *Müller-Magdeburg*, S. 23; BVerfGE 75, 329 (Rn. 38 f. – zitiert nach Juris); 48, 48 (Rn. 31 – zitiert nach Juris); *Laaths*, S. 74, *Warda*, Abgrenzung, S. 9; *Winkelbauer*, S. 13.

237 *Müller-Magdeburg*, S. 22 ff.

238 *Müller-Magdeburg*, S. 16; BVerfGE 14, 174, (Rn. 33 ff. – zitiert nach Juris); 14, 254 (Rn. 26 ff. – zitiert nach Juris); 41, 314, Rn. 20 ff. (zitiert nach Juris); 48, 48, Rn. 29 ff. (zitiert nach Juris); 75, 329. Rn. 29 ff. (zitiert nach Juris); NJW 1993, S. 1909, 1910; BGH, NStZ 1982, S. 206; *Ensenbach*, S. 234; *Jescheck/Weigend*, § 12 II 2; *Pohl*, S. 364.

keit festzulegen, dient einem doppelten Zweck.[239] Zum einen soll in einem Rechtsstaat jeder Normadressat vorhersehen können, welches Verhalten verboten und mit Strafe bedroht ist. Zum anderen soll sichergestellt werden, dass der Gesetzgeber selbst über die Pönalisierung entscheidet.

(a) Konkretisierung durch Gesetz

Wird der Straftatbestand eines Blankettgesetzes durch ein anderes formelles Gesetz ergänzt, ist ein Verweis auf die ausfüllende Norm ausreichend.[240]

In der verfassungsgerichtlichen Rechtsprechung ist allerdings anerkannt, dass nicht nur Gesetze im formellen, sondern auch solche im materiellen Sinn die inhaltliche Konkretisierung einer Strafnorm vornehmen können. Bei Gesetzen im materiellen Sinn ist allerdings erforderlich, dass die die Rechtsgrundlage für ihren Erlass bildenden Bundesgesetze den Voraussetzungen des Art. 80 Abs. 1 S. 2 GG genügen. Demnach muss der Gesetzgeber im formellen Gesetz die Ermächtigung zur Strafandrohung unzweideutig aussprechen und dabei Inhalt, Zweck und Ausmaß der Ermächtigung genau umreißen, sodass die Voraussetzungen der Strafbarkeit und die Art der Strafe für den Bürger schon aus der Ermächtigung selbst und nicht erst aus der auf sie gestützten Rechtsverordnung ersichtlich sind.[241] Die Anforderungen an den Bestimmtheitsgrad steigen hierbei, je schwerer die angedrohte Strafe ist.[242] Gleichzeitig ist jedoch anerkannt, dass die Anforderungen nicht übersteigert werden dürfen, da die Gesetze sonst zu starr und kasuistisch würden und nicht mehr in der Lage wären, dem Wandel der Verhältnisse oder den Besonderheiten des Einzelfalls gerecht zu werden.[243]

(b) Konkretisierung durch Verwaltungsakt

Soweit die Strafandrohung an die Nichtbefolgung eines Verwaltungsakts geknüpft wird, müssen die Voraussetzungen der Strafbarkeit und die Art der Strafe schon aufgrund des Gesetzes und nicht erst aufgrund des hierauf gestützten Verwaltungsakts vorhersehbar sein.[244] Eine pauschale Anknüpfung des Gesetzes an Verstöße gegen inhaltlich nicht näher bestimmte Verwaltungsakte ist daher nicht statthaft.

239 BVerfGE 78, 374 – Rn. 25 (zitiert nach Juris); s. auch Kap. 2, II. 3. a) allgemein zur ausreichenden Bestimmtheit des § 264 StGB sowie Ausführungen zur „Landowsky"-Entscheidung des BVerfG.
240 BVerfGE 14, 245 – Rn. 26 (Juris).
241 BVerfGE 14, 174 – Rn. 34 (Juris) m. w. N.
242 BVerfGE 14, 245 – Rn. 25 (Juris).
243 BVerfGE 14, 245 – Rn. 23 (Juris).
244 BVerfGE 78, 374 – Rn. 24 (Juris).

Bei § 264 Abs. 1 Nr. 2 StGB ist diesem Erfordernis dadurch Rechnung getragen, dass nur Verwaltungsakte, die eine Verwendungsbeschränkung im Hinblick auf den Subventionszweck enthalten, als Ausfüllungsnorm in Betracht kommen.

(2) Art. 104 GG

Art. 104 GG sieht vor, dass Beschränkungen der körperlichen Freiheit nur auf Grundlage eines förmlichen Gesetzes vorgenommen werden dürfen. Hieraus ergibt sich, dass die Voraussetzungen der Freiheitsbeschränkung im formellen Gesetz selbst geregelt sein müssen – hier verbietet sich ein Rückgriff beispielsweise auf Rechtsverordnungen oder Verwaltungsakte. Das BVerfG[245] lässt es allerdings genügen, wenn durch formelles Gesetz Art und Maß der Strafe sowie was strafbar sein soll hinreichend deutlich bestimmt wird. Die Rechtssicherheit und Freiheit des Einzelnen werde bewahrt, wenn der Gesetzgeber dem Verordnungsgeber nur die Spezifizierung des Straftatbestands überlassen habe. Dies wird insbesondere in Bereichen für gerechtfertigt erachtet, in denen wechselnde und mannigfaltige Einzelfallregelungen erforderlich werden könnten.[246]

(3) § 264 StGB

Die Bedeutung der Blanketttechnik lässt sich besonders gut am Beispiel des § 264 Abs. 1 Nr. 2 StGB veranschaulichen. Diese Tatmodalität pönalisiert den Verstoß gegen Verwendungsbeschränkungen. Verwendungsbeschränkungen können in einem formellen oder materiellen Gesetz, das die Grundlage der Subventionsgewährung bildet, enthalten sein. Oftmals wird es sich aber anbieten, z. B. in den subventionsgewährenden Verwaltungsakt Verwendungsbeschränkungen aufzunehmen, da die Verwendungsbeschränkungen dann noch spezifischer auf den konkreten Einzelfall abgestimmt werden können.

§ 264 Abs. 1 Nr. 2 StGB bestimmt Art und Maß der Strafe sowie was strafbar ist – nämlich der Verstoß gegen Verwendungsbeschränkungen. Dem steht nicht entgegen, dass die Spezifizierung der Verwendungsbeschränkungen durch Rechtsverordnung oder Verwaltungsakt erfolgt. Den Anforderungen des Art. 104 GG wäre also Genüge getan.

Dieses Beispiel zeigt auch, dass eine andere als die Blanketttechnik im vorliegenden Kontext kaum vorstellbar ist. Für die Subventionsvergabe ist charakteristisch, dass die mit ihr verfolgten Zwecke von Subvention zu Subvention divergieren. Aus diesem Grund müssen auch die Verwendungsbeschränkungen

245 BVerfGE 14, 174 – Rn. 39 (zitiert nach Juris); 78, 374 – Rn. 28 (zitiert nach Juris).

246 BVerfGE 14, 245, Rn. 22 f. (zitiert nach Juris) – dort bejaht für den Bereich des Straßenverkehrs.

auf die in Rede stehende Subvention und den mit ihr verfolgten Zweck angepasst werden. Dies macht es erforderlich, für die strafrechtliche Sanktionierung an die subventionsspezifischen Verwendungsbeschränkungen anzuknüpfen. Wie geschaffen hierfür ist die Blanketttechnik.

c) Vorsatz und Blankettgesetze

Die bei Blankettgesetzen an den Vorsatz zu stellenden Anforderungen sind umstritten. Im Kern lassen sich drei Strömungen unterscheiden.

(1) Substituierbarkeitsthese[247] - Zusammenlesen von Blankett und Ausfüllungsnorm

Nach einer von *Warda*[248] wesentlich mitgeprägten Formel ergibt sich bei Blankettgesetzen der objektive Tatbestand aus einem Zusammenlesen von Blankett und Ausfüllungsnorm.[249] Auf Ebene des subjektiven Tatbestands hat besagtes „Zusammenlesen" zur Konsequenz, dass allein ein Irrtum über die Tatbestandsmerkmale der Ausfüllungsnorm einen vorsatzausschließenden Tatbestandsirrtum begründen kann. Irrt der Täter hingegen über Existenz oder Auslegung der Ausfüllungsnorm, führt dies lediglich zu einem Verbotsirrtum, der bei Unvermeidbarkeit die Schuld entfallen lässt.

Dies soll am Beispiel des § 264 Abs. 1 Nr. 2 StGB – Verstoß gegen Verwendungsbeschränkungen – erläutert werden. Dem Täter, Inhaber eines metallverarbeitenden Betriebs, ist eine Subvention zur Förderung der Ausbildungsbereitschaft in Bezug auf Lehrlinge mit Migrationshintergrund im metallverarbeitenden Gewerbe gewährt worden. Diese beiden Aspekte – Migrationshintergrund des Lehrlings sowie Erlernen eines Berufs des metallverarbeitenden Gewerbes, definiert als Schlosser oder Schweißer – wurden auch als Verwendungsbeschränkungen in das der Subventionsgewährung zugrunde liegende Gesetz aufgenommen. Der vom Täter eingestellte Auszubildende verfügt zwar über den geforderten Migrationshintergrund. Der Azubi erlernt aber den Beruf des Werkzeugmachers. Werkzeugmacher werden zwar auch in metallverarbeitenden Betrieben beschäftigt, sind aber nicht förderfähig. Der Täter hat sich nicht so genau informiert und geht davon aus, dass Werkzeugmacher-Lehrlinge auch förderfähig seien, da sie einen metallverarbeitenden Beruf erlernen.

Wendet man auf diesen Fall die Substituierbarkeitsthese an, liest man den Inhalt der Verwendungsbeschränkungen in § 264 Abs. 1 Nr. 2 StGB hinein. Dies hat zur Folge, dass der Täter vorsätzlich gegen Verwendungsbeschränkun-

---

247 Der Begriff wurde von *Puppe* geprägt, vgl. etwa NK-*Puppe*, § 16, Rn. 38.

248 *Warda*, Abgrenzung, S. 31.

249 Vgl. auch grundlegend *Welzel*, MDR 1952, S. 284, 586.

gen verstößt, wenn er die Subvention zur Einstellung eines Auszubildenden verwendet, der entweder nicht über einen Migrationshintergrund verfügt oder einen anderen Beruf als Schlosser oder Schweißer erlernt. Dass sein Auszubildender weder den Beruf des Schlossers noch den des Schweißers erlernt, wusste der Täter. Die Substituierbarkeitsthese würde also den Vorsatz bejahen mit der Folge, dass die fehlerhafte Annahme, der Beruf des Werkzeugmachers sei ebenfalls förderfähig, nur noch über § 17 StGB relevant werden kann. Für den Täter ist dies aufgrund der hohen Anforderungen an die Vermeidbarkeit des Verbotsirrtums nachteilig.

(2) Verbot/Gebot der Ausfüllungsnorm als Gegenstand des Vorsatzes

Solch einem Zusammenlesen diametral entgegengesetzt ist die Forderung, der Vorsatz müsse nicht nur die verschiedenen Tatbestandsmerkmale der Ausfüllungsnorm, sondern auch das vor ihr aufgestellte rechtliche Gebot oder Verbot umfassen, einer rechtlichen Fehlbewertung also vorsatzausschließende Wirkung beizumessen.

Zur Begründung wird angeführt, dass bei vielen Tatbeständen des Wirtschaftsstrafrechts, die sowohl die vorsätzliche als auch die fahrlässige Begehung unter Strafe stellen, eine tatfahrlässige Begehung kaum denkbar sei und daher die Fahrlässigkeitsstrafe auch oder gar ausschließlich rechtsfahrlässiges Verhalten erfasse.[250] Wenn für die pönalisierte Fahrlässigkeit ein sinnvoller Anwendungsbereich verbleiben solle, müsse die Kenntnis des Gebots oder Verbots vom Vorsatz umfasst sein. Die erfassten Verhaltensweisen seien typischerweise für sich genommen unter einem strafrechtlichen Blickwinkel völlig nichtssagend bzw. ethisch-kulturell farblos und nur juristisch vorgeformt.[251] Die Kenntnis des sozialen Sinns der Handlung ergebe sich für den Täter erst durch Kenntnis des Gebots oder Verbots; eine vorsätzliche Zuwiderhandlung sei daher nur zu bejahen, wenn der Vorsatz auch die Gebots- oder Verbotswidrigkeit umfasse.[252] Auch vermeide dies schwierige Abgrenzungsfragen und damit das Entstehen

---

250 *Lange*, JZ 1956, S. 73 ff.; er zog aus seiner Forderung, die Vorsatztheorie anzuwenden, die Konsequenz, bei rechtsfahrlässig begangenen Delikten den fahrlässigen Versuch und die Teilnahme zuzulassen. Richtungsweisend für diese Auffassung war ein in der JZ 1956 zwischen *Lange*, a. a. O. sowie JZ 1956, S. 519, und *Welzel*, JZ 1956, S. 238 ausgetragener Streit, in dem *Lange* die Substituierbarkeitsthese scharf angriff.

251 *Puppe*, GA 1990, S. 145, 167 f.; *Lange*, JZ 1956, S. 73, 76.

252 *Lange*, JZ 1956, S. 73, 76, 79; er schlägt daher die Aufgabe der klassischen Zweiteilung zwischen Verwaltungsrecht und Kriminalstrafrecht vor – man müsse eine dazwischen gelagerte Stufe, das Verwaltungsstrafrecht, einführen, in der teilweise andere Regeln gelten sollen als im Kriminalstrafrecht, etwa in Form der Geltung der Vorsatztheorie.

einer wenig übersichtlichen und widersprüchlichen Kasuistik.[253] Welcher Weg zu diesem Ergebnis führt, ist allerdings umstritten. *Lange* will im Neben- oder Wirtschaftsstrafrecht die Vorsatztheorie anwenden.[254] *Puppe* favorisiert die Gleichstellung von Blanketten mit normativen Tatbestandsmerkmalen.[255] Dem stimmen *Vogel* und *Müller-Magdeburg* im Grundsatz zu, wollen aber die Gleichstellung von Blanketten mit normativen Tatbestandsmerkmalen auf sog. „echte Blankette" beschränken, während bei „unechten Blanketten" ein Zusammenlesen statthaft sein soll.[256] *Kuhlen*[257] hingegen will durch eine Rückkehr zur Irrtumslehre des Reichsgerichts außerstrafrechtlichen Rechtsirrtümern vorsatzausschließende Wirkung zuerkennen.[258]

Nach dieser Auffassung müsste das Verbot, hier die Verwendungsbeschränkung, ebenfalls vom Vorsatz umfasst sein mit der Folge, dass im soeben geschilderten Fall ein vorsätzlicher Subventionsbetrug ausscheiden müsste, weil der Täter nicht bewusst gegen die Verwendungsbeschränkung verstoßen hat. Es bliebe zu prüfen, ob Leichtfertigkeit gemäß § 264 Abs. 4 StGB vorliegt.

(3) Differenzierte Betrachtung

Vielfach wird heute gefordert, diese Problematik differenziert zu betrachten und damit ein Mittelweg beschritten.[259] Ausgangspunkt ist die Erkenntnis, dass bei einem Zusammenlesen von Blankett und Ausfüllungsnorm ein fehlerhaftes Verständnis der Auslegung der Ausfüllungsnorm einen vorsatzausschließenden Tatbestandsirrtum nicht begründen kann. Soweit die bloße Kenntnis der die Ver-

---

253 Vgl. hierzu LK-*Vogel*, § 16, Rn. 39 mit Beispielen.

254 *Lange*, JZ 1956, S. 73; JZ 1956, S. 519; JZ 1957, S. 233 (zum Recht der Ordnungswidrigkeiten).

255 *Puppe*, GA 1990, S. 145, 166 ff.; NK-*Puppe*, § 16, Rn. 67.

256 LK-*Vogel*, § 16, Rn. 40; tendenziell auch *Müller-Magdeburg*, S. 21 f.; vgl. zu den Begriffen „echtes" bzw. „unechtes" Blankettgesetz Kap. 3, III. 4. a). Dann aber stellen sich wieder Abgrenzungsprobleme, wann ein echtes und wann ein unechtes Blankett gegeben ist.

257 *Kuhlen*, S. 370 ff., der hierbei auf die „Zeitstruktur" der Normen abstellt. Kritisch *Schroth*, S. 28 ff.; *Roxin*, AT I, § 12, Rn. 118 ff.

258 Womit dann auch die Abgrenzungsprobleme wieder aufleben würden, wann denn ein strafrechtlicher und wann ein außerstrafrechtlicher Irrtum gegeben ist.

259 *Lackner/Kühl*, § 17, Rn. 22; *Tiedemann*, FS Schaffstein, S. 195, 209 f. für den Tatbestand der Geschäftsberichtsfälschung – die Abfassung eines Geschäftsberichts sei eine unrechtsneutrale Handlung, sodass die schlichte Tatbegehung dem Täter nicht den Impuls vermittle, etwas Unerlaubtes zu tun oder zumindest über die Erlaubtheit nachzudenken: daher handele es sich um ein normatives Tatbestandsmerkmal; *ders.*, FS Geerds, S. 95, 99 ff.; *Weber*, ZStW 96 (1984), S. 376, 392; SK-*Rudolphi*, § 16, Rn. 19a; ähnlich *Roxin*, AT I, § 12, Rn. 110 f.;

botsnorm ausfüllenden tatsächlichen Umstände für die Appellfunktion des Tatbestandsvorsatzes ausreicht, sei hieran nichts auszusetzen. Es gebe jedoch auch Straftatbestände, bei denen erst Kenntnis des Verbots selbst die zur Auslösung dieser Appellfunktion erforderliche soziale Bedeutungskenntnis vermittle, sodass auch die Verbotskenntnis vom Vorsatz umfasst sein und deren Fehlen einen Tatbestandsirrtum und nicht bloß einen Verbotsirrtum begründen müsse. Dies sei durch Auslegung des jeweiligen Tatbestands zu ermitteln.[260]

Für *Tiedemann*[261] geht es hierbei im Kern um die Frage, wann das Schuldsubstrat die Handlung selbst und wann die Zuwiderhandlung gegen die ausfüllende Norm ist. Für den Fall, dass die Handlung selbst *per se* keinen Unrechtsgehalt hat, sondern dieser in der Zuwiderhandlung gegen die gesetzliche Norm liegt, sei auf Ebene des Vorsatzes auch die Kenntnis der Ausfüllungsnorm zu verlangen. Dann sei nämlich der Tatbestand selbst unrechtsneutral oder gar sozialadäquat. Dies soll insbesondere bei Tatbeständen, deren tatfahrlässige Begehung kaum denkbar ist, also lediglich eine rechtsfahrlässige Begehung in Betracht kommt, der Fall sein. Hierbei stünden vor allem Tatbestände des Nebenstrafrechts im Blickpunkt, bei denen eine Fahrlässigkeitsstrafbarkeit normiert ist, die nur in Rechtsfahrlässigkeit bestehen kann.[262] Eine Umdeutung dieser Rechtsfahrlässigkeit zu einem Teil des Unrechtsbewusstseins verbiege diese Tatbestände.

Jakobs differenziert danach, ob das Angriffsobjekt bzw. dessen Rechtsgutsqualität durch die blankettausfüllende Norm erst geschaffen wird – dann gehöre der Regelungseffekt zum vorsatzrelevanten Sachverhalt – oder nicht.[263]

Soweit ein Blankett durch eine konkrete Einzelanordnung ausgefüllt wird, wird übereinstimmend angenommen, dass ein Irrtum über deren Erlass oder Inhalt einen Tatbestandsirrtum begründet.[264] Das Verbot wird in diesen Fällen nicht generell, also für jedermann erkennbar umschrieben, sondern durch eine bestimmte, nur dem Einzelnen zugängliche Anordnung konkretisiert, deren Be-

---

260 *Jescheck/Weigend*, § 29 V 3 i. V. m. § 41 II 2c; Schönke/Schröder-*Cramer/Sternberg-Lieben*, § 15, Rn. 100; SK-*Rudolphi*, § 16, Rn. 18 f. m. w. N.

261 *Tiedemann*, Wirtschaftsstrafrecht AT, Rn. 225; *ders.*, Tatbestandsfunktionen im Nebenstrafrecht, S. 399; ähnlich auch *Jakobs*, AT, 8. Abschn., Rn. 47, der danach unterscheidet, ob der Ungehorsam gegenüber der ausfüllenden Norm bestraft oder ob der Regelungseffekt der ausfüllenden Norm in ihrem Bestand gesichert werden soll.

262 *Tiedemann*, ZStW 81 (1969), S. 869, 874 ff. – daher hätten Vorsatz und Unrechtsbewusstsein im Nebenstrafrecht oft einen anderen Gehalt: Rechtsfahrlässigkeit statt Tatfahrlässigkeit.

263 *Jakobs*, AT, Kap. 8, Rn. 47; zustimmend AK-*Zielinski*, §§ 15, 16, Rn. 52.

264 *Tiedemann*, Wirtschaftsstrafrecht AT, Rn. 225; Schönke/Schröder-*Cramer/Sternberg-Lieben*, § 15, Rn. 102.

stehen und Inhalt vom Vorsatz umfasst sein muss, um dessen Appellfunktion auszulösen.[265]

(4) Das Schuldsubstrat

Das kognitive Element des Vorsatzes hat die Funktion, dem Täter die Bedeutung seines Verhaltens vor Augen zu führen und ihm einen Impuls zur Unterlassung des Tatentschlusses zu vermitteln.[266] Dies ist auch der Grund für das Erfordernis einer Parallelwertung in der Laiensphäre bei normativen Tatbestandsmerkmalen – die bloße Sachverhaltskenntnis genügt in diesen Fällen nicht, um dem Täter die soziale Bedeutung seines Verhaltens zu vermitteln.[267] Daher ist auch für die Beantwortung der Frage, ob Existenz und Auslegung der Ausfüllungsnorm bei Blankettstrafgesetzen Gegenstand des Vorsatzes sind oder nicht, entscheidend, ob die Kenntnis des Gebots oder Verbots erforderlich ist, um die Appellfunktion des Tatbestandsvorsatzes auszulösen. Dieser Aspekt wird meiner Meinung nach am überzeugendsten von *Tiedemann* umgesetzt. Wenn nämlich das Schuldsubstrat nicht die Handlung selbst, sondern die Zuwiderhandlung gegen ein Verbot ist, kann die Appellfunktion des Tatbestandsvorsatzes nur greifen, wenn der Täter auch das Verbot selbst in seinen Vorsatz aufgenommen hat. Ist das Schuldsubstrat hingegen die tatbestandsmäßige Handlung selbst, ist dies nicht erforderlich.

Diese Abgrenzung trägt auch den – *de facto* kriminalpolitischen – Argumenten Rechnung, die dafür vorgebracht werden, dass das in der Ausfüllungsnorm enthaltene Verbot generell vom Vorsatz umfasst sein müsse. So wird diesbezüglich zum einen pauschal ausgeführt, Blankette gehörten nicht zum Kernbestand allgemein anerkannter Verhaltensnormen, deren Kenntnis zur Sozialisation eines jeden Mitglieds der Rechtsgemeinschaft gehört. Vielmehr sei das beste Indiz dafür, dass eine Norm nicht zum Grundtatbestand allgemein anerkannter Verhaltensnormen gehöre, dass der Gesetzgeber sich der Form eines Blankettgesetzes bedienen müsse, da er nicht in der Lage sei, die Verhaltensnorm bündig und in einfachen Ausdrücken zu formulieren. Blankettgesetze gehörten also zu kraft positiven Rechts gültigen Verhaltensnormen, deren Kenntnis vom Bürger nicht ohne Weiteres erwartet werden könne.[268] Daher könne die Kenntnis der Tatumstände nicht motivierend wirken.[269]

---

265 Schönke/Schröder-*Cramer/Sternberg-Lieben*, § 15, Rn. 102.

266 Vgl. Kap. 3, III. 2. b).

267 Vgl. Kap. 3, III. 3. e).

268 *Lange*, JZ 1956, S. 73, 76 ff.; *ders.*, JZ 1957, S. 233 ff, – allerdings teilweise vor Einführung des OWiG im Jahr 1952 und sämtlich vor der OWiG-Reform im Jahr 1968 sowie der Abschaffung der Übertretungen im Jahr 1975 – vgl. hierzu Kap. 5, III. 4. a);

Dem ist jedoch entgegenzuhalten, dass sich gerade Blankettgesetze oftmals gar nicht an „den“ Bürger im Allgemeinen, sondern an ausgewählte, fachkundige Adressatenkreise richten.[270] Unsere Gesellschaft ist spezialisierter und komplexer geworden. Dies spiegelt sich darin wieder, dass es viele Normen gibt, die sich nicht an die Allgemeinheit, sondern nur an bestimmte (Berufs)Gruppen richten.[271] Insbesondere im Rahmen der Berufsausbildung werden aber auch besondere Kenntnisse vermittelt. Dies hat zur Folge, dass ein Sachverhalt, der einem „Normalbürger“ überhaupt keine Denkanstöße hinsichtlich seiner strafrechtlichen Relevanz liefern würde, bei einer entsprechend beruflich vorgebildeten Person alle „Alarmglocken klingeln“ lässt. Insofern ist die gerügte ethische Farblosigkeit zumindest teilweise abhängig vom Adressatenkreis. Soweit die von der Ausfüllungsnorm verbotene Handlung selbst Schuldsubstrat ist, ist nicht ersichtlich, warum die mangelnde Appellwirkung in Bezug auf „Normalbürger“ auch zu einer Verneinung des Vorsatzes fachkundigerer Adressaten führen soll, die zwar das Verbot nicht kannten, von der Appellwirkung des verwirklichten Sachverhalts aber sehr wohl erreicht wurden. In solchen Fällen lassen sich sachgerechte Ergebnisse über eine „Normalbürger“ nicht überfordernde Auslegung der Vermeidbarkeit erreichen, etwa indem man die (fehlende) Vorbildung des Täters bei der Frage, ob er einen Anlass zum Nachdenken oder Einholen von Erkundigen hatte, berücksichtigt. Anders ist die Sachlage, wenn der Verstoß gegen ein Verbot oder Gebot Schuldsubstrat ist – hier kann die Appellfunktion des Vorsatzes, unabhängig von der Vorbildung, nur greifen, wenn der Täter Kenntnis vom Verbot oder Gebot hatte.

Teilweise ist der Verweis auf die ethisch farblosen Tatbestände des Ordnungs- bzw. Nebenstrafrechts auch schlichtweg historisch überholt, weil eine nicht unerhebliche Anzahl der Tatbestände des ehemaligen Ordnungsstrafrechts bei der Einführung bzw. Novellierung des OWiG in den 50er und 60er Jahren in Ordnungswidrigkeiten umgewandelt worden sind, also gar nicht mehr Anknüpfungspunkt für eine strafrechtliche Haftung sein können.[272]

Aus diesen Gründen hängt der Bezugspunkt des Vorsatzes bei Blankettgesetzen davon ab, ob Schuldsubstrat die Handlung oder Unterlassung selbst oder der Verstoß gegen ein Verbot oder Gebot war. In letzterem Fall müssen nicht

---

Puppe, GA 1990, S. 145, 181; NK-*Puppe*, § 16, Rn. 67; tendenziell ähnlich *Dietmeier*, S. 179 ff.

269 AK-*Zielinski*, §§ 15, 16, Rn. 10; *Puppe*, NStZ 1993, S. 595, 596; ähnlich auch noch *Tiedemann*, ZStW 81 (1969), S. 869, 872 ff.

270 *Bachmann*, S. 71; *Jescheck/Weigend*, § 41 II 2c; LK-*Schroeder*, § 16, Rn. 38.

271 *Welzel*, JZ 1956, S. 238, 241.

272 Vgl. ausführlich Kap. 5, III. 4. a).

nur die einzelnen Tatbestandsmerkmale, sondern auch deren korrektes rechtliches Verständnis vom Vorsatz des Täters umfasst sein.

Da die Verwendungsbeschränkung vorliegend nicht in einem Verwaltungsakt, sondern in dem der Subventionsgewährung zugrunde liegenden Gesetz enthalten war, ist zu prüfen, ob Schuldsubstrat die Handlung selbst oder der Verstoß gegen die Verwendungsbeschränkung ist. Bei § 264 Abs. 1 Nr. 2 StGB ist von letzterem auszugehen[273] mit der Folge, dass in Ermangelung eines vorsätzlichen Verstoßes gegen die Verwendungsbeschränkung nur eine Bestrafung wegen leichtfertiger Tatbegehung gemäß § 264 Abs. 4 StGB in Betracht kommt.

5. § 264 StGB

a) Normative Tatbestandsmerkmale

(1) Subvention

Der spezifisch strafrechtliche Subventionsbegriff des § 264 Abs. 7 StGB führt zur Annahme eines normativen Tatbestandsmerkmals. Der Täter muss also, um vorsätzlich zu handeln, in einer Parallelwertung in der Laiensphäre erfassen, dass es sich bei der ihm gewährten Leistung um eine Subvention handelt.

Bei EU-Subventionen nach § 264 Abs. 7 Nr. 2 StGB bleibt insofern wenig Raum für Irrtümer, da der Täter nur erfassen muss, dass es sich um Leistungen aus öffentlichen Mitteln nach EU-Recht handelt, die mindestens zum Teil ohne marktmäßige Gegenleistung gewährt werden.

Bei Subventionen nationaler Provenienz ist zusätzlich erforderlich, dass besagte Leistungen an Betriebe und Unternehmen zur Förderung der Wirtschaft ausgereicht werden. Hinsichtlich der Förderung der Wirtschaft ist auf den Endzweck, nicht auf den Primärzweck abzustellen. Es ist ausreichend, wenn die Wirtschaftsförderung ein Nebenzweck ist, nicht hingegen, wenn sie eine unbeabsichtigte Nebenfolge darstellt.[274] Lässt sich der mit der Subvention verfolgte Endzweck nicht sicher ermitteln, ist schon der objektive Tatbestand zu verneinen. Doch auch, wenn sich der Endzweck durch Auslegung ermitteln lässt, können sich Auswirkungen auf den Vorsatz ergeben. Hat der Täter den Endzweck im Rahmen einer Parallelwertung in der Laiensphäre nicht erfasst, handelt er ohne Vorsatz. War er sich nicht sicher, ob der Endzweck auch die Wirtschaftsförderung war, kann dies für die Annahme eines *dolus eventualis* genügen.[275]

---

[273] Vgl. Kap. 3, III. 5. b) (1).

[274] Vgl. Kap. 2, III. 1. c) (2).

[275] Vgl. auch Kap. 2, III. 1. c) (2).

(2) Unrichtige oder unvollständige Angaben über subventionserhebliche Tatsachen

Nach § 264 Abs. 1 Nr. 1 StGB macht sich strafbar, wer unrichtige oder unvollständige Angaben über subventionserhebliche Tatsachen macht. Für den Begriff der subventionserheblichen Tatsache ist in § 264 Abs. 8 StGB festgelegt, dass Tatsachen erfasst sind, die entweder durch oder aufgrund eines Gesetzes für subventionserheblich erklärt worden sind oder von denen die Bewilligung etc. einer Subvention gesetzlich abhängig ist. Entscheidend sind also die verwaltungsrechtlichen Regeln über die Subventionsvergabe. Dies könnte zur Annahme verleiten, es handele sich um ein Blankett. Hierfür wäre aber kennzeichnend, dass die Ausfüllungsnorm ein Gebot oder Verbot aufstellt. Gerade dies ist vorliegend jedoch nicht der Fall, da die Ausfüllungsnormen lediglich bestimmen, welche Tatsachen subventionserheblich sind, jedoch selbst keine strafbewehrten Pflichten des Subventionsnehmers begründen. Daher handelt es sich nicht um ein Blankett, sondern um ein normatives Tatbestandsmerkmal.[276]

Soweit die subventionserheblichen Tatsachen klar bezeichnet worden sind, bieten sich kaum Ansatzpunkte für einen Tatbestandsirrtum. Da im Subventionsrecht vielfach normative Begriffe Verwendung finden, kommt der Bezeichnungspflicht des Subventionsgebers nach § 2 SubvG große Bedeutung zu. Erfolgt eine unzweideutige Bezeichnung der subventionserheblichen Tatsachen, sind diese zum einen für den Subventionsnehmer klar erkennbar; zum anderen können Subventionsgeber und Strafverfolgungsbehörden die Tathandlungen schnell und einfach feststellen.[277] Ist eine klare Bezeichnung unterblieben, bietet sich ein breites Feld für Irrtümer.[278] Ist die Bezeichnung völlig unklar, führt dies mangels formeller Subventionserheblichkeit der Tatsache schon zur Verneinung des objektiven Tatbestands. Lässt sich die subventionserhebliche Tatsache nur durch Auslegung ermitteln, stellt sich die oben dargestellte Problematik, dass es an der für den Vorsatz erforderlichen Parallelbeurteilung in der Laiensphäre fehlen kann.[279]

Noch komplexer ist die Sachlage, wenn Schein- oder Umgehungshandlungen in Rede stehen.

---

276 *Müller-Magdeburg*, S. 169 f.; *Puppe*, GA 1990, S. 145, 163 – strafbewehrte Pflichten würden erst durch § 264 Abs. 1 Nr. 2 StGB begründet.

277 LK-*Tiedemann*, § 264, Rn. 54.

278 BeckOK-*Momsen*, § 264, Rn. 20; Schönke/Schröder-*Perron*, § 264, Rn. 35; LK-*Tiedemann*, § 264, Rn. 60.

279 Vgl. hierzu Kap. 2, II. 3. a).

(a) Scheingeschäfte und Scheinhandlungen

Gemäß § 4 Abs. 1 SubvG sind Scheingeschäfte und Scheinhandlungen für die Bewilligung, Gewährung, Rückforderung und Weitergewährung oder das Belassen einer Subvention oder eines Subventionsvorteils unerheblich. Wird durch ein Scheingeschäft oder eine Scheinhandlung ein anderer Sachverhalt verdeckt, so ist der verdeckte Sachverhalt für die Bewilligung, Gewährung, Rückforderung, Weitergewährung oder das Belassen der Subvention oder des Subventionsvorteils maßgebend. Da es sich hierbei um einen allgemeinen Rechtsgrundsatz handelt, der im deutschen Recht z. B. auch in § 117 BGB Ausdruck gefunden hat, wird angenommen, dass Scheingeschäfte auch dann unbeachtlich sind, wenn § 4 Abs. 1 SubvG nicht anwendbar ist.[280] Ein Scheingeschäft liegt vor, wenn eine Willenserklärung einem anderen gegenüber abzugeben ist und sich beide Teile darüber einig sind, dass das Erklärte in Wahrheit nicht gewollt ist.[281] Unter den Begriff der Scheinhandlung fallen auch einseitige Willenserklärungen und tatsächliche Akte, deren Vornahme nicht ernsthaft gewollt ist und durch die ein Sachverhalt vorgetäuscht werden soll, der in Wirklichkeit nicht gewollt bzw. gegeben ist.[282]

Im Rahmen der Beantragung einer Subvention ist also vom Subventionsnehmer nicht die Scheinhandlung, sondern der verdeckte Sachverhalt anzugeben. Geschieht dies nicht, macht der Subventionsgeber objektiv unrichtige bzw. unvollständige Angaben. Vorsatz kann allerdings nur dann angenommen werden, wenn der Täter im Rahmen einer Parallelwertung in der Laiensphäre erfasst hat, dass er die entsprechende Tatsache mitteilen muss, etwa, weil er die Einstufung als Scheingeschäft und dessen Unbeachtlichkeit erfasst hatte, da unrichtige oder unvollständige Tatsachen nur machen kann, wer den Sollzustand kennt.[283]

(b) Umgehungshandlungen

§ 4 Abs. 2 SubvG befasst sich mit Umgehungsgeschäften und legt fest, dass die Bewilligung oder Gewährung einer Subvention oder eines Subventionsvorteils ausgeschlossen ist, wenn im Zusammenhang mit einer beantragten Subvention

---

280 LK-*Tiedemann*, § 264, Rn. 103, insbesondere in Bezug auf EU-Subventionen.

281 LK-*Tiedemann*, § 264, Rn. 105.

282 LK-*Tiedemann*, § 264, Rn. 106 – dies kann in der Praxis oftmals nur aus äußeren Tatsachen rückgeschlossen werden, vgl. LK-*Tiedemann*, § 264, Rn. 107 m. Bsp; ein Rückgriff auf die im Steuerrecht geübte Praxis, die auf die Angemessenheit des Leistungsaustauschs abstellt, verbietet sich aber für das Strafrecht, da das Steuerrecht eine Scheinhandlung unter wesentlich extensiveren Voraussetzungen annimmt.

283 LK-*Tiedemann*, § 264, Rn. 120.

ein Rechtsgeschäft oder eine Handlung unter Missbrauch von Gestaltungsmöglichkeiten vorgenommen wird. Sachlich ähnlich ist die Regelung des Art. 4 Abs. 3 VO 2988/95.[284]

Ein Missbrauch liegt vor, wenn jemand eine den gegebenen Tatsachen und Verhältnissen unangemessene Gestaltungsmöglichkeit benutzt, um eine Subvention oder einen Subventionsvorteil für sich oder einen anderen in Anspruch zu nehmen oder zu nutzen, obwohl dies dem Subventionszweck widerspricht. Dies ist namentlich dann anzunehmen, wenn die förmlichen Voraussetzungen einer Subvention oder eines Subventionsvorteils in einer dem Subventionszweck widersprechenden Weise künstlich geschaffen werden. Diese Einschränkung führt dazu, dass § 4 Abs. 2 SubvG nicht anwendbar ist, wenn sich der Subventionszweck nicht eindeutig ermitteln lässt.[285]

Auch in diesem Fall wäre der die Umgehungshandlung begründende Sachverhalt bei Beantragung offenzulegen. Unstreitig ist, dass insbesondere der entgegenstehende Subventionszweck und die Verheimlichung gegenüber dem Subventionsgeber vom Vorsatz umfasst sein müssen.[286] Vorsatzprobleme können sich ergeben, wenn der Subventionszweck für den Täter nicht klar zu Tage tritt und er daher nicht davon ausgeht, die förmlichen Voraussetzungen einer Subvention in einer dem Subventionszweck widersprechenden Weise künstlich zu schaffen. Aufgrund des finalen Charakters der Umgehungshandlung wird zudem das Vorliegen einer Umgehungsabsicht gefordert, für die allerdings *dolus directus* 2. Grades ausreicht.[287]

b) Blankettmerkmale

(1) § 264 Abs. 1 Nr. 2 StGB – Verstoß gegen Verwendungsbeschränkungen

§ 264 Abs. 1 Nr. 2 StGB stellt den Verstoß gegen Verwendungsbeschränkungen unter Strafe. Bei dieser Begehungsvariante handelt es sich um ein Sonderdelikt. Bei Sonderdelikten ist es für die Bejahung des Vorsatzes ausreichend, wenn der Täter die seine Sonderstellung begründenden Umstände in den Vorsatz aufgenommen hat – die sich aus dieser Sonderstellung ergebende Pflicht hingegen ist

---

284 ABl. Nr. L 312 v. 23.12.1995, S. 1.

285 LK-*Tiedemann*, § 264, Rn. 112 – hierdurch büße die Regelung an Praktikabilität ein.

286 LK-*Tiedemann*, § 264, Rn. 117.

287 LK-*Tiedemann*, § 264, Rn. 117 f.; Schönke/Schröder-*Perron*, § 264, Rn. 45 f. – *dolus directus* sei ausreichend; vgl. auch *Lackner/Kühl*, § 264, Rn. 21 in Bezug auf den Bestimmtheitsgrundsatz.

Gegenstand des Unrechtsbewusstseins; auf sie muss sich der Vorsatz nicht beziehen.[288]

Der Inhalt der Verwendungsbeschränkungen ergibt sich nicht aus dem StGB, sondern erst aus Gesetzen bzw. Einzelverfügungen des Verwaltungsrechts. Das tatbestandliche Unrecht wird erst durch besagte Verwendungsbeschränkungen konkretisiert. Damit handelt es sich um ein Blankett.

Daher stellt sich zunächst die Frage, ob nur die Tatbestandsmerkmale der Verwendungsbeschränkung oder auch das Verbot selbst vom Vorsatz umfasst sein müssen.

Soweit die Verwendungsbeschränkungen durch behördliche Einzelverfügung, etwa in Gestalt von Nebenbestimmungen zu einem subventionsgewährenden Verwaltungsakt erlassen worden sind, ist unstrittig, dass vorsätzliches Handeln die Kenntnis des Verbots voraussetzt.[289]

Ist die Verwendungsbeschränkung in einer Rechtsverordnung oder einem Gesetz enthalten, ist nach auch hier vertretener Auffassung danach zu differenzieren, ob Schuldsubstrat die Handlung selbst oder erst der Verstoß gegen das Verbot ist.[290] Daher stellt sich die Frage, was bei der Verwendung von Subventionen Schuldsubstrat ist – die Verwendung selbst oder der Verstoß gegen die Verwendungsbeschränkung.

Die Vergabe von Subventionen und damit auch die avisierte Verwendung erfolgt, um einen bestimmten Subventionszweck zu erreichen. Um dies sicherzustellen, muss der Subventionsnehmer u. a. wahre und vollständige Angaben über subventionserhebliche Tatsachen machen. Dies soll sicherstellen, dass die Subvention nur an Subventionsnehmer gewährt wird, die bestimmte, am Subventionszweck ausgerichtete Voraussetzungen erfüllen. Um zu erreichen, dass auch die Mittelverwendung dem Subventionszweck entspricht, können Verwendungsbeschränkungen erlassen werden, die konkretisieren, welche Verwendungsarten mit Blick auf den Subventionszweck akzeptabel sind und welche nicht. Daher begründet nicht schon die Verwendung der Subvention als solche, sondern erst der Verstoß gegen die Verwendungsbeschränkung das Schuldsubstrat des § 264 Abs. 1 Nr. 2 StGB. Daher muss nicht nur der Sachverhalt, der den Verstoß gegen die Verwendungsbeschränkung begründet, sondern auch die Verwendungsbeschränkung selbst vom Vorsatz umfasst sein. Ist dies nicht der Fall, etwa, weil der Subventionsnehmer die Verwendungsbeschränkung falsch verstanden hat, befindet er sich im vorsatzausschließenden Tatbestandsirrtum.

---

288 SSW-*Momsen*, §§ 15, 16, Rn. 10.

289 Vgl. Kap. 3 III. 4. c) (3).

290 Vgl. Kap. 3, III. 4. c) (4).

(2) § 264 Abs. 1 Nr. 3 StGB – Verletzung von Mitteilungspflichten

§ 264 Abs. 1 Nr. 3 StGB ist ein echtes Unterlassungsdelikt und bedroht Subventionsnehmer, die den Subventionsgeber entgegen den Rechtsvorschriften über die Subventionsvergabe über subventionserhebliche Tatsachen in Unkenntnis lassen, mit Strafe. Teilweise wird hierin eine Blankettnorm gesehen[291], vielfach aber nicht[292]. Für eine Blankettnorm ist charakteristisch, dass sich das strafbewehrte Gebot bzw. Verbot nicht aus der Strafnorm selbst, sondern aus anderen Rechtsvorschriften ergibt. So liegt der Fall hier. Das konkrete Handlungsgebot ergibt sich nicht aus § 264 Abs. 1 Nr. 3, sondern beispielsweise aus § 3 SubvG bzw. verwaltungsrechtlichen Spezialvorschriften. Diese Norm ist daher als Blankett einzustufen.

(a) Kenntnis der die Mitteilungspflicht begründenden Umstände

Für die Bejahung des Vorsatzes ist bei echten Unterlassungsdelikten unstreitig zu verlangen, dass dem Täter die tatbestandliche Situation bekannt ist, aus der sich die Handlungspflicht ergibt.[293] Der Täter muss insbesondere seine physisch-reale Handlungsmöglichkeit erkennen. Soweit die Abwendung eines Erfolgs Inhalt der Handlungspflicht ist, bedeutet dies, dass der Täter erkennen muss, dass er durch seine Handlung den Erfolg abwenden kann. Ähnliches gilt bei Untätigkeitsdelikten wie § 323c StGB. Hier muss der Täter die konkrete Handlung erkennen, durch die er Hilfe leisten kann. Anders als bei § 323c StGB steht der Täter bei § 264 Abs. 1 Nr. 3 StGB nicht vor einer Vielzahl von Handlungsmöglichkeiten – die einzige gebotene Handlung ist immer die Mitteilung an den Subventionsgeber. Daher ist fehlender Vorsatz hinsichtlich der gebotenen Handlung bei diesem Unterlassungsdelikt kaum denkbar.

(b) Kenntnis der Mitteilungspflicht

Des Weiteren stellt sich die Frage, ob die Mitteilungspflicht selbst ebenfalls vom Vorsatz umfasst sein muss. Bei echten Unterlassungsdelikten geht man im Grundsatz davon aus, dass die fehlende Kenntnis von der Handlungspflicht den Vorsatz unberührt lässt und lediglich zu einer Verneinung des Unrechtsbewusstseins und damit zu einem Gebotsirrtum nach § 17 StGB führen kann.[294] Eine Ausnahme wird nur dann gemacht, wenn der Täter von der konkret vorzuneh-

---

[291] *Schmidt-Hieber*, NJW 1980, S. 322, 336 f.

[292] LK-*Tiedemann*, § 264, Rn. 120, Fn. 93; NK-*Neumann*, § 264, Rn. 123.

[293] Schönke/Schröder-*Cramer/Sternberg-Lieben*, § 15, Rn. 94.

[294] SSW-*Momsen*, §§ 15, 16, Rn. 16 zu § 323c StGB.

menden Handlung nur dann Kenntnis erlangen kann, wenn er das rechtliche Gebot kennt,[295] etwa wenn es sich aus einer behördlichen Einzelverfügung ergibt.

Spezifisch für den Tatbestand des Subventionsbetrugs ergibt sich folgendes Meinungsbild: *Schmidt-Hieber* zieht aus seiner Einstufung des § 264 Abs. 1 Nr. 3 StGB als Blankett die Schlussfolgerung, dass lediglich die die Mitteilungspflicht begründenden Umstände, nicht hingegen die Mitteilungspflicht selbst vom Vorsatz umfasst sein müssen.[296] Auch soweit Abs. 1 Nr. 3 nicht als Blankett angesehen wird, ist umstritten, ob die Mitteilungspflicht vom Vorsatz umfasst sein muss.[297]

Für den Bezugspunkt des Vorsatzes bei Blanketten ist maßgebend, ob Schuldsubstrat die gebotene Handlung selbst oder der Verstoß gegen ein Gebot ist.[298] In letzterem Fall müssen auch das Bestehen und die Anwendbarkeit des Gebots vom Vorsatz umfasst sein. Vorliegend ist das Unterlassen der Mitteilung von die Subventionsvergabe bzw. -verwendung betreffenden Umständen für sich genommen unrechtsneutral. Daher ist die Mitteilungspflicht Gegenstand des Vorsatzes.

Die oben[299] ausgeführte Problematik in Bezug auf Scheingeschäfte und Umgehungshandlungen stellt sich auch hier, da der Antragssteller etwa durch § 3 Abs. 1 SubvG verpflichtet wird, den wahren Sachverhalt mitzuteilen.[300]

IV. Der Verbotsirrtum

Nachdem, ausgehend vom Bezugspunkt des Vorsatzes, dargestellt wurde, anhand welcher Kriterien Tatbestandsirrtum und Verbotsirrtum bei normativen Tatbestandsmerkmalen und Blanketten voneinander abzugrenzen sind, soll nun ein Überblick über Entwicklung und Gegenstand der Regelung des § 17 StGB gegeben werden.

Im Zentrum dieser Arbeit steht die Vermeidbarkeit des Verbotsirrtums beim Subventionsbetrug. Um dieser Fragestellung nachzugehen, müssen zunächst Bezugspunkt und Inhalt des Unrechtsbewusstseins geklärt werden, da erst dann

---

295 Schönke/Schröder-*Cramer/Sternberg-Lieben*, § 15, Rn. 94.

296 *Schmidt-Hieber*, NJW 1980, S. 322, 327.

297 Vorsatz in Bezug auf die die Mitteilungspflicht begründenden Tatsachen ist ausreichend nach *Fischer*, § 264, Rn. 34; Schönke/Schröder-*Lenkner/Perron*, § 264, Rn. 62; Vorsatz auch in Bezug auf die Mitteilungspflicht selbst fordern NK-*Neumann*, § 264, Rn. 122; LK-*Tiedemann*, § 264, Rn. 120; SK-*Hoyer*, § 264, Rn. 80; MüKo-*Wohlers*, § 264, Rn. 109.

298 Vgl. Kap 3, III. 4. c) (4).

299 Vgl. Kap. 3, III. 5. a) (2) (a), (b).

300 LK-*Tiedemann*, § 264, Rn. 104.

offenbar wird, welche Fälle überhaupt – bei fehlendem Unrechtsbewusstsein – in den Anwendungsbereich des § 17 StGB fallen und welche – bei Vorliegen des Unrechtsbewusstseins – nicht. Hierauf soll in Kapitel 4 eingegangen werden. Steht das Fehlen des Unrechtsbewusstseins fest, greift § 17 StGB ein. Dann entscheidet die Vermeidbarkeit des Verbotsirrtums über Freispruch oder Verurteilung. Dieser Frage widmet sich Kapitel 5.

1. Historischer Abriss

Für den Verbotsirrtum, also die rechtliche Fehlbewertung, sieht das deutsche Strafrecht in § 17 StGB eine andere Regelung als für den Tatbestandsirrtum vor. Ein Verbotsirrtum ist beispielsweise gegeben, wenn sich der Täter über Existenz, Gültigkeit, Grenzen oder Voraussetzungen einer strafrechtlichen Verbotsnorm irrt[301] und führt bei Unvermeidbarkeit zur Entschuldigung und damit zur Straflosigkeit, lässt aber den Vorsatz unberührt. Die gegen einen im vermeidbaren Verbotsirrtum handelnden Täter zu verhängende Strafe kann lediglich fakultativ gemildert werden.

a) Die Anfänge

Sowohl eine historische Rückschau als auch der Vergleich verschiedener Strafrechtssysteme ergeben, dass dem Tatirrtum (*error facti*) im Grundsatz vorsatzausschließende Wirkung zuerkannt wurde und wird.[302] Umstritten war und ist in manchen Jurisdiktionen allerdings, ob dies auch beim vermeidbaren Tatirrtum, insbesondere bei Tatsachenblindheit gelten soll.[303]

Eine ausgefeilte Dogmatik zum Rechtsirrtum entwickelte sich hingegen erst sehr spät. Lange galt die Regel „*error iuris nocet*" – der bloße Rechtsirrtum entlastet nicht.[304] Im Spätmittelalter und der frühen Neuzeit fanden sich erste Ansatzpunkte für die Berücksichtigung des Rechtsirrtums in Bezug auf Ortsfremde, welche durch Schwören eines Reinigungseids ihre Rechtsunkenntnis beweisen

---

301 Schönke/Schröder-*Cramer/Sternberg-Lieben*, § 17, Rn. 10.

302 Für frühe Rechtssysteme ist allerdings umstritten, ob diese auf einer die Berücksichtigung von Irrtümern ausschließenden Erfolgshaftung basierten oder ob auch dort der individuelle Wille zu berücksichtigen war. Vgl. hierzu *Stuckenberg*, S. 501 ff.

303 LK-*Vogel*, 12. Aufl. 2007, § 16, Rn. 1 ff.; vor § 15 Rn. 90 m. V. a. auf den ausführlichen Überblick in der Stellungnahme der Bundesanwaltschaft ggü. dem Großen Senat in Strafsachen vor seiner Entscheidung vom 18.3.1952.

304 LK-*Vogel*, § 16, Rn. 1 ff.; *Börker*, JR 1952, S. 193 m. V. a. auf den ausführlichen Überblick in der Stellungnahme der Bundesanwaltschaft ggü. dem Großen Senat in Strafsachen vor seiner Entscheidung vom 18.3. 1952.

konnten.[305] Grund hierfür war die Tatsache, dass zu dieser Zeit der Bestand des Rechts zum einen überschaubar war und sich zum anderen mit der durch die christliche Religion des Volkes begründeten Moral deckte, sodass wenig Raum für Rechtsirrtümer blieb.[306]

In der sich anschließenden Zeit der Aufklärung bzw. des liberalen Rechtsstaats findet zwar auf wissenschaftlicher Ebene eine intensivere Befassung mit der Problematik des Rechtsirrtums statt. Dies spiegelt sich jedoch nicht in der Gesetzgebungspraxis wider, welche den Schwerpunkt auf die Verpflichtung des Bürgers, sich über den Bestand der ordnungsgemäß publizierten Gesetze zu informieren, legt.[307]

Eine Ausnahme bildete Art. 39 Abs. 1 BayStGB (1818), der auf der Grundlage *Feuerbachs* psychologischer Zwangstheorie das Bewusstsein von Strafbarkeit und Rechtswidrigkeit als Bestandteil des Vorsatzes einstufte.[308] *Feuerbach* ging davon aus, dass Strafgesetze dem Zweck dienen, Lustmotive, die die Begehung von Straftaten attraktiv machen, durch Unlustmotive in Form von Strafgesetzen zu neutralisieren. Dieser von den Strafandrohungen ausgehende „psychologische Zwang" sollte potenzielle Täter an der Begehung von Straftaten hindern. Kannte der Straftäter aufgrund einer rechtlichen Fehlbewertung ein Strafgesetz nicht, konnte es seine Funktion, Unlustgefühle beim Täter zu wecken und so die Begehung von Straftaten zu verhindern, nicht erfüllen.[309] Eine Einschränkung ergab sich jedoch aus der in Art. 71 BayStGB (1818) niedergelegten Doluspräsumtion – danach wurde, wer „bei einer in diesem StGB als strafbar erkannten Handlung seine Unwissenheit über das Dasein eines Strafgesetzes vorschützt, mit diesem Vorgeben nicht gehört, wenn nicht Blödsinn, große Dummheit und andere dergleichen Gemütsfehler dieses Vorgeben unterstützen."[310]. Die Regelung des Art. 39 BayStGB (1818) wurde im Jahr 1848 aufgehoben.[311]

---

305 *Löw*, S. 21 ff.

306 *Löw*, S. 21 ff.

307 *Löw*, S. 25 ff.

308 *Müller-Magdeburg*, S. 29 ff.; *Arthur Kaufmann*, Unrechtsbewusstsein, S. 37 f.

309 *Feuerbach*, Lehrbuch des gemeinen in Deutschland gültigen gemeinen Rechts (1801), § 93, zit. nach *Arthur Kaufmann*, Unrechtsbewusstsein, S. 38.

310 *Müller-Magdeburg*, S. 30; *Börker*, JR 1952, S. 193 – ähnliche Regelungen fanden sich auch im Oldenburgischen StGB von 1814 und im Criminalgesetzbuch des Königreichs Hannover von 1840. Der überwiegende Anteil der deutschen Staaten nahm allerdings den gegenteiligen Standpunkt ein – vgl. *Börker*, a. a. O.

311 *Müller-Magdeburg*, S. 30.

b) Die Regelung im RStGB und die Rechtsprechung des Reichsgerichts

Das RStGB 1871, welches auf dem Preußischen StGB aus dem Jahr 1851 aufbaute,[312] enthielt in § 59 StGB nur eine Regelung über den Tatirrtum. Rechtsfolge war der Ausschluss des Vorsatzes. Maßgaben hinsichtlich der Folgen des Rechtsirrtums enthielt das RStGB demgegenüber nicht. Allerdings enthielten die Strafgesetzbücher verschiedener Staaten des deutschen Bundes eine Regelung, nach welcher die Unkenntnis des Strafgesetzes die Strafbarkeit nicht ausschließen solle.[313] Dies war in jener Zeit auch Stand des vor der Kodifizierung des Strafrechts in den verschiedenen Bundesstaaten anwendbaren gemeinen Rechts.[314]

Auf dieser Grundlage baute die Rechtsprechung des Reichsgerichts zu den Rechtsfolgen des „Rechtsirrtums" auf, die auch nach Inkrafttreten des RStGB beibehalten wurde. Das Reichsgericht unterschied in diesem Zusammenhang zwischen dem strafrechtlichen und dem außerstrafrechtlichen Rechtsirrtum und hielt ersteren für unbeachtlich; der außerstrafrechtliche Rechtsirrtum wurde hingegen als vorsatzausschließend angesehen.[315] Die Abgrenzung zwischen strafrechtlichem und außerstrafrechtlichem Irrtum bereitete aber in der Praxis Schwierigkeiten.[316] Problematisch war insbesondere, ob über die Einstufung eines Irrtums als strafrechtlich oder außerstrafrechtlich die – ggf. zufällige – Gesetzestechnik oder die Interpretation des Rechtsanwenders entscheiden sollte.[317] Aufgrund dieser Schwierigkeiten und der dogmatischen Fragwürdigkeit der

---

312 *Löw*, S. 35 – auch diese habe in § 44 lediglich eine Regelung über den Tatbestandsirrtum enthalten.

313 BGH-GS-St 2, S. 194, Rn. 12 (zitiert nach Juris) – vgl. auch Rn. 19: Hintergrund der Beibehaltung dieser Rechtsprechung durch das Reichsgericht sei auch gewesen, dass ein unverschuldeter Irrtum über ein Verbot in den politisch und sozial ausgeglichenen Zeiten der 2. Hälfte des 19. Jahrhunderts wohl kaum denkbar gewesen sei. Dies sei in Zeiten, in denen das Gefüge des sozialen und staatlichen Zusammenlebens in seinen Grundfesten erschüttert oder geradezu umgestaltet werde, nicht mehr zutreffend. Richtungsgebende Werte würden verdunkelt; was Recht und was Unrecht sei, sei nicht mehr selbstverständlich.

314 *Börker*, JR 1952, S. 193, 194; vgl. auch *Löw*, S. 25 ff.

315 Vgl. *Roxin*, AT I, § 21, Rn. 5; *Tischler*, S. 43 ff.; *Schlüchter*, S. 38 ff.; ausführlich *Müller-Magdeburg*, S. 32 ff.

316 *Maurach/Zipf*, AT I, § 37, Rn. 8.

317 *Tiedemann*, FS Geerds, S. 95, 99: Die Rechtsprechung des Reichsgerichts habe diesbezüglich geschwankt und teilweise auf die gesetzliche Normierung als maßgebend abgestellt, diese aber auch teilweise als Ausdruck unbeachtlicher Technik bezeichnet.

Konstruktion fand diese Rechtsprechung in der Literatur keine Anhänger.[318] Kritisiert wurde auch, dass diese Unterscheidung bei einem unverschuldeten strafrechtlichen Irrtum zur Bestrafung schuldloser Taten führe.[319]

Diese Rechtsprechung des Reichsgerichts muss vor dem Hintergrund des damals herrschenden klassischen Verbrechensbegriffs gesehen werden, der scharf zwischen objektiven und subjektiven Bestandteilen des Verbrechens trennte und erstere Tatbestand und Rechtswidrigkeit, letztere hingegen der Schuld zuordnete.[320] Demnach war der Vorsatz Bestandteil der Schuld. Das Unrechtsbewusstsein, also die Bewertung des eigenen Verhaltens als rechtswidrig, wurde vom Reichsgericht nicht als eigenständige Kategorie im Deliktsaufbau akzeptiert.[321] Diese Prämissen wurden von der neu entwickelten finalen Handlungslehre nicht geteilt, die u. a. den Vorsatz dem Tatbestand zuordnete und das Unrechtsbewusstsein hiervon unterschied und der Schuld zuwies.[322] *Welzel* formulierte für die Irrtumslehre wie folgt: „Der maßgebliche Unterschied der [...] Irrtumsarten bezieht sich nicht auf den Gegensatz: Tatsache – Rechtsbegriff, sondern auf den Unterschied: Tatbestand – Rechtswidrigkeit."[323] Die auf der Basis der finalen Handlungslehre von Vertretern der Schuldtheorie vorgenommene Lokalisierung des Unrechtsbewusstseins in der Schuld[324] war in der Literatur alles andere als unumstritten. Hierauf soll später[325] gesondert eingegangen werden.

Wesentliche Entwicklungen im Bereich des Rechtsirrtums waren zur Zeit des 1. Weltkriegs zu verzeichnen. Im Jahr 1914 wurde dem Bundesrat die Befugnis eingeräumt, durch Verordnungen Strafvorschriften zur Regulierung der Wirtschaft zu erlassen bzw. diese Befugnis zu delegieren.[326] Diese Befugnisse wurden zur Steuerung der Kriegswirtschaft auch sehr umfänglich genutzt, was auch den Raum für mögliche Rechtsirrtümer wesentlich vergrößerte.[327] Aus diesem Grund wurde eine Regelung eingeführt, die Straffreiheit anordnete, wenn

318 Ausführlich *Müller-Magdeburg*, S. 39 ff.; *Maurach/Zipf*, AT I, § 37 Rn. 9; *Roxin*, AT I, § 21, Rn. 5; *von Hippel*, S. 343 fasste den Streitstand dahingehend zusammen, dass das Reichsgericht in dieser Frage so einsam und verlassen dastehe, wie wohl sonst in keiner wichtigen Frage.

319 BGH-GS-St 2, S. 194, Rn. 13 (zitiert nach Juris).

320 *Jescheck/Weigend*, § 22 II 1.

321 *Maurach/Zipf*, AT I, § 3, Rn. 5 ff.; *Arthur Kaufmann*, Unrechtsbewusstsein, S. 23 ff.; RGSt 37, 139, 142; *Lackner/Kühl*, § 15, Rn. 32.

322 *Jescheck/Weigend*, § 22, V, m. w. N.

323 *Welzel*, § 22 III; vgl. LK-*Vogel*, § 16, Rn. 8.

324 *Roxin*, AT I, § 21, Rn. 6.

325 Kap. 3, IV. 1. c).

326 § 3 Ermächtigungsgesetz v. 4.8.1914, RGBl. S. 327, zit. nach *Löw*, Fn. 119.

327 *Löw*, S. 38 ff.

der Täter „in unverschuldetem Irrtum über das Bestehen oder die Anwendbarkeit der übertretenen Vorschrift die Tat für erlaubt gehalten hat."[328] Das Erfordernis, sich bei Zweifeln über die Rechtmäßigkeit seines Tuns zu erkundigen, beschränkte jedoch den Raum für Freisprüche aufgrund dieser Regelung.[329]

Im 3. Reich spielte der Rechtsirrtum eine untergeordnete Rolle, da eine unüberschaubare Fülle neuer, strafbewehrter Verordnungen erlassen wurde, ohne jedoch der Irrtums-VO[330] ähnelnde Regelungen, die zur Straffreiheit wegen Rechtsirrtums hätten führen können, zu schaffen.[331]

c) Der Streit zwischen Vorsatz- und Schuldtheorie

Unter Unrechtsbewusstsein versteht man das Bewusstsein des Täters, dass sein Handeln mit der Rechtsordnung nicht in Einklang steht.[332] Der Täter muss also die Bewertung der Rechtsordnung, sein Verhalten sei rechtswidrig, nachvollziehen. Der Standort des Unrechtsbewusstseins – im Vorsatz oder in der Schuld – war und ist in der Literatur zwischen der Vorsatztheorie und der Schuldtheorie umstritten. Dieser Streit ist keineswegs rein formaler Natur. Zur Diskussion steht vielmehr die Frage, ob dem im vermeidbaren Verbotsirrtum handelnden Täter ein geminderter Vorsatzschuldvorwurf – so die Schuldtheorie – oder lediglich ein Fahrlässigkeitsschuldvorwurf – so die Vorsatztheorie – gemacht werden kann.[333]

(1) Die Vorsatztheorie

Die Vorsatztheorie[334] sieht das Unrechtsbewusstsein als Bestandteil des Vorsatzes an. Bei fehlendem Unrechtsbewusstsein handelt der Täter demnach ohne Vorsatz. Diese Theorie ebnet im Bereich der Rechtsfolgen die Unterscheidung zwischen Tatbestands- und Verbotsirrtum ein – in beiden Konstellationen entfällt der Vorsatz; die Vorsatzstrafbarkeit wird also schon auf Ebene des Unrechtstatbestands verneint. Dies basiert auf der Annahme, dass dem Täter, der die Rechtswidrigkeit seines Verhaltens nicht erkennt, ebenso wie beim Tatbe-

---

328 Irrtums-VO vom 18.1.1917, RGBl. S. 58, zit. nach *Löw*, Fn. 129.

329 *Löw*, S. 40 ff.

330 Vgl. Fn. 328.

331 *Löw*, S. 44 ff.

332 Nähere Ausführungen zum Unrechtsbewusstsein finden sich in Kap. 4.

333 *Rudolphi*, Unrechtsbewusstsein, S. 3.

334 *Hardwig*, GA 1956, S. 575; *Langer*, GA 1976, S. 193; *Lang-Hinrichsen,* JR 1952, S. 184, 302, 356; *Schmidhäuser*, JZ 1979, S. 367; *H-W Schünemann*, NJW 1980, S. 738; *Spendel*, FS Tröndle, S. 99 f.; *Koriath*, Jura 1996, S. 113; w. N. bei *Jescheck/Weigend*, S. 452, Fn. 2

standsirrtum kein Vorsatzschuldvorwurf gemacht werden kann, sondern strukturell Fahrlässigkeitsschuld vorliegt.[335]

Hinsichtlich der Anforderungen an das Unrechtsbewusstsein lassen sich zwei Spielarten der Vorsatztheorie unterscheiden. Die strenge Vorsatztheorie geht davon aus, dass der Täter mit aktuellem Unrechtsbewusstsein handeln muss. Die Anhänger der eingeschränkten Vorsatztheorie lassen demgegenüber ein potenzielles Unrechtsbewusstsein für die Annahme des Vorsatzes ausreichen. Um die Grenze zur Fahrlässigkeit nicht zu verwischen, soll solch ein potenzielles Unrechtsbewusstsein allerdings nur bei Rechtsblindheit oder Rechtsfeindschaft gegeben sein. Rechtsblindheit im Bereich des Subventionsbetrugs käme z. B. in Betracht, wenn der Täter das dem Subventionsantrag beigefügte Erläuterungsblatt nicht gelesen hat und aus diesem Grund nicht realisiert, dass er unvollständige Angaben über subventionserhebliche Tatsachen i. S. v. § 264 Abs. 1 Nr. 1 StGB macht.[336]

(2) Die Schuldtheorie

Die Schuldtheorie geht demgegenüber davon aus, dass das Unrechtsbewusstsein ein vom Tatbestandsvorsatz losgelöstes, selbstständiges Schuldelement ist. Das Fehlen des Unrechtsbewusstseins ist demnach für Tatbestandsvorsatz und Unrechtstatbestand irrelevant und kann sich lediglich auf Ebene der Schuld auswirken.[337] Handelt der Täter bei Tatbegehung ohne Unrechtsbewusstsein, ist entscheidend, ob der Verbotsirrtum vermeidbar war. Im Falle der Unvermeidbarkeit entfällt die Schuld und damit auch die Strafe, während ein vermeidbarer Verbotsirrtum lediglich die Möglichkeit einer Strafmilderung eröffnet – der Täter wird also wegen (ggf. geminderter) Vorsatzschuld bestraft.[338]

Für den Täter ist die Anwendung der Vorsatztheorie günstiger, da unabhängig von einer Vorwerfbarkeit des Irrtums die Vorsatzstrafe entfällt und er maximal wegen fahrlässiger Tatbegehung – wenn diese unter Strafe steht – belangt werden kann. Auswirkungen ergeben sich auch für die Strafbarkeit von Teilnehmern, da es bei Anwendung der Vorsatztheorie an einer vorsätzlichen

---

335 Vgl. *Rudolphi*, Unrechtsbewusstsein, S. 3.

336 Die Gängigkeit solcher Verhaltensweisen konstatiert *Tiedemann*, Subventionskriminalität, S. 303 für den Bereich der Sozialsubventionen.

337 *Wessels/Beulke*, Rn. 461; *Maurach/Zipf*, AT I, § 37, Rn. 16 f.; Die strenge Schuldtheorie will diese Maßgabe uneingeschränkt anwenden, während die eingeschränkte Schuldtheorie auf der Ebene des Irrtums über Rechtfertigungsgründe in Bezug auf den Erlaubnistatbestandsirrtum eine abweichende Bewertung vornimmt. Da diese Frage nicht im Mittelpunkt dieser Arbeit steht, wird auf diese Divergenzen aber nicht weiter eingegangen – vgl. hierzu *Maurach/Zipf*, AT I, § 37, Rn. 19 ff. m. w. N.

338 *Rudolphi*, Unrechtsbewusstsein, S. 3.

rechtswidrigen Haupttat fehlt[339], die im Rahmen der Schuldtheorie selbst bei Annahme eines unvermeidbaren Verbotsirrtums des Haupttäters gegeben wäre.

(3) Die Grundsatzentscheidung des Bundesgerichtshofs

Nach dem 2. Weltkrieg musste der neu errichtete Bundesgerichtshof zum Streit zwischen Vorsatztheorie und Schuldtheorie Stellung nehmen. Die Grundsatzentscheidung des großen Senats[340] erhielt die Unterscheidung des Reichsgerichts zwischen strafrechtlichem und außerstrafrechtlichem Rechtsirrtum nicht aufrecht. Er erkannte, anders als das Reichsgericht, das Unrechtsbewusstsein als eigenständiges Element im Deliktsaufbau an und ordnete es der Schuld zu.[341] Seitdem geht die Rechtsprechung davon aus, dass ein unvermeidbarer Rechtsirrtum zwar den Vorsatz unberührt lässt, jedoch die Schuld des Täters entfällt, wendet also die Schuldtheorie an.

Dem ist der Gesetzgeber mit der Einführung des § 17 StGB zum 1.1.1975 gefolgt.[342]

2. Die Regelung des § 17 StGB

a) Der Inhalt der gesetzlichen Regelung

§ 17 StGB lässt sich entnehmen, dass der Verbotsirrtum nur auf Ebene der Schuld Berücksichtigung finden kann, das tatbestandliche Unrecht also, anders als der Tatbestandsirrtum, unberührt lässt. Ein Verbotsirrtum kommt nur in Betracht, wenn der Täter ohne Unrechtsbewusstsein handelte. Hatte der Täter die erforderliche Unrechtseinsicht[343], ist § 17 StGB schon gar nicht einschlägig – auf die Vermeidbarkeit kommt es dann nicht an.[344] War der Irrtum des Täters unvermeidbar[345], entfällt nach § 17 S. 1 StGB die Schuld. Dies ergibt sich aus

339 Eine Strafbarkeit des Hintermanns nach § 25 Abs. 1 S. 2 StGB hängt davon ab, ob die Voraussetzungen einer mittelbaren Täterschaft vorliegen.

340 BGH-GS-St 2, 194.

341 BGH-GS-St 2, 194; *Maurach/Zipf*, § 37, Rn. 1.

342 *Roxin*, AT I, § 21, Rn. 7. In der Rechtsprechung findet man zu Beginn in Urteilen des BGHs bzw. der Obergerichte oftmals die Formulierung, der Verbotsirrtum sei „verschuldet“ bzw. „unverschuldet“ neben der Begrifflichkeit, der Verbotsirrtum sei „vermeidbar“ bzw. unvermeidbar“. Letztere Formulierung wurde in § 17 StGB verankert; vgl. *Löw*, S. 51 f., 97 ff.

343 Vgl. zu den Anforderungen an das Vorliegen bzw. Fehlen des Unrechtsbewusstseins Kap. 4.

344 Vgl. zu solch einer Konstellation OLG Karlsruhe, NStZ-RR 2000, S. 60, 62.

345 *Jakobs*, AT, 19. Abschnitt, Rn. 33 spricht von Zuständigkeit für den Irrtum.

dem Schuldprinzip.[346] Schuldhaft handelt nur derjenige, dem die Begehung einer rechtswidrigen Tat individuell vorwerfbar ist. Dies ist bei einem unvermeidbaren Verbotsirrtum nicht der Fall. Der Täter handelt hingegen gemäß S. 2 schuldhaft, wenn der Verbotsirrtum vermeidbar war. Allerdings eröffnet § 17 S. 2 StGB beim vermeidbaren Verbotsirrtum fakultativ die Möglichkeit einer Strafmilderung nach § 49 Abs. 1 StGB.[347]

b) Die Entscheidung des Bundesverfassungsgerichts zur Verfassungsmäßigkeit des § 17 StGB

Im Rahmen einer konkreten Normenkontrolle hatte das BVerfG darüber zu entscheiden, ob die durch die Verankerung der Schuldtheorie in § 17 StGB bewirkte unterschiedliche Behandlung von Tatbestands- und Verbotsirrtum mit dem Grundgesetz vereinbar ist. Das BVerfG[348] konnte weder einen Verstoß gegen den Gleichheitsgrundsatz noch einen Verstoß gegen das Schuldprinzip feststellen, sondern hielt fest, dass sowohl für die Vorsatztheorie als auch für die Schuldtheorie sachliche Gründe sprechen und daher die rechtspolitische Entscheidung des Gesetzgebers für die Schuldtheorie nicht als willkürlich anzusehen sei. Auch trage die fakultative Strafmilderung beim vermeidbaren Verbotsirrtum dem Schuldprinzip ausreichend Rechnung.

c) § 17 StGB und die strafrechtlichen Nebengesetze bzw. das Nebenstrafrecht

Die Regelung des § 17 StGB gilt aufgrund der Verweisung des Art. 1 EGStGB auch für die strafrechtlichen Nebengesetze. Demnach ist die Schuldtheorie nach der derzeitigen Gesetzeslage für das gesamte Strafrecht maßgebend.

Es wurde bzw. wird allerdings immer wieder gefordert, im Bereich des sogenannten Kernstrafrechts die Schuldtheorie und im Bereich des sogenannten Nebenstrafrechts die Vorsatztheorie anzuwenden.[349] *De lege lata* konnte sich diese Forderung jedoch bislang nicht durchsetzen.

346 *Roxin*, AT I, § 21, Rn. 35 ff.

347 In der Literatur wird allerdings teilweise gefordert, dass, abgesehen von seltenen Ausnahmefällen wie etwa Rechtsfeindschaft, die Strafe obligatorisch gemildert wird, da das Schuldprinzip dies gebiete: *Roxin*, AT I, § 21, Rn. 71.

348 BVerfGE 41, 121.

349 Vgl. *Lange*, JZ 1956, S. 73; *ders.* JZ 1956, 519; *Langer*, GA 1976, S. 193, 209; *Kaufmann, Arthur*, Unrechtsbewusstsein, S. 191 ff.: bei Ordnungsdelikten und abstrakten Gefährdungsdelikten müsse, soweit es an der Kenntnis der Rechtsgutsbeeinträchtigung fehle, das Bewusstsein der Rechtswidrigkeit vom Vorsatz umfasst sein; weitere Nachweise bei *Tiedemann*, ZStW 81, (1969) S. 869, 876, Fn. 22,

Wäre dieser Auffassung zu folgen, käme, je nachdem, ob man den Tatbestand des Subventionsbetrugs dem Kern- oder dem Nebenstrafrecht zuordnet[350], eine Anwendung der Vorsatztheorie auf § 264 StGB zumindest *de lege ferenda* in Betracht.

Problematisch hieran erscheint schon, dass Kern- und Nebenstrafrecht nicht klar voneinander abgrenzbar sind.[351] Eine auf materielle Kriterien aufbauende Abgrenzung hätte also den Nachteil der Rechtsunsicherheit. Eine Regelung, die für das StGB die Schuldtheorie und für die strafrechtlichen Nebengesetze die Vorsatztheorie für anwendbar erklärt, hätte zur Folge, dass Zufälligkeiten der Gesetzgebung darüber entscheiden, ob Rechtsirrtümer anhand der Vorsatz- bzw. Schuldtheorie beurteilt würden. Auch dies ist abzulehnen.

Darüber hinaus ist zu berücksichtigen, dass das damals gegen eine generelle Anwendung der Schuldtheorie angeführte Hauptargument, die Schuldtheorie führe aufgrund des Zusammenlesens von Blankett und Ausfüllungsnorm zu einer unberechtigten Verkürzung des Anwendungsbereichs des § 16 StGB, aufgrund der Fortentwicklung der Dogmatik heute nicht mehr verfängt. Früher ging man überwiegend davon aus, dass der Bezugspunkt des Vorsatzes generell durch ein Zusammenlesen von Blankett und ausfüllender Norm ermittelt werde, Irrtümer über Existenz oder Auslegung der ausfüllenden Norm also immer in den Anwendungsbereich des § 17 StGB fielen. Hieran wurde kritisiert, dass dies den Gehalt des Vorsatzes verschiebe und die Appellfunktion negativ beeinflusse, da durch besagtes Zusammenlesen an sich wertungsbedürftige Tatbestandsmerkmale in deskriptive umgewandelt würden. Hieraus wurde von einigen Autoren die Konsequenz gezogen, dass im Nebenstrafrecht bzw. den strafrechtlichen Nebengesetzen, wo die Blanketttechnik überwiegend Verwendung fand, die Vorsatztheorie Anwendung finden müsse. Die Substituierbarkeitsthese wird in dieser Ausschließlichkeit heute nicht mehr vertreten – in Fällen, in denen nicht die Handlung oder Unterlassung selbst, sondern der Verstoß gegen ein gesetzliches Ge- oder Verbot den Unrechtsgehalt des Tatbestands ausmacht, muss besagtes Gebot oder Verbot vom Vorsatz umfasst sein. Wie bereits dargelegt,[352] können über diesen Mechanismus ausgewogene Lösungen erzielt werden, ohne dass es eines Rückgriffs auf die Vorsatztheorie bedarf.

---

der allerdings auf die Problematik verweist, dass man dann zwischen Kern- und Nebenstrafrecht abgrenzen müsse.

350 Auf die Abgrenzung zwischen Kern- und Nebenstrafrecht wird unter Kap. 5, III. 4. näher eingegangen.

351 S. hierzu Kap. 5, III. 4. b).

352 Vgl. hierzu ausführlich Kap. 3, III. 4. c) (4).

Es kann also festgehalten werden, dass auch *de lege ferenda* eine Verankerung der Vorsatztheorie nicht als geboten erscheint.

Kapitel 4 – Das Unrechtsbewusstsein

Im vorigen Kapitel wurde dargestellt, wann ein vorsatzausschließender Tatbestandsirrtum vorliegt und wann Vorsatz gegeben ist – anders gewendet also, wann die für den Täter günstige Rechtsfolge des Vorsatzausschlusses greift und wann nicht. Nunmehr soll abgegrenzt werden, wann der Täter mit Unrechtsbewusstsein und damit mit voller Schuld handelt und wann wegen fehlenden Unrechtsbewusstseins § 17 StGB und die Möglichkeit einer fakultativen Strafmilderung eingreift. Da sowohl Bezugspunkt als auch Inhalt des Unrechtsbewusstseins[353] umstritten sind, soll zunächst diesen Fragen nachgegangen werden.

I. Der Bezugspunkt des Unrechtsbewusstseins

1. Bezugspunkt (Straf)Rechtsnorm

Heute geht man übereinstimmend davon aus, dass nicht das Gewissen jedes Einzelnen, sondern lediglich kollektive Normen der Bezugspunkt des Unrechtsbewusstseins sein können.[354] Darüber hinaus besteht in Rechtsprechung[355] und ganz überwiegender Literatur[356] Einigkeit darüber, dass nicht sittliche Normen, sondern die Rechtsordnung Bezugspunkt des Unrechtsbewusstseins ist. Dies ist das Ergebnis eines längeren Entwicklungsprozesses.

a) Historische Entwicklung

Die Wertvorstellungen des Mittelalters waren durch den christlichen Glauben und damit auf aus der Bibel abgeleitete Gebote und Verbote bezogen. Eine Trennung von Recht und Moral, wie sie heute anerkannt ist, existierte damals nicht. Grund hierfür war das vorherrschende transzendente, auf Gott bezogene

---

353 Vgl. zum Unrechtsbewusstsein aus kriminologischer und medizinisch-psychologischer Sicht *Petersohn*, S. 69.

354 NK-*Neumann*, § 17, Rn. 12; *Rudolphi*, Unrechtsbewusstsein, S. 35 ff. mit ausführlicher Begründung aus dem Blickwinkel der Geltungskraft der Rechtsordnung; AK-*Neumann*, § 17, Rn. 12.

355 BGHSt 2, 202; 10, 41; 45, 100; BGH GA 1969, S. 61.

356 *Roxin*, AT I, § 21, Rn. 12; *Baumann/Weber/Mitsch*, AT, § 21, Rn. 50; *Rudolphi*, Unrechtsbewusstsein, S. 57 f.; *Maurach/Zipf*, AT/I, § 38, Rn. 10; *Jescheck/Weigend*, AT, § 41 I. 3. a); SSW-*Momsen*, § 17, Rn. 2 f.; von Heintschel-Heinegg-*Heuchemer*, § 17, Rn. 4; NK-*Neumann*, § 17, Rn. 13 f.; a. A. *Arthur Kaufmann*, Unrechtsbewusstsein, S. 143; *ders.*, Schuldprinzip, S. 130; *Schmidhäuser*, FS H. Mayer, 1966, S. 317, 329.

Weltbild, das Straftaten als Verbrechen gegen die göttliche Ordnung der Welt und die diesbezüglich verhängten Strafen als Rache Gottes sah.[357]

Im Rahmen der Aufklärung reifte auf Basis der Naturrechtslehre die Erkenntnis, dass Recht und Moral zu trennende Kategorien sind. Folge war eine Säkularisation des Strafrechts. Das Naturrecht sah die Strafe nicht mehr als Rache Gottes, sondern als Sanktion eines Normverstoßes, die erforderlich war, um Störungen des öffentlichen Friedens zu beseitigen.[358]

b) Bezugspunkt sozialethische Wertwidrigkeit?

Arthur Kaufmann sieht die sozialethischen Wertvorstellungen als Bezugspunkt des Unrechtsbewusstseins an.[359] Er begründet dies damit, dass der Täter schon dann die Möglichkeit habe, sich wertgemäß zu motivieren. Schon der soeben dargestellte historische Hintergrund lässt dies als fragwürdig erscheinen, da die Naturrechtslehre auf der Annahme basierte, dass Recht und Moral zu trennende Kategorien darstellen.[360] Wenn dem aber so ist, erscheint es widersprüchlich, für den Bezugspunkt des Unrechtsbewusstseins auf moralische Kategorien in Gestalt der sozialethischen Wertvorstellungen zurückzugreifen. Darüber hinaus ist der Begriff der sozialethischen Wertwidrigkeit für eine trennscharfe Abgrenzung zu unbestimmt.[361] Dies ist auch dadurch bedingt, dass die Moralvorstellungen, in der heutigen pluralistischen Gesellschaft mehr denn je, von Milieu zu Milieu schwanken[362]. Beispielhaft zeigt sich die Unschärfe besagten Begriffs auch im Bereich der sozialethischen Einschränkungen des Notwehrrechts. Eine Konturierung der Beschränkungen der Notwehrhandlung im Rahmen der Gebotenheit erfolgt über die Bildung von Fallgruppen – die zusammenfassende Bezeichnung als sozialethische Beschränkungen trug zu einer inhaltlichen Präzisierung nicht bei, sondern bleibt ein lediglich zusammenfassender Begriff. Aus diesen Gründen kann der Bezugspunkt des Unrechtsbewusstseins nicht unter Rückgriff auf die sozialethischen Wertvorstellungen ermittelt werden.

---

357 *Rüping/Jerouschek*, Rn. 150, 162, 179; *Löw*, S. 24 f.

358 *Rüping/Jerouschek*, Rn. 150 ff., 162 f., 179 – als Beispiel seien die im Mittelalter weit verbreiteten Religionsdelikte genannt, die als todeswürdiger Abfall von Gott geahndet wurden, während sie im Rahmen der Naturrechtslehre nur Berücksichtigung finden konnten, wenn sie zu einer Störung des öffentlichen Friedens führten.

359 *Arthur Kaufmann*, Unrechtsbewusstsein, S. 143; *ders.*, Schuldprinzip, S. 130 ff.

360 NK-*Neumann*, § 17, Rn. 13, 44 ff.

361 *Rudolphi*, Unrechtsbewusstsein, S. 65 ff. Diese Ansicht habe auch Schwierigkeiten, im Bereich des Ordnungsstrafrechts und bei Überzeugungstätern das Unrechtsbewusstsein zu bejahen.

362 *Roxin*, AT I, § 21, Rn. 12; NK-*Neumann*, § 17, Rn. 13.

c) Rechtsnormen und Rechtssicherheit

Des Weiteren begründen nur Rechtsnormen eine rechtliche Bindung der Normunterworfenen, da nur sie über eine ausreichende Legitimation verfügen, diese Verpflichtungen auch zwangsweise durchzusetzen.

Sie wurden vom demokratisch gewählten Gesetzgeber erlassen. Dieser hat, wie der gesamte moderne demokratische Verfassungsstaat u.a. zwei wesentliche Aufgaben – Freiheit sowie Schutz und Sicherheit zu gewährleisten.[363] Die zwangsweise Durchsetzung von Rechtsnormen soll sicherstellen, dass die Individuen ihre Freiheiten in den ihnen von der Rechtsordnung vorgegebenen Grenzen wahrnehmen können, indem Übergriffe anderer Individuen in geschützte Bereiche sanktioniert werden.

Rudolphi hat diese Legitimation mit den Begriffen Inhalts- und Ordnungswert umschrieben.[364]

Unter Inhaltswert versteht er die geschützten Rechtsgüter bzw. materiellen Werte. Insofern könne sich ein Gleichlauf mit Normen des Sittengesetzes ergeben, wenn dieses ebenfalls die entsprechenden materiellen Werte beinhaltet. Entscheidender Bezugspunkt des Unrechtsbewusstseins sei aber deren Verankerung in der Rechtsordnung. Die Rechtsordnung sei in der Lage, dem Normunterworfenen Rechtssicherheit zu gewährleisten, da sie ihm einen Orientierungsmaßstab für sein Verhalten biete und er andererseits von anderen Normunterworfenen erwarten könne, dass sich deren Verhalten auch im Rahmen der Rechtsordnung bewegt. Letzterer Aspekt basiert im Wesentlichen auf der Theorie des Gesellschaftsvertrags, die von Staatstheoretikern wie *Thomas Hobbes*, *John Locke* und *Jean-Jacques Rousseau* in verschiedenen Spielarten vertreten wurden.[365] Gemeinsamer Ausgangspunkt ist, dass die Menschen zunächst in einem Naturzustand leben, in dem das Recht des Stärkeren gilt. Um diesen als überwiegend nachteilig erkannten Naturzustand zu beseitigen, schließen die Menschen einen Gesellschaftsvertrag, der vorsieht, dass die Individuen das Recht zur Selbstjustiz zu Gunsten eines Gewaltmonopols des Staats aufgeben. Die Herrschaftsmacht des Staats wird durch den Gesellschaftsvertrag begründet, wobei die weiteren Vorstellungen hinsichtlich des Inhalts des Gesellschaftsvertrags divergieren. *Rudolphi* bezeichnet dies als Ordnungs- bzw. Rechtssicher-

---

363 *Schöbener*, § 4, Rn. 74 ff.

364 *Rudolphi*, Unrechtsbewusstsein, S. 58, der die Relevanz des Inhaltswerts aus dem Geltungsgrund der Rechtsordnung herleitet.

365 *Döhring*, Rn. 191 f. zu *Locke* und *Rousseau*; *Dietmeier*, S. 85 ff. zu *Hobbes* und *Locke*; ZEIT-Lexikon, Bd. 12, S. 382 f. zu *Rousseau*; Bd. 6, S. 435 zu *Hobbes*; von den Erfahrungen des Dreißigjährigen Kriegs geprägt, spricht in Bezug auf den Naturzustand drastisch vom Krieg aller gegen alle; der Mensch sei des Menschen Wolf.

heitswert, der die Unverbrüchlichkeit rechtlicher Geltungs- und Verpflichtungskraft rechtfertige.[366]

Dem ist zu folgen. Letzterer Aspekt gewinnt insbesondere in einer pluralistischen Gesellschaft, in der sich die sozialethischen Wertvorstellungen von Milieu zu Milieu unterscheiden, große Bedeutung. Je weniger es einen die ganze Gesellschaft umfassenden Wertkonsens gibt, desto wichtiger wird die Funktion des demokratisch legitimierten Gesetzgebers, durch Gesetzgebungstätigkeit milieuübergreifend Grenzen aufzuzeigen und damit Rechtssicherheit zu gewährleisten.

d) Bezugspunkt Rechtsnorm

Aus diesen Gründen kann festgehalten werden, dass Bezugspunkt des Unrechtsbewusstseins der Verstoß gegen Rechtsnormen ist. Ob nur strafrechtliche oder auch sonstige Rechtsnormen Bezugspunkt des Unrechtsbewusstseins sein können, ist allerdings umstritten.

(1) Wissen um Verstoß gegen jedwede Art von Rechtsnormen

Die noch überwiegende Auffassung lässt das Bewusstsein, gegen jegliche Art von Rechtsregeln zu verstoßen, ausreichen. Dies hat zur Folge, dass es keinen Unterschied macht, ob der Täter glaubt, eine zivil-, straf-, oder öffentlichrechtliche Norm zu verletzen – in allen Fällen begründet nach h. M. die Kenntnis des Normverstoßes das Unrechtsbewusstsein.[367] Zur Begründung wird zum einen der Wortlaut des § 17 StGB angeführt, der nicht von der Einsicht, strafbar zu handeln, sondern von der Einsicht, Unrecht zu tun, spreche.[368] Darüber hinaus müsse die Kenntnis jedweden gesetzlichen Verbots ausreichen, um den Bürger zu rechtstreuem Handeln zu motivieren – dies gelte insbesondere, da der juristisch nicht vorgebildete Bürger oftmals nicht zwischen Verstößen gegen Strafrecht und Zivilrecht unterscheiden könne.[369]

---

366 *Rudolphi*, Unrechtsbewusstsein, S. 58: Dieser Ordnungswert ergebe sich aus der Problematik, dass, da Werterfahrungen notwendigerweise subjektiv seien, der objektiv richtige Wert also nicht mit letzter Sicherheit ermittelt werden könne. Nach *Rudolphi* ist der Ordnungswert dem Inhaltswert untergeordnet, da er die Geltungskraft der Rechtsordnung nicht rechtspositivistisch, sondern mit normativen Theorien begründet, S. 56 ff.

367 *Fischer*, § 17, Rn. 3; SK-*Rudolphi*, § 17, Rn. 3 ff; *Lackner/Kühl*, § 17, Rn. 2; *Jescheck/Weigend*, § 41, I. 3. a); SSW-*Momsen*, § 17, Rn. 2; Schönke/Schröder-*Cramer/Sternberg-Lieben*, § 17, Rn. 4; *Jakobs*, AT, 19. Abschn., Rn. 23; BGH, wistra 1986, S. 218, Rn. 8 f. (zitiert nach Juris); BGH, NJW 2008, S. 1827, Rn. 34 (zitiert nach Juris); BGHSt 2, 202; 10, 41.

368 BGHSt 52, 227, Rn. 58 (zit. nach Juris); *Roxin*, AT I, § 21, Rn. 13.

369 *Roxin*, AT I, § 21, Rn. 13.

Bei § 264 Abs. 1 Nr. 2 StGB hätte dies beispielsweise zur Folge, dass ein Verbotsirrtum kaum denkbar wäre, da nach hier vertretener Auffassung die Verwendungsbeschränkung selbst vom Vorsatz umfasst sein muss, die damit einhergehende Kenntnis des öffentlich-rechtlichen Verbots aber gleichzeitig das Unrechtsbewusstsein begründet.

(2) Kenntnis der Strafbarkeit

Demgegenüber war es zuerst *Feuerbach*, der auf Basis der psychologischen Zwangstheorie für die Annahme des Unrechtsbewusstseins die Kenntnis der Strafbarkeit forderte. Da er davon ausging, dass die für strafbares Verhalten zu verhängende Strafe auf potenzielle Täter einen psychologischen Zwang ausübt, verlangte er sogar Kenntnis von Art und Höhe der angedrohten Sanktion.[370]

An seine Thesen knüpft nunmehr eine im Vordringen befindliche Auffassung an, nach der Unrechtsbewusstsein nur vorliegen soll, wenn der Täter Kenntnis von der Strafbarkeit des Normverstoßes hat.[371] Zunächst wird kritisiert, dass die von der h. M. in Bezug genommene „materiale Wertordnung des Rechts" nichts anderes als die Gesamtheit der Rechtsprinzipien sei, auf die sich die Rechtsordnung gründe. Rechtsprinzipien formulierten im Gegensatz zu Rechtsregeln allerdings keine Ge- oder Verbote, sondern lediglich Bewertungsmaßstäbe, an denen Rechtsregeln wie auch Handlungen zu messen seien.[372] Dies habe zur Folge, dass eine Abgrenzung der Prinzipien der materialen Wertordnung von sozialethischen Grundsätzen kaum durchführbar sei.[373] Des Weiteren sei es das Charakteristikum allein des Strafrechts, sozialethische Missbilligung zum Ausdruck zu bringen – dies sei bei anderen Reaktionen auf Normverstöße nicht der Fall.[374] Ein hierüber irrender Täter irre nicht nur auf Ebene der Rechtsfolgen, sondern in Bezug auf das Wesensmerkmal der Strafbarkeit, nämlich die

---

370 S. näher Kap. 3, IV. 1. a), vgl. hierzu auch LK-*Schroeder*, § 17, Rn. 7.

371 NK-*Neumann*, § 17, Rn. 18 ff.; BeckOK-*Heuchemer*, § 17, Rn. 8; von Heintschel-Heinegg-*Heuchemer*, § 17, Rn. 8, 8.1; *Otto*, AT, § 13, Rn. 41 m. w. N.; LK-*Schroeder*, § 17, Rn. 7; MüKo-*Joecks*, § 17, Rn. 13 ff.; *Groteguth*, S. 111 ff. (zit. nach *Otto*, a. a. O); *Laubenthal/Baier*, GA 2000, S. 205, 207.

372 NK-*Neumann*, § 17, Rn. 18 .

373 NK-*Neumann*, § 17, Rn. 19 – dies habe zur Folge, dass Definitionen des Unrechtsbewusstseins in die Nähe der Sozialschädlichkeit gerückt werden – so bei Schönke/Schröder-*Cramer/Sternberg-Lieben*, § 17, Rn. 5: Widerspruch des Handelns zum Wohl der Allgemeinheit, zu Normen, die für das Zusammenleben unentbehrlich seien.

374 LK-*Schroeder*, § 17, Rn. 7.

mit ihr verbundene sozialethische Missbilligung,[375] da er nur dann wisse, dass er gegen den besonders eindringlichen Wertanruf einer Strafnorm verstößt[376]. *Neumann* sieht Unrechtsbewusstsein daher nur dann als gegeben an, wenn der Täter Kenntnis davon hat, gegen ein sanktionsbewehrtes rechtliches Verbot zu verstoßen, also, dass seine Handlung eine amtliche Intervention auslösen kann.[377]

(3) Fazit

(a) Die Motivationskraft von Rechtsnormen

Die Beantwortung der Frage, ob Unrechtsbewusstsein schon vorliegt, wenn der Täter weiß, gegen irgendwelche Rechtsnormen zu verstoßen oder ob zu verlangen ist, dass er im Bewusstsein der Strafbarkeit seines Verhaltens handelt, hängt davon ab, ob schon erstere oder nur letztere Erkenntnis geeignet ist, den Täter zu rechtstreuem Verhalten zu motivieren. Die überwiegende Auffassung geht – ohne nähere Begründung – davon aus, dass jedes Gebot oder Verbot einer bestimmten Handlung, egal welcher Rechtsnatur, ausreichend sei, um den Täter zu einem rechtstreuen Verhalten zu bewegen.[378] Dies ist schon deshalb problematisch, weil ein skrupulöser Staatsbürger es in einer sehr stark verrechtlichten Welt immer für möglich halten wird, gegen irgendwelche Normen zu verstoßen.[379] Daher ist es denkbar, dass ein grundsätzlich rechtstreuer Bürger, der vor der Begehung von Straftaten zurückschrecken würde, u. U. durchaus gegen Normen des Zivil- oder des öffentlichen Rechts verstoßen würde, sodass die Kenntnis eines zivilrechtlichen Verbots ihn im Gegensatz zur Kenntnis eines strafrechtlichen Verbots nicht zum rechtstreuen Verhalten motivieren würde.[380]

Gerade am Beispiel des § 264 Abs. 1 Nr. 2 StGB zeigt sich, dass es hinsichtlich der Motivation zu normgemäßem Verhalten einen Unterschied macht, ob der Täter von einer strafrechtlichen Sanktionierbarkeit ausgeht oder nicht. Bei diesem Blankett muss der Verstoß gegen Verwendungsbeschränkungen vom Vorsatz umfasst sein.[381] Ist ein Unternehmen Subventionsnehmer, macht es für

---

375 LK-*Schroeder*, § 17, Rn. 7; aus diesem Grund suche die h. M. auch vielfach Anklänge an das Bewusstsein der Strafbarkeit; LK-*Schroeder* a. a. O. m. N.

376 BeckOK-*Heuchemer*, § 17, Rn. 8.

377 NK-*Neumann*, § 17, Rn. 20.

378 *Roxin*, AT I, § 21, Rn. 13; vgl. zur Problematik des Unrechtsbewusstseins bei sich widersprechenden Normordnungen *Krauß*, S. 1, 30.

379 MüKo-*Joecks*, § 17, Rn. 14 – dies führe letztendlich zur Handlungsunfähigkeit.

380 NK-*Neumann*, § 17, Rn. 21 m. Bsp.

381 Vgl. Kap. 3, III. 5. b) (1). Auf dem Boden der h. M. bliebe für die Anwendbarkeit des § 17 StGB kaum noch Raum, da die Unkenntnis des Verbots hier einen Tatbestandsirrtum begründet und das Wissen, gegen Verwendungsbeschränkungen zu

das die Subvention beantragende Führungspersonal einen großen Unterschied, ob es lediglich damit rechnen muss, dass die zu Unrecht gewährte Subvention ggf. zurückgezahlt werden muss oder ob die Gefahr einer Strafverfolgung besteht. Insbesondere ein leitender Angestellter eines größeren Unternehmens mag es zur Verbesserung der Wettbewerbssituation insbesondere in Krisenzeiten als akzeptablen Ausweg betrachten, Subventionen zu erhalten und diese in anderer Art und Weise als vorgesehen zu verwenden, auch wenn er dadurch riskiert, dass die zu Unrecht gewährte Subvention bei Aufdeckung dieses Sachverhalts zurückgefordert wird. Das Risiko, selbst strafrechtlich belangt zu werden, kann damit nicht gleichgesetzt werden, weil dies massive Auswirkungen auf die private Situation zeitigt. Daher geht vom Wissen um den Verstoß gegen Strafnormen eine höhere Motivationskraft zu normgemäßem Verhalten aus als von zivilrechtlichen oder öffentlich-rechtlichen Normen. Daher wäre nach hier vertretener Auffassung das Unrechtsbewusstsein zu verneinen, wenn besagter Angestellter die Subvention zwar bewusst entgegen der Verwendungsbeschränkung verwendet, jedoch nicht davon ausgeht, gegen eine Strafnorm, also ein sanktionsbewehrtes rechtliches Verbot zu verstoßen.

Geht der Täter davon aus, eine Ordnungswidrigkeit zu begehen, ist auch dies als Kenntnis eines sanktionsbewehrten Verbots zu werten. Grund hierfür ist die Tatsache, dass zwischen Ordnungswidrigkeiten und Straftaten kein qualitativer, sondern lediglich ein quantitativer Unterschied besteht.[382]

(b) Abgrenzbarkeit zu sozialethischen Grundsätzen bzw. zum vermeidbaren Verbotsirrtum

Darüber hinaus geraten Ansätze, die die Kenntnis eines jedweden Normverstoßes für eine Bejahung des Unrechtsbewusstseins ausreichen lassen, in verschiedener Hinsicht in Abgrenzungsschwierigkeiten.

So ist es teilweise recht schwierig, das Wissen um einen Verstoß gegen Rechtsnormen von der bloßen Kenntnis von Verstößen gegen sozialethische Grundsätze abzugrenzen.[383] Anhänger der h. M. stellen darauf ab, der Täter müsse wissen, gegen die verbindliche materiale Wertordnung des Rechts zu verstoßen[384] bzw. die materielle, normvertypte Wertwidrigkeit seines Verhaltens

---

verstoßen, für die Bejahung des Unrechtsbewusstseins ausreicht, auch wenn der Täter keine Kenntnis von der Strafbarkeit des Verstoßes hatte.

382 AK-*Zielinski*, § 17, Rn. 23; vgl. zur Abgrenzung von Ordnungswidrigkeiten und Straftaten Kap. 5, III. 4. a).

383 NK-*Neumann*, § 17, Rn. 19; AK-*Zielinski*, § 17, Rn. 19.

384 *Lackner/Kühl*, § 17, Rn. 2; ähnlich *Jakobs*, AT, 19. Abschn., Rn. 24 – Kenntnis des materiellen Grundes der Rechtswidrigkeit, also der sozialen Störung.

erkennen[385]. Wie diese materielle Wertordnung des Rechts von sozialethischen Grundsätzen abgegrenzt werden soll, ist unklar.[386]

Eine weitere Schwierigkeit liegt in der Unterscheidung zwischen Handeln mit Unrechtsbewusstsein und Handeln ohne Unrechtsbewusstsein bei Vermeidbarkeit des Verbotsirrtums begründet. So wird die materielle, normvertypte Wertwidrigkeit des Verhaltens bejaht, wenn der Täter die Vorstellung hat, Rechtsgüter zu beeinträchtigen, die den Schutz der Rechtsordnung genießen bzw. Gemeinschaftswerte zu beeinträchtigen, deren Schutz Aufgabe des Rechts ist.[387] Gleichzeitig soll die Vorstellung, Interessen des Einzelnen oder der Allgemeinheit, also Individual- oder Kollektivrechtsgüter zu beeinträchtigen, einen Anlass zum Nachdenken und damit ggf. die Vermeidbarkeit des Verbotsirrtums begründen.[388]

Hieran zeigt sich, dass es der überwiegenden Auffassung sowohl an Trennschärfe in Bezug auf sozialethische Grundsätze als auch in Relation zum vermeidbaren Verbotsirrtum fehlt. Auch wenn in der Praxis sicherlich nicht immer leicht zu ermitteln sein wird, ob der Täter wusste, gegen ein sanktionsbewehrtes rechtliches Verbot zu verstoßen, bietet dieser Ansatz doch größere Rechtssicherheit.

(c) Zusammenfassung

Unrechtsbewusstsein ist daher nur gegeben, wenn der Täter Kenntnis von der Strafbarkeit, also der rechtlichen Sanktionierbarkeit seines Verhaltens im Sinne eines sozialethischen Tadels hat.

Einer Berufung auf fehlendes Unrechtsbewusstsein kann der Subventionsgeber dadurch gegensteuern, dass er einen – am besten optisch (z. B. durch Fettdruck) hervorgehobenen – Hinweis auf die strafrechtlichen Folgen eines Verstoßes gegen Verwendungsbeschränkungen in den Bescheid aufnimmt. Dann wäre nämlich die Einlassung des Subventionsnehmers, er habe die Strafbewehrung eines entsprechenden Verstoßes nicht gekannt, unglaubhaft.

Die Kenntnis des Verstoßes gegen Normen des öffentlichen Rechts oder des Zivilrechts begründet allerdings einen Anlass zum Nachdenken und Erkundigen und damit ggf. die Vermeidbarkeit des Verbotsirrtums.[389]

---

385 Schönke/Schröder-*Cramer/Sternberg-Lieben*, § 17, Rn. 5; SK-*Rudolphi*, § 17, Rn. 3.

386 AK-*Zielinski*, § 17, Rn. 19.

387 Schönke/Schröder-*Cramer/Sternberg-Lieben*, § 17, Rn. 5.

388 Vgl. hierzu Kap. 5, III. 2. a).

389 Vgl. Kap. 5, III. 1.

2. Unrechtsbewusstsein und Verständnis der Norm

a) Anforderungen an die Kenntnis der Norm

(1) Kenntnis der Strafrechtswidrigkeit

Auch die an die Kenntnis der Norm zu stellenden Anforderungen hängen davon ab, ob man die Kenntnis jedweden Normverstoßes ausreichen lässt oder ob man das Bewusstsein der Strafbarkeit verlangt.

In ersterem Falle ist es ausreichend, wenn der Täter erkennt, dass der von ihm verfehlte Wert allgemeinverbindlich und unverbrüchlich ist[390], da dies die Charakteristika einer Rechtsnorm sind. Die Kenntnis der Sozialwidrigkeit oder der – bloß – moralischen Verwerflichkeit genügt demgegenüber nicht, da sich hieraus nicht zwingend der Verstoß gegen allgemeinverbindliche Normen ergibt.[391] Zusätzlich ist erforderlich, dass ihm bewusst ist, den Rechtsfrieden bzw. den allgemeinen Rechtssicherheitswert, der einer Norm zukommt, zu stören,[392] da er dann Kenntnis vom Ordnungswert der übertretenen Rechtsnorm hat.

Stellt man hingegen, wie hier vertreten, auf die Kenntnis der Strafbarkeit ab, ergibt sich ein anderes Bild. Charakteristisch für Strafnormen ist, dass ihre Übertretung sanktioniert wird und die Sanktion mit einem sozialethischen Tadel verbunden ist.[393] Solch ein sozialethischer Tadel fehlt Normen des Zivilrechts. Bei Normen des öffentlichen Rechts ist zu differenzieren. Normen des öffentlichen Rechts können eine Vielzahl von Zwecken verfolgen, etwa im Rahmen der Gefahrenabwehr oder der Daseinsvorsorge. Ein sozialethischer Tadel ist mit ihrer Übertretung üblicherweise nicht verbunden. Es stellt sich aber die Frage, wie die Sachlage zu beurteilen ist, wenn der Täter davon ausgeht, eine Ordnungswidrigkeit zu begehen. Den Sanktionen des Ordnungswidrigkeitenrechts wird üblicherweise der sozialethische Tadel, im Gegensatz zur Kriminalstrafe, abgesprochen.[394] Allerdings wird gleichfalls mittlerweile davon ausgegangen, dass sich Ordnungswidrigkeiten und Straftaten hinsichtlich des verwirklichten Unrechts nicht qualitativ, sondern lediglich quantitativ unterscheiden, da beide

---

390 *Rudolphi*, Das virtuelle Unrechtsbewusstsein, S. 1, 7; SK-*Rudolphi*, § 17, Rn. 4.

391 SSW-*Momsen*, § 17, Rn. 3; *Rudolphi*, Unrechtsbewusstsein, S. 56 ff.; OLG Karlsruhe, NStZ-RR 2000, S. 61; Recht und Moral sind daher strikt zu trennen – Schönke/Schröder-*Cramer/Sternberg-Lieben*, § 17, Rn. 4; BGH GA 1969, S. 61.

392 *Rudolphi*, Unrechtsbewusstsein, S. 51 gegen *Arthur Kaufmann*.

393 NK-*Neumann*, § 17, Rn. 21 unterscheidet in diesem Zusammenhang die rechtliche Sanktionierbarkeit (Strafnorm) von der rechtlichen Korrigierbarkeit (Zivilrecht, diene lediglich der Herstellung des rechtmäßigen Zustandes, ein sozialethischer Tadel sei hierin nicht enthalten).

394 LK-*Jescheck* (11. Aufl.), Einl. Rn. 11.

Rechtsgüter verletzen bzw. gefährden. Ob eine bestimmte Verhaltensweise als Straftat oder lediglich als Ordnungswidrigkeit eingestuft wird, ist letztlich eine Entscheidung des Gesetzgebers. Daher reicht die Kenntnis der Sanktionierbarkeit durch die Rechtsfolgen des Ordnungswidrigkeitenrechts zur Bejahung des Unrechtsbewusstseins aus.[395]

(2) Kenntnis der sozialen Bedeutung des Verbots

Zusätzlich ist eine Kenntnis der sozialen Bedeutung des Verbots[396] bzw. der materiellen Wertwidrigkeit[397] erforderlich. Dieser Befund muss nicht das Ergebnis einer juristischen Subsumtion sein; auch eine „Laiensubsumtion mit Laienmitteln“[398] kann zu diesem Ergebnis gelangen.

(a) Kenntnis der sozialen Bedeutung des Verbots und Kenntnis der Rechtsnormwidrigkeit

Die h. M. lässt die Kenntnis jeglichen Verstoßes gegen Rechtsnormen für die Bejahung des Unrechtsbewusstseins ausreichen. Hinsichtlich der Kenntnis der sozialen Bedeutung des Verbots stellt sie darauf ab, ob der Täter realisiere, dass sein Verhalten im Widerspruch zu den Normen stehe, die für das Zusammenleben unentbehrlich seien und deswegen rechtlich verboten sei.[399] Eine Einstufung des eigenen Verhaltens bloß als sittenwidrig reiche demgegenüber nicht aus. Diese Vorstellung der Rechtswidrigkeit könne sich etwa daraus ergeben, dass dem Täter die Verletzung von geschützten Rechtsgütern bewusst sei oder dass er erkenne, dass sein Verhalten gegen staatliche, nicht notwendig strafrechtliche Normen verstoße[400] bzw. dass das Gebot oder Verbot erforderlich und geboten sei zum Schutz eines gedeihlichen Zusammenlebens der Menschen[401].

---

395 NK-*Neumann*, § 17, Rn. 27 f.; a. A. LK-*Schroeder*, § 17, Rn. 8; BeckOK-*Heuchemer*, § 17, Rn. 8; vgl. zur Problematik, dass Ordnungswidrigkeiten und Straftaten nicht streng getrennt werden können, sondern die Übergänge fließend sind Kap. 5, III. 4. a).

396 NK-*Neumann*, § 17, Rn. 30.

397 *Rudolphi*, Unrechtsbewusstsein, S. 67 f., der dieses Erfordernis mit der Geltungskraft der Norm auf Grundlage normativer Rechtstheorien begründet. Auf Grundlage des Rechtspositivismus sei ein Bewusstsein materieller Wertwidrigkeit hingegen nicht erforderlich.

398 *Binding*, Die Schuld im deutschen Strafrecht, S. 54.

399 Schönke/Schröder-*Cramer/Sternberg-Lieben*, § 17, Rn. 5; *Jescheck/Weigend*, S. 453.

400 Schönke/Schröder-*Cramer/Sternberg-Lieben*, § 17, Rn. 5; *Rudolphi*, Unrechtsbewusstsein, S. 63; vgl. zu Unrechtsbewusstsein und sich wandelnden Anschauungen *Deckers*, S. 58, der sich für eine großzügigere Handhabung des Vermeidbarkeitsmaßstabs ausspricht.

401 *Rudolphi*, Unrechtsbewusstsein, S. 227.

Auch hier werden Schwächen der h. M. offenbar. Wenn nämlich das Bewusstsein, geschützte Rechtsgüter zu verletzen, zur Bejahung des Unrechtsbewusstseins ausreichen soll, verschwimmen die Grenzen zur Frage, wann ein bei fehlendem Unrechtsbewusstsein angenommener Verbotsirrtum vermeidbar ist. Zur Bejahung der Vermeidbarkeit ist immer erforderlich, dass der Täter einen Anlass zum Nachdenken bzw. Erkundigen hatte. Solch ein Anlass wird angenommen, wenn dem Täter bewusst war, Einzelne oder die Allgemeinheit zu schädigen – und dies ist nichts anderes als das Bewusstsein, geschützte (Individual- oder Kollektiv-) Rechtsgüter zu verletzen[402]. Hieran zeigt sich, dass es der h. M. nicht gelingt, klar zwischen Fällen zu trennen, in denen Unrechtsbewusstsein vorliegt und solchen, in denen es gerade am Unrechtsbewusstsein fehlt und daher zu prüfen ist, ob der Verbotsirrtum vermeidbar war oder nicht.

(b) Kenntnis der sozialen Bedeutung des Verbots und Kenntnis der Strafbarkeit

Stellt man hingegen an das Vorliegen des Unrechtsbewusstseins strengere Anforderungen in Gestalt der Kenntnis der Strafbarkeit, also der Kenntnis der mit einem sozialethischen Tadel verbundenen rechtlichen Sanktionierbarkeit, entstehen die oben dargestellten Abgrenzungsprobleme zumindest kaum noch. Weiß der Täter, dass er gegen ein sanktionsbewehrtes rechtliches Verbot verstößt, hat er üblicherweise auch Kenntnis von der sozialen Bedeutung des Verbots.

Dies ergibt sich für den Bereich des Kernstrafrechts schon daraus, dass dessen Inhalte üblicherweise Gegenstand der Sozialisation sind.[403] Fraglich ist, ob für das Nebenstrafrecht Einschränkungen vorzunehmen sind. Stellungnahmen zu dieser Problematik sind allerdings sehr spärlich. Eine inhaltlich vertiefte Auseinandersetzung dieser Problematik findet sich bei *Rudolphi.* Nach seiner Auffassung erschließt sich die materielle Wertwidrigkeit dem Täter im Bereich des Ordnungsstrafrechts[404] erst, wenn er die Verbots- oder Gebotsnorm kenne, da in diesem Bereich das erfasste Verhalten oftmals wertneutral sei.[405]

Korrekt ist der Ausgangspunkt seiner Ausführungen. Es gibt Strafnormen – insbesondere in der Gestalt von Blankettgesetzen – bei denen das Schuldsubstrat nicht die verwirklichte Handlung selbst, sondern die Zuwiderhandlung gegen ein staatliches Gebot oder Verbot ist; dies ist einer Auslegung der jeweiligen Norm

---

402 Vgl. hierzu Kap. 5, III. 2. a).

403 BeckOK-*Heuchemer*, § 17, Rn. 8.1; NK-*Neumann*, § 17, Rn. 30 – im Kernstrafrecht i. d. R. erfüllt, da dies Gegenstand der Sozialisation sei.

404 Vgl. zur historischen Entwicklung und Problematik dieses Begriffs Kap. 5, III. 4. a).

405 *Rudolphi*, Unrechtsbewusstsein, S. 62.

zu entnehmen.[406] Ergibt die Auslegung, dass Schuldsubstrat die Zuwiderhandlung ist, hat dies zur Folge, dass nicht lediglich die Tatbestandsmerkmale der Ausfüllungsnorm, sondern das Ge- oder Verbot selbst vom Vorsatz umfasst sein müssen. Hat der Täter in solch einem Fall keine Kenntnis vom Verbot, führt das schon zum Entfallen des Vorsatzes. Dies wurde in den 60er Jahren, als *Rudolphi* seine Thesen aufstellte, vielfach anders gesehen – der Bezugspunkt des Vorsatzes wurde oftmals durch ein Zusammenlesen von Blankett und Ausfüllungsnorm ermittelt; das von der Ausfüllungsnorm aufgestellte Ge- oder Verbot musste gerade nicht vom Vorsatz umfasst sein.[407] Demnach würde nach hier vertretener Auffassung in Fällen, in denen das Schuldsubstrat die Zuwiderhandlung gegen ein staatliches Gebot oder Verbot ist und der Täter keine Kenntnis von diesem Gebot oder Verbot hatte, der Vorsatz verneint werden.

Hat der Täter den Verstoß gegen staatliche Verbote oder Gebote in seinen Vorsatz aufgenommen, ist dies für sich genommen nicht ausreichend, um sein Unrechtsbewusstsein zu begründen. Hinzukommen muss das Bewusstsein, dass dieser Verstoß sozialethisch missbilligt und daher strafrechtlich sanktioniert wird. Die oben dargestellte Problematik stellt sich also nur in Fällen, in denen der Täter Kenntnis von der strafrechtlichen Sanktionierung hat, aber gar nicht nachvollziehen kann, warum dies so ist. Die Gründe einer strafrechtlichen Sanktionierung von Normverstößen können sich zum einen aus der allgemeinen Sozialisation durch Elternhaus und Schule ergeben, die jedem Menschen zuteil wird. Dass der Gehalt nebenstrafrechtlicher Normen in der Regel nicht durch diese allgemeine Sozialisation vermittelt wird, ist sicherlich korrekt. Wenig Beachtung findet allerdings die Tatsache, dass sich viele Normen des Nebenstrafrechts nicht an die Allgemeinheit, sondern an einen beschränkten Kreis von Adressaten richten, die diese Normen z. B. im Rahmen ihrer Berufsausübung zu beachten haben.[408] In einer Vielzahl von Fällen wird sich der Täter, der schon Kenntnis von einem strafbewehrten Verbot hat, dessen soziale Bedeutung aufgrund seiner Berufsausbildung bzw. beruflichen Tätigkeit erschließen können.

Die von *Rudolphi* aufgezeigte Problematik hat sich demnach teilweise schon durch die Fortentwicklung der Dogmatik zu Vorsatz und Irrtum im Bereich der Blankettgesetze erledigt. Soweit aus seinem Blickwinkel noch Probleme bestehen, ist dies weniger auf den Gehalt des Ordnungsstrafrechts als auf den Ausgangspunkt der h. M., die Kenntnis jedweden Rechtsverstoßes reiche zur Annahme des Unrechtsbewusstseins aus, zurückzuführen. Sie stellen sich kaum,

406 Vgl. Kap. 3, III. 4. c) (4).
407 Vgl. Kap. 3. III. 4. c) (1).
408 Vgl. Kap. 5, III. 4. b).

wenn man Unrechtsbewusstsein nur annimmt, wenn der Täter Kenntnis von der Strafbarkeit seines Verhaltens hatte.

b) Bewusstseinsform

Des Weiteren stellt sich die Frage, in welcher Art und Weise die Erkenntnis der Rechtswidrigkeit des eigenen Verhaltens im Bewusstsein des Täters präsent sein muss, damit das Unrechtsbewusstsein vorliegt.

Unrechtsbewusstsein bedeutet, dass der Täter um die Strafbarkeit seines Verhaltens wusste und Kenntnis von der sozialen Bedeutung des strafrechtlichen Verbots hatte, er also vom Pflichtanruf der Strafnorm erreicht wurde und sich dennoch für das Unrecht entschied. Eine Gefühlswarnung[409] reicht hierfür nicht aus, da sie vielleicht einen Anlass zum Nachdenken vermittelt, aber nicht zwingend zu einer Konfrontation mit dem materiellen Unrechtsgehalt der Tat führt und ihre Nichtbeachtung daher nicht mit einer Entscheidung für das Unrecht gleichgestellt werden kann. Auf der anderen Seite würde man die Anforderungen an das Vorliegen des Unrechtsbewusstseins überspannen, wenn man verlangen würde, dass die Rechtswidrigkeit der Tat im Fokus der Aufmerksamkeit des Täters stehen müsste. Daher ist ein sachgedankliches Mitbewusstsein der Rechtswidrigkeit ausreichend, also, dass der Täter das Wissen um die Rechtswidrigkeit jederzeit ohne Erinnerungsleistung aktualisieren kann.[410] Oftmals bilden das Bewusstsein des äußeren Handlungsgeschehens und das Mitbewusstsein der Rechtswidrigkeit eine untrennbare Einheit.

Der Täter muss allerdings nicht fälschlicherweise davon ausgehen, erlaubt zu handeln[411] – für das Fehlen des Unrechtsbewusstseins ist vielmehr ausreichend, wenn der Täter keine Kenntnis von der Widerrechtlichkeit seiner Handlung hat. Ob der Täter, der die Verbotenheit seiner Handlung zwar nicht erkannte, die Widerrechtlichkeit hätte erkennen können, ist irrelevant – entscheidend ist, dass er ohne aktuelles Unrechtsbewusstsein handelte.[412]

3. Das bedingte Unrechtsbewusstsein

Unrechtsbewusstsein ist nicht nur dann gegeben, wenn der Täter sichere Kenntnis von der Rechtswidrigkeit seines Verhaltens hat, sondern auch, wenn er mit

---

409 So aber LK-*Mezger*, § 59, Anm. II, 9 (S. 482) zit. nach *Rudolphi*, Unrechtsbewusstsein, Fn. 30; *Nowakowski*, ZStW 65 (1953), S. 379, 382.

410 SSW-*Momsen*, § 17, Rn. 9; *Rudolphi*, Unrechtsbewusstsein, S. 149 ff.; *Roxin*, AT I, § 21, Rn. 27 f.

411 *Jescheck/Weigend*, S. 456; Schönke/Schröder-*Cramer/Sternberg-Lieben*, § 17, Rn. 6; BayObLG, MDR 1963, S. 333.

412 Schönke/Schröder-*Cramer/Sternberg-Lieben*, § 17, Rn. 9.

bedingtem Unrechtsbewusstsein handelt.[413] Denn schon die Erkenntnis, möglicherweise rechtswidrig zu handeln, müsste den Täter dazu bewegen, von seinem Verhalten Abstand zu nehmen – schon dann wird er von der Appellfunktion der Strafnorm erreicht und kann seinen Willensentschluss durch den von ihr aufgestellten Pflichtanruf bestimmen lassen.[414] Hat der Täter hingegen zwar Zweifel an der Rechtmäßigkeit seines Verhaltens, die aber nicht ausreichen, um ein bedingtes Unrechtsbewusstsein zu begründen, ist ein Verbotsirrtum möglich. Fraglich ist daher, wo die Grenzlinie zwischen bedingtem und fehlendem Unrechtsbewusstsein zu ziehen ist.

a) Orientierung an der Abgrenzung zwischen dolus eventualis und bewusster Fahrlässigkeit

Es stellt sich die Frage, anhand welcher Kriterien zwischen bedingtem und fehlendem Unrechtsbewusstsein abzugrenzen ist.

Überwiegend wird davon ausgegangen, dass die Grenzlinie zwischen bedingtem und fehlendem Unrechtsbewusstsein mit der Abgrenzung zwischen *dolus eventualis* und bewusster Fahrlässigkeit deckungsgleich ist.[415] *Rudolphi* begründet dies mit damit, dass sich die höchste Schuldstufe immer auf die höchste Unrechtsstufe, die vorsätzliche Tatbestandsverwirklichung beziehe. Daher müsse bei Vorliegen auch bedingten Vorsatzes der volle Schuldvorwurf möglich sein.[416] Der Vorsatz enthalte die Entscheidung für die möglicherweise verbotene Rechtsgutsverletzung. Dies habe zur Folge, dass für die Abgrenzung, ab wann Vorsatz bzw. Unrechtsbewusstsein gegeben ist, die gleichen Kriterien gelten müssen.[417]

---

413 SSW-*Momsen*, § 17, Rn. 6; *Dölling*, JR 2000, S. 379, 380; BGH 3 StR 394/07, Rn. 36 (zitiert nach Juris); BGH NJW 1996, S. 1604, Rn. 19 (zitiert nach Juris).

414 *Roxin*, AT I, § 21, Rn. 29; *Rudolphi*, Das virtuelle Unrechtsbewusstsein, S. 1, 12 f.

415 BGHSt 45, 148, Rn. 18 (zitiert nach Juris); BGH NStZ 1996, S. 236, Rn. 12 (zitiert nach Juris); *Rudolphi*, Unrechtsbewusstsein, S. 120 ff.; SK-*Rudolphi*, § 17, Rn. 12; *Lackner/Kühl*, § 17, Rn. 4; *Maurach/Zipf*, AT/1, § 38, Rn. 34; implizit auch, da die Definition für bedingten Vorsatz abgewandelt verwendend *Jescheck/Weigend*, AT, § 41 I 3. b); *Fischer*, § 17, Rn. 5.

416 *Rudolphi*, Unrechtsbewusstsein, S. 129 ff.

417 Andere gehen davon aus, dass die Übertragung des voluntativen Vorsatzelements nicht sachgerecht sei, da sich das Unrechtsbewusstsein als kognitive Leistung notwendigerweise auf das intellektuelle Moment beschränken müsse. Daher sei die Kenntnis der möglichen Rechtswidrigkeit für die Annahme eines Unrechtsbewusstseins ausreichend. NK-*Neumann*, § 17, Rn. 33; MüKo-*Joecks*, § 17, Rn. 23; *Warda*, FS Welzel, S. 499 ff., 524; *Kunz*, GA 1983, S. 457, 463.

Dies erscheint überzeugend. Lediglich der Bezugspunkt des bedingten Vorsatzes ist ein anderer als der des bedingten Unrechtsbewusstseins – Bezugspunkt des Vorsatzes ist die Verwirklichung des objektiven Tatbestands; Bezugspunkt des Unrechtsbewusstseins dessen Bewertung als strafbar.

Für die Abgrenzung zwischen bedingtem und fehlendem Unrechtsbewusstsein ist, wie auch bei der Abgrenzung zwischen *dolus eventualis* und bewusster Fahrlässigkeit[418], danach zu unterscheiden, ob der Täter die Möglichkeit der Rechtswidrigkeit seiner Handlung ernst nimmt und sich mit ihr abfindet. Gerade dann vertraut er nämlich nicht mehr auf einen guten Ausgang. Bezugspunkt des Vorsatzes ist allerdings die Verwirklichung des objektiven Tatbestands, der des Unrechtsbewusstseins hingegen dessen Bewertung als strafbar.

Bereits an dieser Stelle sei aber angemerkt, dass zumindest im hier interessierenden Bereich des § 264 StGB das kognitive Element den entscheidenden Ansatzpunkt bieten dürfte. Zum einen trägt es die Appellfunktion des Tatbestandsvorsatzes und soll dem Täter die Bedeutung seines Verhaltens vor Augen führen und einen Impuls zur Unterlassung des strafbaren Tuns vermitteln. Zum anderen ist der sich im voluntativen Element widerspiegelnde Wille zur Verletzung eines Rechtsguts beim Subventionsbetrug, anders als beispielsweise bei den oftmals durch zwischenmenschliche Konflikte geprägten Körperverletzungs- und Tötungsdelikten, selten tatbestimmend.

b) Praktische Erwägungen

(1) Nachweis eines zumindest bedingten Unrechtsbewusstseins

Handelte der Täter mit bedingtem Unrechtsbewusstsein, ist dies ausreichend, um die Anwendbarkeit des § 17 StGB auszuschließen. Lässt sich der Täter dahingehend ein, er habe ohne Unrechtsbewusstsein gehandelt, stellt sich die Frage, wie ermittelt werden kann, ob es sich hierbei um eine bloße Schutzbehauptung handelt oder nicht. Da man nicht in den Kopf des Täters hineinschauen kann, sind hierbei die äußeren Umstände von großer Bedeutung. Bei recht offensichtlicher Erkennbarkeit der Strafbarkeit stellen diese äußeren Umstände den Täter vor das Problem, dass man ihm schwerlich glauben wird, er habe ohne Unrechtsbewusstsein gehandelt, da das Vorliegen eines bedingten Unrechtsbewusstseins ausreicht, um die Anwendbarkeit des § 17 StGB auszuschließen.

Dieser Aspekt war auch im Rahmen des Mannesmann-Verfahrens bei der Revisionsentscheidung des Bundesgerichtshofs von Bedeutung. Das Landgericht Düsseldorf hatte erstinstanzlich entschieden, dass die Bewilligung von

[418] Vgl. hierzu Kap. 3, III. 2. a). Ausführliche Darstellung bei *Rudolphi*, Unrechtsbewusstsein, S. 128 f.

„Anerkennungsprämien" in Millionenhöhe durch den Aufsichtsrat der Mannesmann AG zwar tatbestandlich als Untreue zu werten sei, die angeklagten Aufsichtsratsmitglieder aber wegen eines unvermeidbaren Verbotsirrtums freizusprechen seien.[419] Der BGH[420] stuft diese Annahme eines unvermeidbaren Verbotsirrtums als rechtsfehlerhaft ein. Er führt aus:

„[58] Unter den gegebenen Umständen, vor allem angesichts der offensichtlichen Pflichtwidrigkeit einer willkürlichen Zuwendung, *hätten die Angekl. Dr. Ackermann* und *Zwickel* bei Anlegung der an die Unvermeidbarkeit eines Verbotsirrtums zu stellenden Anforderungen (vgl. BGHSt 3, 357 [366] = NJW 1953, 351; BGHSt 4, 1 [5] = NJW 1953, 431 und BGHSt 4, 237 [242 f.] = NJW 1953, 1151) *nach ihren Fähigkeiten und Kenntnissen einen eventuell gegebenen Irrtum vermeiden können. Dazu hätte es nicht einmal eines Rechtsrats bedurft.* Bei Einholung von Rechtsrat durch eine sachkundige, neutrale Person hätte richtigerweise die Frage gestellt werden müssen, ob eine ausschließlich durch den Wunsch des Begünstigten motivierte, dem Unternehmen keinen Vorteil bringende Prämiengewährung rechtlich zulässig ist. Dies wäre mit Sicherheit verneint worden. [. . .]

[61]2. Außerdem beruhen die Feststellungen zum Irrtum auf einer lückenhaften Beweiswürdigung. Insoweit wird auf die Ausführungen zu A V 1b Bezug genommen. In die Beweiswürdigung hat die StrK vor allem nicht erkennbar das gegen einen Irrtum sprechende Indiz einbezogen, dass die Anerkennungsprämie nicht die Verdienste des früheren Vorstandsvorsitzenden Prof. *Dr. Funk* für die Mannesmann AG angemessen entlohnen sollte, sondern ohne hinreichenden unternehmensbezogenen Anlass aus willkürlichen Gründen allein auf Grund des Wunsches des Begünstigten zugewendet wurde. Die diesem Beweisergebnis entgegenstehenden Einlassungen der Angekl. *Dr. Ackermann* und *Zwickel* hat sie nicht geglaubt und die *sachwidrige Motivation ausdrücklich festgestellt. Vor diesem Hintergrund liegt die Annahme fehlenden Unrechtsbewusstseins fern. Es ist schlechterdings nicht vorstellbar, dass sich der in führenden Positionen der deutschen Wirtschaft tätige Angekl. Dr. Ackermann und der Gewerkschaftsführer Zwickel für berechtigt gehalten haben könnten, in Millionenhöhe willkürlich - so das angefochtene Urteil - über das ihnen anvertraute Gesellschaftsvermögen verfügen zu dürfen.* Auch hätte erörtert werden müssen, dass die ursprünglich bewilligte Prämie in Höhe von circa 4,8 Mio. Euro ohne weitere Diskussion und Erläuterung innerhalb weniger Wochen durch eine solche von circa 3 Mio. Euro ersetzt wurde, dies unter anderem aus Verärgerung des neuen Aufsichtsratsvorsitzenden über Äußerungen des Angekl. Prof. *Dr. Funk* gegen Ende des Übernahmekampfes. Schließlich erweist sich die Beweiswürdigung auch im Hinblick darauf als lückenhaft, dass der Angekl. *Dr. Ackermann* am 17. 4. 2000 unmittelbar vor der Beschlussfassung von den rechtlichen Bedenken der Wirtschaftsprüfungsgesellschaft KPMG gegen die Prämien für *Dr. Esser* und die vier weiteren Vorstandsmitglieder erfahren hatte; diese Bedenken beanspruchten indessen für die Sonderzahlung an Prof. *Dr. Funk* in noch stärkerem Maße Beachtung.

419 LG Düsseldorf, NJW 2004, S. 3275.

420 BGH, NJW 2006, S. 522, 529.

Unter diesen Umständen kann die Annahme eines Irrtums allein auf die Erwägung, die Hinweise der KPMG genügten nicht, um eine Kenntnis der Rechtswidrigkeit oder Zweifel an der Rechtmäßigkeit positiv feststellen zu können, nicht rechtsfehlerfrei gestützt werden."

Der BGH stellt hinsichtlich der Glaubhaftigkeit der Einlassung, man habe ohne Unrechtsbewusstsein gehandelt, also im Wesentlichen auf zwei Parameter ab. Zum einen ist die berufliche Qualifikation von Bedeutung, die sich darin widerspiegelt, dass die Angeklagten in Führungspositionen der deutschen Wirtschaft tätig waren. Aus der beruflichen Stellung wird also auf eine bestimmte Qualifikation und das darauf aufbauende Erkennen der Rechtslage geschlossen. Zum anderen wird geprüft, wie leicht der Verstoß zu erkennen war – im Mannesmann-Urteil stellte der BGH auf die sachwidrige, da für Mannesmann nutzlose und nur durch den Wunsch der Begünstigten motivierte Gewährung der Anerkennungsprämien sowie deren Höhe ab.

(2) § 264 StGB

Gewendet auf § 264 StGB könnten hinsichtlich der Glaubhaftigkeit der Einlassung, der Täter habe ohne Unrechtsbewusstsein gehandelt, folgende Parameter von Bedeutung sein.

Zum einen sind berufliche Ausbildung, allgemeine Geschäftserfahrung und Erfahrung des Angeklagten bei der Subventionsvergabe wesentlich. So wird man bei einem Existenzgründer eher geneigt sein, von fehlendem Unrechtsbewusstsein auszugehen als bei einem branchenerfahrenen Leiter eines Großbetriebs, der seit Jahren erfolgreich Subventionen beantragt und erhält. Zum anderen hängt die Erkennbarkeit des Verstoßes wesentlich von der präzisen Bezeichnung z. B. subventionserheblicher Tatsachen oder von Verwendungsbeschränkungen ab. Je eindeutiger diese Vorgaben von Seiten des Subventionsgebers sind, desto eher werden die Strafgerichte geneigt sein, ein zumindest bedingtes Unrechtsbewusstsein anzunehmen. Auch hier sind natürlich Grenzfälle denkbar, etwa wenn unpräzise Bezeichnungen die Subventionsvergabe an in der Branche schon lange verwurzelte Großbetriebe betreffen – dann sprechen Branchenerfahrung und Qualifikation für und die unpräzise Bezeichnung gegen ein Handeln mit zumindest bedingtem Unrechtsbewusstsein.

In Fällen behördlicher Duldung können sich schwierige Abgrenzungsfragen ergeben, da es auf die Umstände des Einzelfalls ankommt, ob eine behördliche Duldung das Unrechtsbewusstsein entfallen lässt und ggf. sogar die Vermeidbarkeit des Verbotsirrtums ausschließt oder ob trotz besagter Duldung ein bedingtes Unrechtsbewusstsein gegeben sein kann, das die Anwendbarkeit des § 17 StGB ausschließt. Letzteres ist insbesondere in Fällen sogenannter Cliquenwirtschaft naheliegend, wenn der Täter also weiß, dass die Rechtslage unsicher und die geduldete Handlung ggf. rechtswidrig ist, aber unter Rücksichtnahme auf persönliche Bindungen nicht beseitigt wird.[421]

c) Besonderheiten bei unbehebbaren Unrechtszweifeln?

(1) Allgemeines

Grundsätzlich schließt das Vorliegen eines bedingten Unrechtsbewusstseins die Annahme eines Verbotsirrtums aus. Ob dies auch bei für den Täter unbehebbaren Unrechtszweifeln gelten kann, ist umstritten. Weitgehende Übereinstimmung herrscht in Bezug auf Fälle, in denen sich der Täter vor zwei Verhaltensalternativen gestellt sieht, die beide möglicherweise strafbar sind – in solchen Fällen muss Straffreiheit möglich sein.[422] Ist hingegen eine Verhaltensalternative sicher straflos, eine andere aber möglicherweise strafbar, gehen viele Autoren davon aus, dass der Täter in solchen Konstellationen mit Unrechtsbewusstsein handelt und deshalb die Annahme eines Verbotsirrtums ausscheidet.[423] Dagegen wird verschiedentlich insbesondere bei unbehebbaren Unrechtszweifeln eine differenziertere Betrachtung gefordert.[424] Auch Teile der Rechtsprechung gehen davon aus, dass zumindest bei extremer Unklarheit der Rechtslage ein bedingtes Unrechtsbewusstsein die Anwendbarkeit des § 17 StGB nicht ausschließe, da

---

421 Vgl. auch *Löw*, S. 287 f. – in vielen Fällen sei das Unrechtsbewusstsein gegeben; zumindest aber bestehe auch bei fehlendem Unrechtsbewusstsein ein Anlass zum Nachdenken. Ausführlich Kap. 5, IV. 1. a) (2) (c) (ii).

422 *Roxin*, AT I, § 21, Rn. 31; MüKo-*Joecks*, § 17, Rn. 24; *Armin Kaufmann*, Bindings Normtheorie, S. 221; *Rudolphi*, Unrechtsbewusstsein, S. 133, 139; umstritten ist allerdings die Begründung. Teilweise wird eine analoge Anwendung des § 17 StGB befürwortet, teilweise die Annahme der Unzumutbarkeit normgemäßen Verhaltens angenommen; vgl. Nachweise bei NK-*Neumann*, § 17, Rn. 34.

423 Schönke/Schröder-*Cramer/Sternberg-Lieben*, § 17, Rn. 5 m. w. N; *Jescheck/Weigend*, S. 455; *Rudolphi*, Unrechtsbewusstsein, S. 137 ff. Hierfür spricht, dass normative Begriffe objektiv mehrdeutig sind. Aufgrund des Spannungsverhältnisses zwischen Rechtssicherheit, die die Verwendung möglichst präziser Begriffe verlangt, und materieller Gerechtigkeit, die Begriffe mit einer gewissen Flexibilität braucht, um neue Entwicklungen zu erfassen, steht der Bestimmtheitsgrundsatz der Verwendung normativer Tatbestandsmerkmale nicht entgegen. Ist die Verwendung normativer Tatbestandsmerkmale statthaft, sind in Grenzbereichen Zweifel bei der Auslegung möglich. Diese dahingehend zu lösen, dass nur die engstmögliche Auslegung statthaft ist, würde nur neuen Diskussionen, was die engstmögliche Auslegung ist, Raum geben und ist mit Blick auf den durch das Strafrecht bezweckten Rechtsgüterschutz nicht zu rechtfertigen. Auch der Zweifelsgrundsatz, der auf Rechtsfragen nicht anwendbar ist, gebietet keine andere Bewertung der Sachlage.

424 Ausführlich *Roxin*, AT I, § 21, Rn. 29 ff. m. w. N. in Fn. 53, der eine Analogie zu § 17 StGB befürwortet.

der Rechtsstaat ein Verhalten nur bestrafen könne, wenn es für den Bürger als Unrecht erkennbar war.[425]

(2) § 264 StGB

Solch ein bedingtes Unrechtsbewusstsein kann beispielsweise dann gegeben sein, wenn sich der Subventionsnehmer aufgrund der unpräzisen Kennzeichnung subventionserheblicher Tatsachen unsicher ist, ob er die Voraussetzungen für die Gewährung einer Subvention erfüllt, ob er Tatsachen mitteilen müsste oder ob er gegen eine Verwendungsbeschränkung verstößt. Fraglich ist aber, ob dies beim Subventionsnehmer zu nicht behebbaren Unrechtszweifeln führen kann. Die Besonderheit besteht bei der Subventionsvergabe darin, dass sich der Subventionsnehmer bei Unklarheiten immer an den Subventionsgeber wenden kann. Der Subventionsgeber kann diese Unrechtszweifel rechtsverbindlich beheben, etwa, indem er, wie in § 2 Abs. 2 SubvG vorgesehen, Tatsachen nachträglich als subventionserheblich bezeichnet. Unrechtszweifel können auf diese Art und Weise also behoben werden.

4. Die konkrete Rechtsnorm als Bezugspunkt des Unrechtsbewusstseins – Teilbarkeit des Unrechtsbewusstseins

a) Die konkrete Rechtsnorm als Bezugspunkt des Unrechtsbewusstseins

Die Rechtsnorm beinhaltet einen materiellen Wert und die Anweisung an alle Normunterworfenen, diesen Wert in der Realität zu verwirklichen. Die Rechtsnorm ist also eine Fixierung der Appellfunktion des sie tragenden Werts.[426] Unrechtsbewusstsein ist gegeben, wenn der Täter Kenntnis von der Strafbarkeit seines Verhaltens hat. Auch ein Täter, der Kenntnis von einer abstrakten Strafnorm hat, leitet hieraus nicht zwingend die Erkenntnis ab, dass sein konkretes Verhalten von dieser Strafnorm erfasst wird. Das von ihr ausgesprochene abstrakte Sollen muss sich also in einer bestimmten Situation für den Normunterworfenen konkretisieren. Daher reicht es für die Bejahung des Unrechtsbewusstseins nicht aus, wenn der Täter Kenntnis von einer abstrakten Pflicht hat. Diese muss sich für ihn in einer bestimmten Situation konkretisieren. Unrechtsbe-

---

425 OLG Stuttgart, NJW 2006, S. 2422, 2424.

426 *Rudolphi*, Unrechtsbewusstsein, S. 78, allerdings aus dem Blickwinkel der h. M., die die Kenntnis jeglichen Verstoßes gegen Rechtsnormen für die Annahme des Unrechtsbewusstseins ausreichen lassen will; vgl. hierzu Kap. 4, I. 2. a) (1), (2) (a).

wusstsein ist daher erst gegeben, wenn der Täter „die von dem in Betracht kommenden Tatbestand umfasste spezifische Rechtsgutsverletzung als Unrecht erkenn[t].“[427] Dann erst hat der Täter die Möglichkeit, seinen Willensentschluss durch die übertretene Rechtsnorm bestimmen zu lassen[428]. Erst dann ist die dem Täter vorgeworfene Schuld Tatschuld.[429]

b) Die Teilbarkeit des Unrechtsbewusstseins

Fraglich ist, welche Folgerungen aus dieser Erkenntnis zu ziehen sind, wenn der Täter beispielsweise mehrere Gesetze verletzt bzw. Grundtatbestand und Qualifikation oder verschiedene Begehungsmodalitäten desselben Tatbestands verwirklicht.

(1) Die Verletzung mehrerer Gesetze

Zunächst sollen Konstellationen betrachtet werden, in denen der Täter durch eine Handlung mehrere Strafgesetze verletzt. Hierbei ist es denkbar, dass der Täter erkennt, dass sein Verhalten gegen eines der verletzten Strafgesetze verstößt, ihm in Bezug auf das andere Strafgesetz besagtes Bewusstsein aber fehlt. Man denke nur an den Hehler, der gestohlene Waffen unter Verletzung eines UN-Embargos ins Ausland verkauft und ihm hierbei klar vor Augen steht, dass er § 259 StGB verletzt, nicht hingegen, dass er zusätzlich noch gegen § 34 Abs. 4 AWG verstößt. Es ist dann zu erwägen, ob das Bewusstsein, eine strafbare Hehlerei zu begehen, ausreicht, um auch ein Unrechtsbewusstsein in Bezug auf den Verstoß gegen das Außenwirtschaftsgesetz zu begründen. Ursprünglich wurde dies von der Rechtsprechung bejaht.[430] Problematisch ist diese Annahme allerdings insofern, als ein individuelles Anders-Handeln-Können des Täters erst dann gegeben ist, wenn er vom Pflichtanruf der übertretenen Strafnorm erreicht wird, mithin sich zum einen des Gehalts der abstrakten Strafnorm bewusst ist und zum anderen erfasst, dass diese in der konkreten Situation einschlägig ist. Hierfür reicht das allgemeine Bewusstsein, etwas Unrechtes zu tun, oder das auf einen anderen Tatbestand bezogene Unrechtsbewusstsein nicht aus. Demnach kann bei Verletzung mehrerer Strafgesetze durch eine Handlung in Bezug auf eine Normübertretung Unrechtsbewusstsein gegeben sein, während es in Bezug auf die andere Norm fehlt und sich dort die Frage der Vermeidbarkeit des Verbotsirrtums stellt. Dies ist heute anerkannt und wird als Teilbarkeit des Un-

427 BGHSt 10, 35.
428 *Rudolphi*, Das virtuelle Unrechtsbewusstsein, S. 1, 10.
429 *Roxin*, AT I, § 21, Rn. 16.
430 BGHSt 3, 342.

rechtsbewusstseins bezeichnet.[431] Verstößt der Täter gegen mehrere Strafgesetze, ist daher für jede Strafnorm gesondert zu prüfen, ob der Täter mit Unrechtsbewusstsein handelte oder nicht.

(2) Grundtatbestand und Qualifikation

Hiervon ausgehend ist zu erwägen, ob die Teilbarkeit des Unrechtsbewusstseins auch im Verhältnis von Grundtatbestand und Qualifikation gegeben sein kann.

Dies wird vielfach mit Verweis darauf verneint, dass es dem Täter, wenn er Unrechtsbewusstsein in Bezug auf den Grundtatbestand habe, in Bezug auf die Qualifikation lediglich am Bewusstsein erhöhter Strafbarkeit fehle – dies reiche für die Verneinung des Unrechtsbewusstseins nicht aus.[432] Es genüge, wenn der Täter die spezifische Rechtsgutsverletzung als Unrecht erkannt habe. Dies sei schon der Fall, wenn er die spezifische Rechtsgutsverletzung des Grundtatbestands als Unrecht erkenne. Der erschwerte Tatbestand sei nur ein Anwendungsfall des allgemeinen mit erhöhter Strafandrohung.

Diese Sichtweise führt in vielen Fällen zu korrekten Ergebnissen, ist aber teilweise zu undifferenziert. Soweit sich der erhöhte Schuldgehalt der Qualifikation aus der intensiveren Verletzung des gleichen Rechtsguts, das auch der Grundtatbestand schützt, ergibt, begründet das Unrechtsbewusstsein in Bezug auf die spezifische Rechtsgutverletzung des Grundtatbestands gleichzeitig das Unrechtsbewusstsein in Bezug auf die Qualifikation. Wenn sich hingegen der Schuldgehalt der Qualifikation aus der Verletzung eines weiteren Rechtsguts ergibt, erscheint es sachgerecht, ein auf die spezifische Rechtsgutsverletzung der Qualifikation bezogenes Unrechtsbewusstsein zu verlangen.[433] *Joecks* will darüber hinausgehend auch bei bloßen Quantitätsirrtümern – wenn der Täter etwa verkenne, dass er mit einer nicht geringen Menge an Betäubungsmitteln i.S.v. § 29a BtMG handelt oder eine gewerbsmäßige Steuerhinterziehung gemäß § 370a AO begehe – die Teilbarkeit des Unrechtsbewusstseins annehmen.[434] Hierfür sprächen die negative Generalprävention und die Tatsache, dass ein Wirtschaftskrimineller gleich eines *homo oeconomicus* die Folgen seines Tuns auf Sanktionsebene mit in die Betrachtung einstelle. Dies erscheint wenig überzeugend. Bezugspunkt des Unrechtsbewusstseins ist die Strafbarkeit in Gestalt

431 BGHSt 10, 35 = NJW 1957, S. 229; SSW-*Momsen*, § 17, Rn. 7; NK-Neumann, § 17, Rn. 35 m.w.N. in Fn. 49; *von Heintschel-Heinegg-Heuchemer*, § 17, Rn. 9.

432 BGHSt, 15, 383 = NJW 1961, S. 1031, 1032 f.; so auch BGHSt 45, 97, Rn. 17 (zitiert nach Juris); BGH, NStZ 1996, S. 236, 237.

433 *Rudolphi*, Unrechtsbewusstsein, S. 80 ff.; NK-*Neumann*, § 17, Rn. 36 f.; *Roxin*, AT I, § 21, Rn. 17; *Rudolphi*, Das virtuelle Unrechtsbewusstsein, S. 1, 10.

434 MüKo-Joecks, § 17, Rn. 18.

einer mit sozialethischem Tadel versehenen Sanktion, nicht deren aufgrund einer intensiveren Verletzung desselben Rechtsguts gesteigerten Höhe.

Qualifiziert ist ein Subventionsbetrug gemäß §§ 264 Abs. 3, 263 Abs. 5 StGB, wenn die Tat von einem Bandenmitglied gewerbsmäßig begangen worden ist. Es wird also an die intensivere Verletzung desselben Rechtsguts angeknüpft. Demnach begründet das Unrechtsbewusstsein in Bezug auf den Grundtatbestand auch das Unrechtsbewusstsein in Bezug auf die Qualifikation.

(3) Teilbarkeit des Unrechtsbewusstseins innerhalb eines Tatbestands

Die Teilbarkeit des Unrechtsbewusstseins kann auch innerhalb eines Tatbestands in Betracht kommen, wenn dieser gleichzeitig verschiedene Rechtsgüter schützt.[435] So sei z. B. bei § 249 StGB denkbar, dass der Täter mit Unrechtsbewusstsein hinsichtlich der Nötigung handele, ihm dieses hinsichtlich des Diebstahlsunrechts fehle, da er davon ausgehe, aufgrund eines bestehenden, einredefreien Anspruchs nicht rechtswidrig zu handeln.

Fraglich ist, ob man diese Erwägungen auf § 264 StGB übertragen kann, der mit dem Vermögen und dem Subventionswesen und den damit verfolgten Zwecke ebenfalls verschiedene Rechtsgüter schützt.[436] Im Unterschied zum Raub handelt es sich beim Subventionsbetrug jedoch nicht um ein zweiaktiges Delikt, das man hinsichtlich des Unrechtsbewusstseins in seine beiden „Bestandteile" aufspalten kann. Allerdings ist zu erwägen, ob eine Teilbarkeit des Unrechtsbewusstseins in Bezug auf die verschiedenen Begehungsmodalitäten des § 264 Abs. 1 StGB in Betracht kommt. Es kann Fälle geben, in denen z. B. der Subventionsnehmer zum einen bei Antragsstellung falsche Angaben macht und diesbezüglich mit Unrechtsbewusstsein handelt, zum anderen aber auch gegen Verwendungsbeschränkungen sowie Mitteilungspflichten verstößt und nicht realisiert, dass er dreifach gegen § 264 StGB verstößt. Dafür spricht, dass die Begehungsmodalitäten des § 264 Abs. 1 StGB Angriffe unterschiedlicher Provenienz unter Strafe stellen – Abs. 1 Nr. 1 ist betrugsähnlich ausgestaltet, Abs. 1 Nr. 2 hingegen untreueähnlich, während Abs. 1 Nr. 3 ein echtes Unterlassungsdelikt ist. Angriffe gegen ein und dasselbe Rechtsgut können in ganz unterschiedlicher Weise strafbewehrt sein. Daher sollte, wenn in einem Tatbestand unterschiedliche Angriffsarten zusammengefasst sind, die Teilbarkeit des Unrechtsbewusstseins auch in Bezug auf die verschiedenen Begehungsmodalitäten anerkannt werden.

---

435 *Roxin*, AT I, § 21, Rn. 17; *Rudolphi*, Unrechtsbewusstsein, S. 80 ff., allerdings in Bezug auf die Verwirklichung von Qualifikationen

436 Vgl. Kap. 2, II. 1.

II. Das Unrechtsbewusstsein bei Fahrlässigkeitsdelikten

Auch wenn § 17 StGB üblicherweise bei Vorsatzdelikten relevant wird, ist sein Anwendungsbereich nicht auf diese beschränkt. Auch der fahrlässig handelnde Täter kann sich im Verbotsirrtum befinden. Daher soll nun untersucht werden, inwiefern sich das Unrechtsbewusstsein bei Vorsatz- und Fahrlässigkeitsdelikten unterscheidet.

Der Täter eines Vorsatzdelikts handelt ohne Unrechtsbewusstsein, wenn er weder sicheres noch bedingtes Wissen hinsichtlich der Strafbarkeit seines Verhaltens hat. Bezugspunkt[437] ist die mit einem sozialethischen Tadel versehene Sanktionierbarkeit des tatbestandlichen Erfolgs bei Erfolgsdelikten bzw. der konkreten oder abstrakten Gefährdung bei Gefährdungsdelikten.

Welche Besonderheiten das Unrechtsbewusstsein bei Fahrlässigkeitsdelikten aufweist, wird hingegen, wenn überhaupt, nur am Rande erörtert.

1. Fahrlässigkeit und Leichtfertigkeit

a) Begriff der Fahrlässigkeit

Auch wenn die Fahrlässigkeit oft als „Minus" des Vorsatzes bezeichnet wird, ist dies nach überwiegender Auffassung unpräzise, da sich die Fahrlässigkeit auch qualitativ vom Vorsatz unterscheidet und aus diesem Grund eine bloß quantitative Anreicherung der Elemente der Fahrlässigkeit nicht zur Bejahung des Vorsatzes führen kann.[438] Beim fahrlässig handelnden Täter ist nämlich das voluntative Element des Vorsatzes nicht ausgebildet.[439] Daher kann das Fehlen des Vorsatzes über das Vorliegen von Fahrlässigkeit nichts besagen.[440] Vielfach wird allerdings angenommen, dass Vorsatz und Fahrlässigkeit in einem normativen Stufenverhältnis stehen.[441]

Der Aufbau des Fahrlässigkeitsdelikts ist im Einzelnen umstritten. Nach überwiegender Auffassung ist auf Ebene des Tatbestands zu prüfen, ob dem Täter eine objektive Sorgfaltspflichtverletzung zur Last gelegt werden kann und ob

---

437 A. A. die h. M. – vgl. ausführlich in Kap. 4, I. 2. a).

438 SSW-*Momsen*, § 15, 16, Rn. 58; BGHSt 4, 340, Rn. 5, 13; *Jescheck/Weigend*, § 54 I 2.

439 *Fischer*, § 15, Rn. 13; SSW-*Momsen*, § 15, 16, Rn. 58; vgl. dessen Erforderlichkeit Kap. 3, III. 2. a).

440 Schönke/Schröder-*Cramer/Sternberg-Lieben*, § 15, Rn. 3 m. w. N.; a. A. *Jakobs*, GA 1971, S. 260.

441 MüKo-*Duttge*, § 15, Rn. 103; SSW-*Momsen*, § 17, Rn. 58 – Folge ist, dass eine Wahlfeststellung in Betracht kommt.

der Erfolg objektiv vorhersehbar war.[442] Subjektive Sorgfaltspflichtverletzung und subjektive Vorhersehbarkeit werden hingegen aufgrund der Doppelstellung der Fahrlässigkeit als Verhaltens- und als Schuldform der Schuld zugeordnet.[443]

Begrifflich wird zwischen unbewusster und bewusster Fahrlässigkeit sowie Leichtfertigkeit unterschieden.

b) Leichtfertigkeit

Der Subventionsbetrug kann in den Tatbestandsalternativen Abs. 1 Nr. 1-3 auch leichtfertig begangen werden. Der Begriff der Leichtfertigkeit bezieht sich auf den Grad der Sorgfaltspflichtverletzung. Erforderlich ist ein besonderer Grad der Nachlässigkeit, der der groben Fahrlässigkeit im Zivilrecht ähnelt.[444]

Die an den Grad der Sorgfaltspflichtverletzung zu stellenden Anforderungen besagen jedoch nichts über die Frage, welche Anforderungen an das Unrechtsbewusstsein zu stellen sind. Hierfür ist die Unterscheidung zwischen bewusster und unbewusster Fahrlässigkeit von Relevanz, da bei diesen beiden Ausprägungen der Fahrlässigkeit unterschiedliche Anforderungen an die Bejahung des Unrechtsbewusstseins gestellt werden.[445]

2. Unrechtsbewusstsein bei bewusster Fahrlässigkeit

a) Der Ausgangspunkt – Abgrenzung zwischen Vorsatz und bewusster Fahrlässigkeit

Sowohl der vorsätzlich als auch der bewusst fahrlässig handelnde Täter erkennt die naheliegende Möglichkeit des Erfolgseintritts.[446] Ihre Geisteshaltung ist also auf der Wissensseite deckungsgleich und unterscheidet sich lediglich hinsichtlich des voluntativen Elements – der bedingt vorsätzlich handelnde Täter hat sich um des erstrebten Zieles willen mit dem Risiko der Tatbestandsverwirklichung abgefunden, während der bewusst fahrlässig handelnde Täter, obwohl er die Möglichkeit der Tatbestandsverwirklichung erkannt hat, fest darauf vertraut,

---

442 *Jäger*, Rn. 374; die anderen Prüfungspunkte (Erfolgseintritt bei Erfolgsdelikten, Kausalität und Pflichtwidrigkeitszusammenhang (= objektive Zurechnung)) unterscheiden sich nicht vom Vorsatzdelikt.

443 *Wessels/Beulke*, Rn. 656 ff.

444 Schönke/Schröder-*Cramer/Sternberg-Lieben*, § 15, Rn. 106; *Lackner/Kühl*, § 15, Rn. 55.

445 SSW-*Momsen*, § 17, Rn. 25 ff.; Schönke/Schröder-*Cramer/Sternberg-Lieben*, § 17, Rn. 9; SK-*Rudolphi*, § 17, Rn. 19 ff.

446 Vgl. Kap. 3, III. 2. a).

es werde ihm gelingen, den drohenden Erfolgseintritt und damit die Tatbestandsverwirklichung zu vermeiden.[447]

(1) Erfolgsdelikte

Diese Abgrenzung zwischen Vorsatz und bewusster Fahrlässigkeit ist vor allem bei Erfolgsdelikten von großer praktischer Relevanz. Auch kann man sich etwa bei Körperverletzungs- oder Tötungsdelikten sehr plastisch vorstellen, dass ein Täter die Möglichkeit des Erfolgseintritts und damit die Gefährdung des Rechtsguts erkannt und sich entweder mit dem Risiko des Todeserfolgs abgefunden oder auf sein Ausbleiben vertraut hat.

(2) Gefährdungsdelikte

Lenkt man seinen Blick auf die Gruppe der konkreten und abstrakten Gefährdungsdelikte, erscheint diese Abgrenzung viel schwieriger. Umstritten ist schon, ob man bei Gefährdungsdelikten überhaupt zwischen Gefährdungsvorsatz und bewusster Fahrlässigkeit unterscheiden kann. Teilweise werden bewusste Fahrlässigkeit und Gefährdungsvorsatz gleichgesetzt.[448] Dies ist nur dann korrekt, wenn Gefährdungsvorsatz und bewusste Fahrlässigkeit sowohl hinsichtlich des kognitiven als auch des voluntativen Elements deckungsgleich sind. Diese Frage ist für konkrete und abstrakte Gefährdungsdelikte gesondert zu beurteilen.

(a) Konkrete Gefährdungsdelikte

(i) Gefährdungsvorsatz

Bei einem konkreten Gefährdungsdelikt ist das kognitive Element des Gefährdungsvorsatzes gegeben, wenn der Täter im Bewusstsein einer naheliegenden Gefahr handelt,[449] also wenn es aus Tätersicht lediglich vom Zufall abhängt, ob sich die erkannte Gefahr für das Rechtsgut in dessen Verletzung niederschlägt oder nicht[450], die Realisierung der Gefahr also wahrscheinlich ist.

---

[447] *Wessels/Beulke*, Rn. 225, 661; *Jescheck/Weigend*, § 29 III 3; ausführliche Darstellung des Streitstands bei *Kühl*, § 5, Rn. 43 ff.; *Küpper*, ZStW 100 (1998), S. 758, 765 f.; *Lackner/Kühl*, § 15, Rn. 24; *Roxin*, AT I, § 12, Rn. 27 sowie § 24, Rn. 111; SSW-*Momsen*, §§ 15, 16, Rn. 59.

[448] *Engisch*, S. 401 ff.; *Arthur Kaufmann*, Schuldprinzip, S. 154.

[449] *Roxin*, AT I, § 24, Rn. 72.

[450] *Küpper*, ZStW 100 (1988), S. 758, 769 ff. – *Küpper* beschränkt seine Ausführungen allerdings nicht *expressis verbis* auf konkrete Gefährdungsdelikte. Diese scheinen allerdings in erster Linie gemeint zu sein, da sich die Formel, die Gefahrrealisierung dürfe lediglich vom Zufall abhängen, nur bei konkreten Gefährdungsdelikten passt.

(ii) Bewusste Gefährdungsfahrlässigkeit

Breitere Ausführungen zur Einordnung des Gefährdungsvorsatzes in Relation zu bedingtem Verletzungsvorsatz und bewusster Verletzungsfahrlässigkeit finden sich bei *Küpper*.[451] Er begründet ausführlich, dass sich Gefährdungsvorsatz und bewusste Verletzungsfahrlässigkeit sowohl auf Wissens-, als auch auf Willensseite unterscheiden. Während beim Gefährdungsvorsatz auf Wissensseite die Erkenntnis der Wahrscheinlichkeit der Gefahrverwirklichung erforderlich sei, genügen, wie sich aus der Ablehnung der Wahrscheinlichkeitstheorie ergebe, auf Ebene der bewussten Verletzungsfahrlässigkeit auch Möglichkeitsvorstellungen, die zwar einen gewissen Konkretisierungsgrad erreichen müssen, aber hinter der Wahrscheinlichkeit zurückbleiben.[452] Die Willensseite des Gefährdungsvorsatzes sei gegeben, wenn sich der Täter mit der Wahrscheinlichkeit der Gefahrrealisierung abgefunden habe und lediglich auf einen guten Ausgang hoffe, während der bewusst fahrlässig Handelnde auf einen guten Ausgang vertraue.

Soweit der Gefährdungsvorsatz hingegen von der bewussten Gefährdungsfahrlässigkeit abzugrenzen ist, kann eine Unterscheidung nur am voluntativen Element ansetzen. Entscheidend ist, ob sich der Täter mit der Wahrscheinlichkeit der Gefahrrealisierung abgefunden hat und lediglich auf einen guten Ausgang hofft oder ob er auf einen guten Ausgang vertraut. Hinsichtlich des kognitiven Elements ergeben sich jedoch keine Unterschiede.[453]

(b) Abstrakte Gefährdungsdelikte

Bei § 264 StGB handelt es sich nicht um ein konkretes, sondern um ein abstraktes Gefährdungsdelikt.[454] Ob bei abstrakten Gefährdungsdelikten eine Unterscheidung zwischen bewusster Verletzungsfahrlässigkeit und Gefährdungsvorsatz möglich ist, wird in der Literatur kaum thematisiert.[455] Beim abstrakten Gefährdungsdelikt ist, anders als bei konkreten Gefährdungsdelikten, gerade nicht erforderlich, dass die Realisierung der Gefahr nur noch vom Zufall abhängt. Aus diesem Grund muss bei abstrakten Gefährdungsdelikten eine Abgrenzung zwischen bewusster Verletzungsfahrlässigkeit und Gefährdungsvorsatz anhand des

451 *Küpper*, ZStW 100 (1988), S. 758.

452 *Küpper*, ZStW 100 (1988), S. 758, 773 f.; demgegenüber geht z.B. Schönke/Schröder-*Sternberg-Lieben*, § 15, Rn. 98a davon aus, dass das kognitive Element bei Verletzungs- und konkretem Gefährdungsvorsatz gleich ist.

453 Schönke/Schröder-*Sternberg-Lieben*, § 15, Rn. 98a; vgl. hierzu auch allgemein Kap. 3, III. 2. a).

454 Vgl. Kap. 2, II. 2.

455 Offen gelassen bei *Roxin*, AT I, § 24, Rn. 72.

kognitiven Elements, also danach, ob der Täter die Gefahr des Schadenseintritts für wahrscheinlich oder nur für möglich hält, in jedem Fall ausscheiden.[456]

Für die Abgrenzung des Gefährdungsvorsatzes sowohl von der Verletzungs- als auch von der Gefährdungsfahrlässigkeit kann es also nur auf das voluntative Element ankommen, also darauf, ob der Täter sich mit der Möglichkeit der Tatbestandsverwirklichung abgefunden hat und lediglich auf ihr Ausbleiben hofft oder auf deren Ausbleiben vertraut.[457]

Wie oben dargelegt,[458] ist beim Subventionsbetrug das voluntative Element in der Regel nicht so zentral. Entscheidende Bedeutung kommt vielmehr dem kognitiven Element zu. Es wurde festgestellt, dass sich Gefährdungsvorsatz und Gefährdungsfahrlässigkeit nur in Bezug auf das – bei § 264 StGB im Hintergrund stehende – voluntative Element unterscheiden, in Bezug auf das kognitive Element jedoch gleich sind. Dies hat zur Folge, dass sich die Anforderungen an das Unrechtsbewusstsein bei bewusst fahrlässiger bzw. von bedingtem Vorsatz getragener Tatbegehung in der Regel kaum unterscheiden.

b) Folgerungen für das Unrechtsbewusstsein

Zunächst ist festzuhalten, dass Stellungnahmen zur Problematik des Unrechtsbewusstseins bzw. Verbotsirrtums bei Fahrlässigkeit sehr spärlich sind[459] und sich an „gängigen" Fahrlässigkeitsstraftatbeständen wie § 222 StGB oder § 229 StGB orientieren. Daher soll versucht werden, aus der strukturellen Ähnlichkeit von bewusster Fahrlässigkeit und *dolus eventualis* Rückschlüsse auf die Struktur des Unrechtsbewusstseins des bedingt vorsätzlich bzw. des bewusst fahrlässig handelnden Täters zu ziehen.

(1) Erfolgsdelikte

Die überwiegende Auffassung geht davon aus, dass beim fahrlässigen Erfolgsdelikt Fälle fehlenden Unrechtsbewusstseins denkbar sind und damit ein Anwendungsbereich für § 17 StGB verbleibt. Bezugspunkt des Unrechtsbewusstseins sei beim Vorsatztäter das Verletzungsunrecht, bei der bewussten Fahrläs-

---

456 Solch eine Unterscheidung wird bei konkreten Gefährdungsdelikten von *Küpper* für möglich gehalten, von anderen Stimmen in der Literatur aber abgelehnt, vgl. Kap. 4, II. 2. a) (a) (ii) mit Fn. 452.

457 So zum abstrakten Gefährdungsdelikt des § 316 StGB LK-*König*, § 316, Rn. 185 f., 210.

458 Vgl. Kap. 4, I. 3. a).

459 Vgl. *Arzt*, ZStW 91 (1979), S. 857, 863.

sigkeit hingegen das Gefährdungsunrecht.[460] Stufe der bewusst fahrlässig handelnde Täter die erkannte Gefährdung des Rechtsguts als materiell rechtswidrig ein, handle er mit Unrechtsbewusstsein.[461] Begründet wird dies für die §§ 222, 230 StGB damit, dass diese trotz ihrer formalen Einordnung als Verletzungsdelikte der Sache nach Gefährdungsverbote enthielten.[462] Als Beispiel für fehlendes Unrechtsbewusstsein wird genannt, dass sich der Täter über das erlaubte Risiko irre. Das erlaubte Risiko begrenzt bei der Fahrlässigkeit nach überwiegender Auffassung die Sorgfaltspflicht mit der Folge, dass ein Irrtum hierüber auch einen Irrtum über den Umfang der Sorgfaltspflicht nach sich zieht.[463] In solch einem Fall erkennt der Täter zwar die Rechtsgutsgefährdung; er geht aber davon aus, dass sie rechtmäßig ist und handelt ohne Unrechtsbewusstsein. Dies setzt allerdings voraus, dass man für die Annahme bewusster Fahrlässigkeit nicht voraussetzt, dass der Täter Kenntnis von der Schaffung eines rechtlich nicht erlaubten Risikos hat.[464]

Arzt hingegen sieht bewusste Fahrlässigkeit nur als gegeben an, wenn der Täter neben der Erkenntnis der Rechtsgutsgefährdung auch Kenntnis von der Schaffung eines rechtlich nicht erlaubten Risikos hat.[465] Das hätte zur Folge, dass für ein fehlendes Unrechtsbewusstsein und damit für einen Verbotsirrtum bei der bewussten Fahrlässigkeit kein Raum bliebe, da eine rechtliche Fehlbewertung hinsichtlich der Unerlaubtheit des geschaffenen Risikos schon zu einer Verneinung der bewussten Fahrlässigkeit führen würde. Er begründet dies damit, dass beim vorsätzlichen Verletzungsdelikt die Appellfunktion des Vorsatzes den Täter zu einer Prüfung animieren solle, ob die grundsätzlich verbotene Rechtsgutsverletzung ausnahmsweise erlaubt sei. Bei Delikten wie §§ 222, 230 StGB, die zwar als Verletzungstatbestände gefasst seien, *de facto* aber Gefährdungsverbote enthielten, könne dies nicht gelten, da Gefährdungen nicht typischerweise rechtswidrig seien. Daher habe, zumindest soweit die verbotenen Handlungen nicht benannt seien, das bloße Gefährdungswissen keine Warnfunk-

---

460 *Rudolphi*, Unrechtsbewusstsein, S. 173; SK-*Rudolphi*, § 17, Rn. 19; NK-*Neumann*, § 17, Rn. 89 m.w.N.

461 SSW-*Momsen*, § 17, Rn. 26; Schönke/Schröder-*Sternberg-Lieben*, § 17, Rn. 9; *Rudolphi*, Unrechtsbewusstsein, S. 173; NK-*Neumann*, § 17, Rn. 89 – letztere sprechen nicht von der Erkenntnis der Strafbarkeit, sondern der Erkenntnis der materiellen Rechtswidrigkeit. Dies ist für *Rudolphi* auf Basis der h. M., die das Bewusstsein jedweden Gesetzesverstoßes genügen lässt, folgerichtig, muss bei *Neumann* aber erstaunen, da er das Bewusstsein der Strafbarkeit fordert.

462 *Arzt*, ZStW 91 (1979), S. 857, 866; *Engisch*, S. 284.

463 MüKo-*Joecks*, § 17, Rn. 75; NK-*Neumann*, § 17, Rn. 89; *Lackner/Kühl*, § 15, Rn. 39.

464 NK-*Neumann*, § 17, Rn. 89; MüKo-*Joecks*, § 17, Rn. 75.

465 *Arzt*, ZStW 91 (1979), S. 857, 863 ff.; zustimmend *Löw*, S. 237 f.

tion.[466] Diese Erkenntnis dürfe nicht durch die dogmatische Konstruktion des erlaubten Risikos als Rechtfertigungsgrund unterlaufen werden, da dann durch die Annahme eines ausnahmsweisen Erlaubnissatzes ein allgemeines Handlungsverbot geschaffen werde.

(2) Gefährdungsdelikte

In Bezug auf das Unrechtsbewusstsein bei fahrlässigen Gefährdungsdelikten fehlt es bislang an ausführliche Stellungnahmen. Ausgehend von den obigen Erwägungen lassen sich aber in gewissem Umfang Rückschlüsse ziehen.

Auf den ersten Blick muss erstaunen, dass auf der einen Seite aus der strukturellen Ähnlichkeit von bedingtem Vorsatz und bewusster Fahrlässigkeit gefolgert wird, dass auch das Unrechtsbewusstsein der beiden Tätergruppen ähnlich sein müsste, auf der anderen Seite jedoch ein unterschiedlicher Bezugspunkt des Unrechtsbewusstseins – Rechtsgutsverletzung beim bedingt vorsätzlichen Erfolgsdelikt, bloße Gefährdung beim bewusst fahrlässigen Erfolgsdelikt – postuliert wird. Dies erklärt sich dadurch, dass die Fahrlässigkeitsdelikte der §§ 222, 230 StGB, die, da sehr praxisrelevant und einem zentralen Bereich des Strafrechts entstammend, den Ausgangspunkt der dogmatischen Erwägungen bildeten, zwar als Verletzungsdelikte formuliert sind, im Kern aber allgemeine Gefährdungsverbote enthalten. Wenn so ein Bezugspunkt für das Unrechtsbewusstsein in Bezug auf ein strafbewehrtes allgemeines Gefährdungsverbots gefunden ist, stellt sich die Frage, ob dies auf vorsätzliche bzw. fahrlässige, konkrete bzw. abstrakte Gefährdungsdelikte übertragbar ist.

Hierbei bietet es sich an, den Blick vorab darauf zu richten, wo auf Ebene des Tatbestands Gemeinsamkeiten und Unterschiede liegen. Wie oben gesehen, findet die Abgrenzung zwischen bedingtem Vorsatz und bewusster Fahrlässigkeit nach hier vertretener Auffassung nur anhand des voluntativen Vorsatzelements statt, je nachdem, ob der Täter auf einen guten Ausgang vertraut oder nicht. Das kognitive Element ist stets gleich. Unterschiede auf der Wissensseite begründen lediglich die Scheidelinie zwischen konkreten und abstrakten Gefährdungsdelikten – bei ersteren muss der Täter die naheliegende Möglichkeit des Schadenseintritts erkennen, bei letzteren ist gerade nicht erforderlich, dass der Schadenseintritt nur noch vom Zufall abhängt.

Lenken wir nun den Blick zurück auf die zu Beginn geschilderte Annahme, die strukturelle Ähnlichkeit von bedingtem Vorsatz und bewusster Fahrlässigkeit müsse sich auch in den Anforderungen an das Unrechtsbewusstsein widerspiegeln. Wir haben gesehen, dass das kognitive Element gleich, das voluntative Element hingegen unterschiedlich ist. Wenn der maßgebliche Anknüpfungs-

466 *Arzt*, ZStW 91 (1979), S. 857, 866 ff.

punkt des Unrechtsbewusstseins zumindest für den Subventionsbetrug im kognitiven Element liegt, hätte dies zur Folge, dass die Anforderungen an das Unrechtsbewusstsein bei bedingtem Vorsatz und bewusster Fahrlässigkeit meist gleich sind. Hierfür spricht, dass die Appellfunktion des Tatbestandsvorsatzes, die für das Unrechtsbewusstsein beim Vorsatzdelikt von so großer Bedeutung ist, ausschließlich vom kognitiven Element getragen wird und der sich im voluntativen Element widerspiegelnde Wille zur Rechtsgutsverletzung bei § 264 StGB selten tatbestimmend ist. Die oben dargestellte Differenzierung zwischen Unrechtsbewusstsein in Bezug auf Verletzung bzw. Gefährdung bei den Erfolgsdelikten beruht nicht auf Unterscheiden auf der Willensseite, sondern darauf, dass die als Beispiel genommenen §§ 222, 230 StGB *de facto* keine Verletzungs-, sondern Gefährdungsverbote enthalten.

Ausgehend hiervon stellt sich die Frage, ob die Einwände *Arzts* durchgreifen können. *Arzt* sieht keinen Anwendungsbereich für den Verbotsirrtum bei bewusster Fahrlässigkeit, weil er Irrtümer über das erlaubte Risiko, die nach überwiegender Auffassung einen Verbotsirrtum begründen können, dem Tatbestandsirrtum zuschlägt. Fraglich ist aber, ob dieser Streitpunkt für die Gruppe der Gefährdungsdelikte überhaupt von Belang ist. Gedanklicher Ansatzpunkt bei den §§ 222, 229 StGB war für *Arzt*, dass sie allgemeine Gefährdungsverbote sind, bei denen der Gesetzgeber davon abgesehen hat, die verbotenen, da sorgfaltspflichtwidrigen, Handlungen zu benennen und der Täter daher die Unerlaubtheit des von ihm geschaffenen Risikos erkennen müsse, um die Rechtswidrigkeit der von ihm geschaffenen Gefahr zu erkennen. Diese Problematik stellt sich beim Gefährdungsdelikt des § 264 StGB nicht, da die tatbestandsmäßigen Handlungen hier präziser vertypt worden sind und auch die dem Täter auferlegten Sorgfaltspflichten im Rahmen des verwaltungsrechtlichen Beantragungsverfahrens bzw. der sich daran anschließenden Verwendung der Subvention klarer geregelt sind als bei §§ 222, 229 StGB.

Es kann also festgehalten werden, dass es für das Unrechtsbewusstsein bei bewusster Fahrlässigkeit ebenso wie bei bedingtem Vorsatz in Bezug auf § 264 StGB entscheidend darauf ankommt, ob der Täter die Möglichkeit der Strafbarkeit seiner Handlung ernst nimmt.

3. Das Unrechtsbewusstsein bei unbewusster Fahrlässigkeit

a) Der Begriff der unbewussten Fahrlässigkeit

Unbewusste Fahrlässigkeit wird vielfach angenommen, wenn der Täter vorwerfbar die Sorgfalt außer Acht lässt, zu der er verpflichtet gewesen wäre und deshalb die Gefahr der Tatbestandsverwirklichung[467] nicht erkennt.

b) Folgerungen für das Unrechtsbewusstsein

Wer schon die Möglichkeit der Tatbestandsverwirklichung nicht erkennt, hat auch mittelbar keine Kenntnis von der konkreten Rechtswidrigkeit seiner Handlung.[468] Da dieser Befund schon über den gemilderten Schuldvorwurf und den damit einhergehenden geringeren Strafrahmen beim Fahrlässigkeitsdelikt Berücksichtigung gefunden hat, kann dieses Fehlen des Unrechtsbewusstseins nicht ausreichen, um eine weitere Strafmilderung nach § 17 StGB auszulösen.[469]

Nach verbreiteter Auffassung ist allerdings ein durch mangelnde Tatbestandskenntnis verdeckter Verbotsirrtum möglich, wenn nämlich die Verbotsunkenntnis des Täters nicht nur auf Tatsachenunkenntnis, sondern auch auf Regelunkenntnis beruht.[470] Fehlt dem Täter nicht nur, weil er die Möglichkeit der Tatbestandsverwirklichung verkennt, die Kenntnis von der konkreten Rechtswidrigkeit seiner Handlung, sondern zusätzlich die Kenntnis des abstrakten Verbots, also der abstrakten Rechtswidrigkeit seiner Handlung, bleibe Raum für einen Verbotsirrtum.[471] Dieser verdeckte Verbotsirrtum soll dergestalt ermittelt werden, dass man unterstellt, der Täter hätte die Möglichkeit der Tatbestandsverwirklichung gesehen. Hätte er selbst in diesem Fall sein Verhalten für rechtmäßig gehalten, fehle ihm das Unrechtsbewusstsein.[472] Dies sei z. B. dann der Fall, wenn der Täter die Rechtsnorm nicht kenne, aus der sich die Unerlaubtheit des von ihm geschaffenen Risikos ergibt[473] oder wenn er, allgemeiner gesprochen,

---

467 *Roxin*, AT I, § 24, Rn. 112.

468 *Rudolphi*, Unrechtsbewusstsein, S. 174 ff.

469 Allgemeine Meinung, *Roxin*, AT I, § 24, Rn. 112; NK-*Neumann*, § 17, Rn. 87; *Fischer*, § 17, Rn. 11; MüKo-*Joecks*, Rn. 74; Schönke/Schröder-*Cramer/Sternberg-Lieben*, § 17, Rn. 9; *B. Schünemann*, JA 1975, S. 787, 788 spricht von der „Kehrseite der subjektiven Fahrlässigkeit".

470 NK-*Neumann*, § 17, Rn. 87; *Roxin*, AT I, § 24, Rn. 112.

471 *Rudolphi*, Unrechtsbewusstsein, S. 174 ff.; NK-*Neumann*, § 17, Rn. 87.

472 *Roxin*, AT I, § 24, Rn. 112; SK-*Rudolphi*, § 17, Rn. 20.

473 *Roxin*, AT I, § 24, Rn. 112.

nicht wisse, dass Handlungen wie die von ihm vorgenommene verboten sind[474], etwa, weil er annimmt, das Rechtsgut sei ungeschützt[475]. In ersterem Fall reicht die individuelle Vorhersehbarkeit der Verletzungsfolgen für die Erkennbarkeit des Verbotenseins nur aus, wenn der Täter hieraus den Schluss auf die Unerlaubtheit des von ihm geschaffenen Risikos ziehen konnte.[476]

Hiergegen wird eingewandt, dass dies eine Berücksichtigung rechtswidrig-schuldlosen Alternativverhaltens darstelle.[477] Für besagte Berücksichtigung spricht aber, dass sonst Sachverhalte, die bei vorsätzlicher Tatbegehung gemäß § 17 StGB die Schuld gemildert oder ausgeschlossen hätten, bei Fahrlässigkeit keine Berücksichtigung fänden.[478]

Insbesondere, weil im Bereich der Fahrlässigkeitsdelikte die Sorgfaltsnormen oftmals nicht gesetzlich ausformuliert sind, wird teilweise angenommen, dass sich bei ihnen für den Verbotsirrtum ein breiter Anwendungsbereich und auch weiterer Raum für die Unvermeidbarkeit biete.[479] Da der Täter nicht die Pflicht habe, Verbote zu erkennen, sondern lediglich, verbotene Handlungen zu unterlassen, könne es für die Vermeidbarkeit nur auf die Erkennbarkeit der Gefahr für das Rechtsgut ankommen.[480]

c) Anwendungsbereich bei rechtlichen Fehlbewertungen

Da bei einer tatfahrlässigen Begehung von Straftaten die aus der mangelnden Tatsachenunkenntnis resultierende Regelunkenntnis schon über die gemilderte Fahrlässigkeitsschuld berücksichtigt ist, kommt ein Verbotsirrtum nur in Betracht, wenn zu der Tatsachenunkenntnis noch eine Regelunkenntnis tritt, die auch bei Erkennen der tatsächlichen Sachlage dazu geführt hätte, dass der Täter die abstrakte Rechtswidrigkeit seines Verhaltens nicht erfasst hätte. Im Bereich der Körperverletzungsdelikte ist etwa denkbar, dass der Täter schon die Möglichkeit verkennt, dass durch seine Handlung eine Körperverletzung eintreten könnte, er aber, auch wenn er diesen Sachverhalt korrekt erkannt hätte, sein

474 NK-*Neumann*, § 17, Rn. 87.

475 *Rudolphi*, Unrechtsbewusstsein, S. 175.

476 AK-*Zielinski*, §§ 15, 16, Rn. 131.

477 *Arzt*, ZStW 91 (1979), S. 857, 880; *Löw*, S. 236.

478 *Roxin*, AT I, § 24, Rn. 112; NK-*Neumann*, § 17, Rn. 88.

479 AK-*Zielinski*, §§ 15, 16, Rn. 130 – mangels gesetzlich normierter Sorgfaltspflichten sei das potenzielle Unrechtsbewusstsein viel häufiger zu verneinen als bei Vorsatzdelikten. *Armin Kaufmann*, ZfRV 1964, S. 41, 52, formuliert gar: „Die Fahrlässigkeit ist die Domäne des Verbotsirrtums schlechthin".

480 AK-*Zielinski*, §§ 15, 16, Rn. 131 – dies sei schwierig, wenn die Gefahr nicht vorhersehbar war. Dann könne sich ein Anlass zur Reflexion nur noch aus der Erfahrung des Täters über die Gefahrträchtigkeit bestimmter Handlungen ergeben.

Verhalten für nicht sorgfaltspflichtwidrig, da vom erlaubten Risiko gedeckt, angesehen hätte.

In Bezug auf § 264 Abs. 4 StGB ist hierbei von Relevanz, in welchen Konstellationen die Regelunkenntnis auf mangelnder Tatsachenkenntnis beruht. Besondere Bedeutung kommt hierbei dem Bezugspunkt des Vorsatzes und, damit einhergehend, dem Anwendungsbereich des Tatbestandsirrtums zu. Hierbei ist zwischen normativen Tatbestandsmerkmalen und Blanketten zu unterscheiden.

Bei Blanketten müssen, soweit das Schuldsubstrat nicht die Handlung selbst, sondern der Verstoß gegen ein gesetzliches Verbot ist, nicht nur die Tatbestandsmerkmale der Ausfüllungsnorm, sondern auch das von ihr aufgestellte Verbot oder Gebot vom Vorsatz umfasst sein.[481] Letzteres ist beispielsweise bei § 264 Abs. 1 Nr. 2 StGB der Fall.

Auch finden sich bei § 264 StGB eine Vielzahl normativer Tatbestandsmerkmale, bei denen der Nachvollzug der Rechtslage Gegenstand des Vorsatzes ist, soweit er für eine adäquate Parallelwertung in der Laiensphäre durch den Täter erforderlich ist.[482]

Dies hat zur Folge, dass sowohl bei normativen Tatbestandsmerkmalen als auch bei Blanketten rechtliche Fehlbewertungen einen Tatbestandsirrtum begründen können, sodass gemäß § 16 Abs. 1 S. 2 StGB nur aus dem Fahrlässigkeitsdelikt bestraft werden könnte. Wenn aber die fahrlässige Rechtsunkenntnis bei diesen Tatbeständen schon über die gemilderte Fahrlässigkeitsschuld bzw. die Vorschrift des § 16 Abs. 1 StGB erfasst ist, kann dies nicht zu einer nochmaligen Strafmilderung nach § 17 StGB führen.

Daher ist festzuhalten, dass, soweit die Fahrlässigkeitsstrafe auf die Erfassung von Rechtsfahrlässigkeit gerichtet ist bzw. die mangelnde Rechtskenntnis einen Tatbestandsirrtum begründet, bei der unbewussten Fahrlässigkeit ein Verbotsirrtum ausscheiden muss.

Die allgemeinen Ausführungen zum Verbotsirrtum bei bewusster und unbewusster Fahrlässigkeit sollen nunmehr auf die verschiedenen Begehungsmodalitäten des § 264 StGB angewandt werden.

4. § 264 StGB

Gemäß § 264 Abs. 4 StGB ist auch die leichtfertige Tatbegehung pönalisiert – die fahrlässige Tatbegehung steht also unter Strafe, wobei an die Sorgfaltspflichtverletzung höhere Anforderungen zu stellen sind.

---

481 Vgl. Kap. 3, III. 4. c) (4).

482 Vgl. Kap. 3, III. 5. a).

Bei bewusster Fahrlässigkeit ist entscheidend, ob der Täter die Möglichkeit der Strafbarkeit seines Verhaltens ernst nahm und sich damit abfand. Hierbei wird der kognitiven Komponente in aller Regel entscheidende Bedeutung zukommen.[483]

Wesentlich interessanter ist die Problematik des § 17 StGB bei unbewusster Fahrlässigkeit. Bei der unbewussten Fahrlässigkeit verbleibt für den Verbotsirrtum nur dann ein Anwendungsbereich, wenn die Fahrlässigkeitsstrafbarkeit auf die tatfahrlässige Begehung bezogen und ein durch eine tatsächliche Fehlbewertung verdeckter, hypothetischer Verbotsirrtum denkbar ist. Beim Tatbestand des Subventionsbetrugs ist dies für jede der Begehungsvarianten gesondert zu beurteilen, da sie sich in Unrechtsgehalt und Struktur erheblich unterscheiden.

a) § 264 Abs. 1 Nr. 1 StGB

§ 264 Abs. 1 Nr. 1 StGB pönalisiert das Machen falscher oder unvollständiger Angaben über subventionserhebliche Tatsachen.

Ein weiteres Feld für Irrtümer bietet sich insbesondere, wenn die subventionserheblichen Tatsachen nicht präzise bezeichnet sind. Selbst wenn eine Auslegung ergibt, dass eine bestimmte Tatsache objektiv subventionserheblich ist, kann ein Tatbestandsirrtum zum Entfallen des Tätervorsatzes führen, wenn der Täter diese Auslegung nicht im Rahmen einer Parallelwertung in der Laiensphäre nachvollziehen konnte.[484] In diesen Konstellationen ist zwar ein Tatbestandsirrtum gegeben, dessen Anknüpfungspunkt bei normativen Tatbestandsmerkmalen aber eine rechtliche Fehlbewertung sein kann. Gemäß §§ 16 Abs. 1 S. 2, 264 Abs. 4 StGB kann dann wegen leichtfertiger Tatbegehung bestraft werden und sich in diesem Zusammenhang die Problematik eines Verbotsirrtums stellen. Die bereits den Tatbestandsirrtum begründende fehlende oder fehlerhafte Parallelwertung in der Laiensphäre kann nicht nochmals über § 17 StGB strafmildernd berücksichtigt werden. Eine durch Sachverhaltskenntnis verdeckte Regelunkenntnis ist in diesen Fällen ebenfalls kaum denkbar – hätte der Täter die etwas unpräzise Bezeichnung richtig verstanden, hätte er erfasst, dass eine bestimmte Tatsache subventionserheblich ist und er diesbezüglich richtige und vollständige Angaben machen muss.

Ein klar tatfahrlässiges Verhalten wäre gegeben, wenn der Täter sich etwa aufgrund grober Unaufmerksamkeit bei wesentlichen Angaben verschreibt oder ein Beiblatt zum Antragsformular übersieht und daher nicht erfasst, dass weitere Angaben zu machen waren und sein Antrag daher unvollständig war. Hinter diesen unbewusst leichtfertig gemachten falschen oder unvollständigen Angaben

---

[483] Vgl. Kap. 4, I. 3. a).

[484] Vgl. Kap. 2, II. 3. a).

dürfte sich nur in wenigen Fällen ein auf Regelunkenntnis beruhender Verbotsirrtum verbergen – hätte der Täter achtgegeben, hätte er sich nicht verschrieben und damit wahre Angaben gemacht bzw. gesehen, dass er weitere Angaben machen muss, damit der Antrag nicht unvollständig ist. Waren beispielsweise die subventionserheblichen Tatsachen im Beiblatt unpräzise bezeichnet, würde dies bei fehlender Parallelwertung in der Laiensphäre wiederum zu einem Tatbestandsirrtum und nicht zu einem durch Tatsachenunkenntnis verborgenen Verbotsirrtum führen.

Hieran zeigt sich, dass es zwar Fälle geben kann, in denen eine „bloße" Sachverhaltsunkenntnis einen Tatbestandsirrtum begründet, aber kaum Fälle denkbar sind, in denen sich hinter einem Tatbestandsirrtum ein Verbotsirrtum verbirgt.

Grund hierfür dürfte sein, dass die entsprechenden Fallgruppen am Beispiel der Körperverletzungs- und Tötungsdelikte entwickelt wurden. Für diese ist kennzeichnend, dass die durch eine Vielzahl ungeschriebener Normen begründete Sorgfaltspflicht des Täters durch das erlaubte Risiko begrenzt wird, da die Gesellschaft ansonsten handlungsunfähig würde. Es ist daher ohne Weiteres denkbar, dass der Täter in Unkenntnis verschiedener Tatsachen unbewusst fahrlässig handelt, aber selbst bei Kenntnis des Sachverhalts davon ausgegangen wäre, dass sein Verhalten rechtmäßig, da vom erlaubten Risiko gedeckt, wäre. Beim Tatbestand des Subventionsbetrugs hingegen ergeben sich die Sorgfaltspflichten des Täters zumindest größtenteils aus seiner Pflichtenstellung als Antragssteller im Subventionsverfahren – er muss wahre und vollständige Tatsachen über subventionserhebliche Tatsachen machen. Hierzu muss er das Antragsformular sorgfältig lesen und ausfüllen. Ein – rechtlicher – Irrtum über diese mit der Subventionsbeantragung einhergehenden Pflichten ist kaum denkbar. Irrtümer über normative Tatbestandsmerkmale wie das der subventionserheblichen Tatsache sind häufiger, können jedoch aufgrund ihrer Berücksichtigung in § 16 StGB nicht zusätzlich über § 17 StGB berücksichtigt werden. Der Verbotsirrtum wird durch die Tatsachenunkenntnis also nicht verdeckt, sondern überlagert, da bei normativ geprägten Tatbeständen eine Vielzahl rechtlicher Fehlbewertungen, wenn sie zu Fehlern bei der Parallelwertung in der Laiensphäre führen, einen Tatbestandsirrtum begründen.

Es kann daher festgehalten werden, dass bei § 264 Abs. 1 Nr. 1 StGB ein durch Tatsachenunkenntnis verdeckter Verbotsirrtum kaum denkbar ist.

b) § 264 Abs. 1 Nr. 2 StGB

§ 264 Abs. 1 Nr. 2 StGB ist ein Blankett, bei welchem das Schuldsubstrat der Verstoß gegen ein Verbot in Gestalt einer Verwendungsbeschränkung ist.[485]

Der Vorsatz muss daher auch das Bestehen und den Inhalt des Verbots umfassen. Fehlt es hieran, befindet sich der Täter im Tatbestandsirrtum mit der Folge, dass er gemäß §§ 16 Abs. 1 S. 2, 264 Abs. 4 StGB wegen leichtfertiger Begehung belangt werden kann. Der Vorwurf der Leichtfertigkeit kann sich darauf gründen, dass der Täter unter grober Verletzung seiner Sorgfaltspflichten das Verbot missverstanden hat – ihm wird in diesem Fall eine fahrlässig fehlerhafte rechtliche Bewertung vorgeworfen. Deren geminderter Schuldgehalt wurde aber bereits über die Zubilligung des Tatbestandsirrtums und der günstigen Rechtsfolgen des § 16 Abs. 1 StGB berücksichtigt. Dann bleibt aber kein Raum für eine nochmalige Berücksichtigung der Rechtsfahrlässigkeit über § 17 StGB.

Gleiches gilt, wenn der Täter keinen Vorsatz im Hinblick auf ein normatives Tatbestandsmerkmal der Verwendungsbeschränkung hat und es ihm daher an der für die Bejahung des Vorsatzes erforderlichen Parallelwertung in der Laiensphäre fehlt.

Denkbar ist allerdings auch ein rein tatfahrlässiges Verhalten, etwa wenn der Täter seine Mitarbeiter nicht kontrolliert und es daher seiner Aufmerksamkeit entgeht, dass besagte Mitarbeiter die Subvention entgegen der Verwendungsbeschränkung verwenden, diese aber so unpräzise formuliert war, dass der Täter auch bei Kenntnis des Verhaltens seiner Mitarbeiter davon ausgegangen wäre, dass die Verwendung mit den Beschränkungen im Einklang steht. Auch dann hätte aber die verdeckte rechtliche Fehleinschätzung nicht zu einem Verbotsirrtum, sondern zu einem Tatbestandsirrtum geführt. Auch hier wird der Verbotsirrtum wiederum nicht vom Tatbestandsirrtum verdeckt, sondern überlagert.

c) § 264 Abs. 1 Nr. 3 StGB

Gemäß § 264 Abs. 1 Nr. 3 StGB macht sich strafbar, wer den Subventionsgeber entgegen den Rechtsvorschriften über die Subventionsvergabe über subventionserhebliche Tatsachen in Unkenntnis lässt. Es handelt sich um ein Blankett, wobei Schuldsubstrat der Verstoß gegen das die Mitteilungspflicht begründende Gebot ist.[486]

Soweit der Vorsatz das Gebot selbst mit umfassen muss, ist die Sachlage ähnlich wie bei § 264 Abs. 1 Nr. 2 StGB – führt das fehlerhafte Verständnis des Gebots zum Entfallen des Vorsatzes aufgrund eines Tatbestandsirrtums, kann

---

485 Vgl. hierzu Kap. 3, III. 5. b) (1).

486 Vgl. Kap. 3., III. 5. b) (2).

dies nicht nochmals über § 17 StGB zu einer weiteren Strafmilderung führen – eine von der Tatsachenunkenntnis verdeckte Regelunkenntnis liegt nicht vor.

Wenn eine rechtliche Fehlbewertung in Bezug auf ein normatives Tatbestandsmerkmal – z.B. der subventionserheblichen Tatsache oder eines normativen Tatbestandsmerkmals der die Mitteilungspflicht begründenden Norm – zur Folge hat, dass es an der erforderlichen Parallelwertung in der Laiensphäre und damit am Vorsatz fehlt, begründet diese Regelunkenntnis bereits einen Tatbestandsirrtum. Es fehlt wiederum an der durch Tatsachenunkenntnis verdeckten Regelunkenntnis, die einen Verbotsirrtum begründen kann.

Auch hier kann also festgehalten werden, dass der Verbotsirrtum durch den Tatbestandsirrtum nicht verdeckt, sondern überlagert wird.

d) Fazit

Abschließend kann festgehalten werden, dass bei § 264 StGB für einen Verbotsirrtum bei unbewusster Fahrlässigkeit kaum ein Anwendungsbereich verbleibt. Dies liegt darin begründet, dass bei stark normativ geprägten Tatbeständen rechtliche Fehlbewertungen in gewissem Umfang bereits einen Tatbestandsirrtum begründen, der Tatbestandsirrtum den Verbotsirrtum also nicht verdeckt, sondern überlagert.

Kapitel 5 – Die Vermeidbarkeit des Verbotsirrtums

Im Zentrum dieser Arbeit stehen folgende Fragen:

- Wann kann ein Verbotsirrtum grundsätzlich als vermeidbar angesehen werden?
- Welche Besonderheiten ergeben sich hinsichtlich der Vermeidbarkeit für den Tatbestand des Subventionsbetrugs?
- Genügt die deutsche Dogmatik, wenn EU-Subventionen in Rede stehen, europarechtlichen Erfordernissen bzw. wären entsprechende Einflüsse mit Vorgaben des nationalen Verfassungsrechts vereinbar?

Um diese Fragen beantworten zu können, mussten zunächst in den Kapiteln 1 bis 4 einige grundlegende Feststellungen getroffen werden.

So wurden zunächst in Kapitel 1 die europarechtlichen Anknüpfungspunkte dargestellt – der in Art. 4 Abs. 3 n. F. EUV verankerte Grundsatz der loyalen Zusammenarbeit gebietet den Mitgliedstaaten, Verletzungen europäischer Rechtsgüter, wie beispielsweise der finanziellen Interessen der EU, effizient zu sanktionieren. Bei gravierenden Rechtsgutsverletzungen kann eine strafrechtliche Ahndung geboten sein, in deren Rahmen auch Vorschriften des Allgemeinen Teils, wie § 17 StGB, über Sanktionierung oder Freispruch entscheiden.

Erst wenn – bezogen auf rein nationale Sachverhalte – die Rechtslage herausgearbeitet worden ist, kann die Frage beantwortet werden, ob eine Anwendung dieser nationalen Dogmatik auf EU-Rechtsgüter betreffende Sachverhalte mit den Vorgaben des Art. 4 Abs. 3 EUV n. F. in Einklang steht bzw. inwiefern dessen Wertungen eingebracht werden können, ohne gegen unter das strafrechtliche Schonungsgebot fallende Vorgaben des nationalen Verfassungsrechts zu verstoßen.

Daher wurde zunächst in Kapitel 2 der Tatbestand des Subventionsbetrugs vorgestellt, da er den Bezugspunkt für die Ausführungen zur Irrtumsdogmatik darstellt. Sodann musste herausgearbeitet werden, unter welchen Voraussetzungen ein Verbotsirrtum vorliegt – erst dann stellt sich nämlich die Frage der Vermeidbarkeit. Abgrenzungsbedarf besteht insofern in zweierlei Hinsicht – auf der einen Seite in Bezug auf den zum Vorsatzausschluss führenden Tatbestandsirrtum und zum anderen zum voll schuldhaften, da vom Unrechtsbewusstsein getragenen, Handeln.

Für die Abgrenzung zum Tatbestandsirrtum mussten wiederum Grundlagen gelegt werden. Die Frage, ob eine tatsächliche oder eine rechtliche Fehlbewertung vorliegt, kann nur beantwortet werden, wenn klar ist, was Bezugspunkt des Vorsatzes ist – genauer gesagt des kognitiven Elements des Vorsatzes, welches die dem Vorsatz zugeschriebene Appellfunktion trägt und einen Impuls zur Unterlassung der strafbaren Handlung vermitteln soll. Eine Analyse des Tatbestands des Subventionsbetrugs hat gezeigt, dass dieser durch normative Tatbestandsmerkmale und Blankette geprägt ist. Bei normativen Tatbestandsmerkmalen führen rechtliche Fehlbewertungen zum Entfallen des Vorsatzes, wenn der Täter in einer Parallelwertung in der Laiensphäre den Gehalt des Tatbestandsmerkmals nicht mehr erfasst hat und daher von der Appellfunktion des Vorsatzes nicht erreicht wird. Bei Blanketten ist umstritten, ob der Vorsatz lediglich die Tatbestandsmerkmale der Ausfüllungsnorm oder auch deren Existenz und Auslegung umfassen muss – nach hier vertretener Auffassung ist darauf abzustellen, ob Schuldsubstrat die dem Täter vorgeworfene Handlung selbst oder der Verstoß gegen ein gesetzliches Verbot ist. Bei den Blanketten des § 264 StGB ist Letzteres der Fall mit der Folge, dass Existenz und Umfang der Verwendungsbeschränkungen bzw. Mitteilungspflichten vom Vorsatz umfasst sein müssen – eine rechtliche Fehlbewertung würde insofern einen Tatbestandsirrtum und damit das Entfallen des Vorsatzes begründen.

Auf der anderen Seite ist ein Verbotsirrtum zu verneinen, wenn der Täter mit Unrechtsbewusstsein gehandelt hat. Hier wurde herausgearbeitet, dass Unrechtsbewusstsein nur gegeben ist, wenn der Täter in Kenntnis der Strafbarkeit, also eines sanktionsbewehrten rechtlichen Verbots gehandelt hat. Vom Bewusstseinsgrad her ist ein sachgedankliches Mitbewusstsein bzw. ein bedingtes Unrechtsbewusstsein ausreichend.

Nach diesen Vorarbeiten steht nunmehr fest, in welchen Fällen der Anwendungsbereich des § 17 StGB eröffnet ist und sich die Frage der Vermeidbarkeit des Verbotsirrtums stellt.

Hierauf aufbauend sollen in Kapitel 5 die drei eingangs gestellten Fragen beantwortet werden.

I. Anforderungen an die Vermeidbarkeit – Ansätze in Rechtsprechung und Literatur

Zunächst soll eine Bestandsaufnahme des Sach- und Streitstands in Rechtsprechung und Literatur erfolgen.

1. Eckpfeiler der Vermeidbarkeitsprüfung in der älteren Rechtsprechung

Den Ausgangspunkt für die Beurteilung der Frage der Vermeidbarkeit in der Rechtsprechung bildet die Grundsatzentscheidung des großen Senats in Strafsachen[487], in der er den Standpunkt der Rechtsprechung wie folgt umriss:

> „Strafe setzt Schuld voraus. Schuld ist Vorwerfbarkeit. Mit dem Unwerturteil der Schuld wird dem Täter vorgeworfen, dass er sich nicht rechtmäßig verhalten, dass er sich für das Unrecht entschieden hat, obwohl er sich rechtmäßig verhalten, sich für das Recht hätte entscheiden können. Der innere Grund des Schuldvorwurfes liegt darin, dass der Mensch auf freie, verantwortliche, sittliche Selbstbestimmung angelegt und deshalb befähigt ist, sich für das Recht und gegen das Unrecht zu entscheiden, sein Verhalten nach den Normen des rechtlichen Sollens einzurichten und das rechtlich Verbotene zu vermeiden, sobald er die sittliche Reife erlangt hat und solange die Anlage zur freien sittlichen Selbstbestimmung nicht durch die in § 51 StGB genannten krankhaften Vorgänge vorübergehend gelähmt oder auf Dauer zerstört ist. Voraussetzung dafür, dass der Mensch sich in freier, verantwortlicher, sittlicher Selbstbestimmung für das Recht und gegen das Unrecht entscheidet, ist die Kenntnis von Recht und Unrecht. Wer weiß, dass das, wozu er sich in Freiheit entschließt, Unrecht ist, handelt schuldhaft, wenn er es gleichwohl tut. Die Kenntnis kann fehlen, weil der Täter zufolge der in § 51 Abs. 1 StGB aufgezählten krankhaften Vorgänge unfähig ist, das Unrechtmäßige seines Tuns einzusehen. [. . .] Das Bewusstsein, Unrecht zu tun, kann im einzelnen Falle auch beim zurechnungsfähigen Menschen fehlen, weil er die Verbotsnorm nicht kennt oder verkennt. Auch in diesem Falle des Verbotsirrtums ist der Täter nicht in der Lage, sich gegen das Unrecht zu entscheiden. Aber nicht jeder Verbotsirrtum schließt den Vorwurf der Schuld aus. Mängel im Wissen sind bis zu einem gewissen Grade behebbar. *Der Mensch ist,* weil er auf freie, sittliche Selbstbestimmung angelegt ist, auch *jederzeit in die verantwortliche Entscheidung gerufen, sich als Teilhaber der Rechtsgemeinschaft rechtmäßig zu verhalten und das Unrecht zu vermeiden.* Dieser Pflicht genügt er nicht, wenn er lediglich das nicht tut, was ihm als Unrecht klar vor Augen steht. *Vielmehr hat er bei allem, was er zu tun im Begriff steht, sich bewusst zu machen, ob es mit den Sätzen des rechtlichen Sollens in Einklang steht. Zweifel hat er durch Nachdenken oder Erkundigen zu beseitigen. Hierzu bedarf es der Anspannung des Gewissens, deren Maß sich nach den Umständen des Falles und nach dem Lebens- und Berufskreis des Einzelnen richtet.* Wenn er trotz der ihm danach zuzumutenden Anspannung des Gewissens die Einsicht in das Unrechtmäßige seines Tuns nicht zu gewinnen vermochte, war der Irrtum unüberwindlich, die Tat für ihn nicht vermeidbar. In diesem Falle kann ein Schuldvorwurf gegen ihn nicht erhoben werden. Wenn dagegen bei gehöriger Anspannung des Gewissens der Täter das Unrechtmäßige seines Tuns hätte erkennen können, schließt der Verbotsirrtum die Schuld nicht aus.

---

487 BGH-GS-St 2, 194.

Je nach dem Ausmaß, in dem es der Täter an der gehörigen Gewissensanspannung hat fehlen lassen, wird der Schuldvorwurf aber gemindert.

Bewusstsein der Rechtswidrigkeit bedeutet überall weder die Kenntnis der Strafbarkeit, noch die Kenntnis der das Verbot enthaltenden gesetzlichen Vorschrift. Andererseits genügt es auch nicht, dass der Täter sich bewusst ist, dass sein Tun sittlich verwerflich ist. Vielmehr muss er, zwar nicht in rechtstechnischer Beurteilung, aber doch in einer seiner Gedankenwelt entsprechenden allgemeinen Wertung das Unrechtmäßige der Tat erkennen oder bei gehöriger Gewissensanspannung erkennen können."

Das Erfordernis der Gewissensanspannung wurde vom BGH wie folgt konkretisiert:

„An anderer Stelle des Beschl. [des Großen Senats] heißt es, der Täter habe sich ‚bei allem, was er zu tun im Begriff stehe, bewußt zu machen, ob es mit den Sätzen des rechtlichen Sollens in Einklang stehe; Zweifel habe er durch Nachdenken oder Erkundigen zu beseitigen', BGHSt. 2, 201. Mit den Worten *‚Anspannung des Gewissens' ist* deshalb offenbar *gemeint, daß der Täter verpflichtet sei, alle seine geistigen Erkenntniskräfte und alle seine sittlichen Wertvorstellungen einzusetzen, wenn es gilt, sich über die Rechtmäßigkeit oder die Rechtswidrigkeit eines bestimmten Verhaltens ein Urteil zu bilden.*"[488]

Damit einher ging die Annahme, dass eine hypothetische Kausalität zwischen Verbotsirrtum und hypothetischem Ergebnis der Erkundigungen nicht erforderlich sei.

„Hat der Täter *pflichtwidrig* die ihm zuzumutenden *Erkundigungen unterlassen*, so hat er den *Verbotsirrtum verschuldet, gleichgültig welche Auskunft er erhalten hätte.* Da es auf die Vorstellung zur Zeit der Tat ankommt, kann ihn nur eine rechtzeitig eingeholte Auskunft entlasten. Es kommt deshalb in diesem Falle nicht darauf an, ob er eine irrige Auskunft erhalten hätte."[489]

Die ältere Rechtsprechung sah das Wesen der Vermeidbarkeit demnach in der Verletzung einer Nachdenkens- und Erkundigungspflicht durch den Täter.[490] Besagte Pflicht zum Nachdenken und Erkundigen bestand jederzeit in Bezug auf jede Verhaltensweise. Auf das Ergebnis der Pflichterfüllung, also die im Fall der Einholung von Rechtsrat erhaltene Auskunft, kam es jedoch nicht an. Als entscheidend wurde also die Verletzung einer Rechtspflicht zum Nachdenken und

488 BGHSt 4, 1 = NJW 1953, S. 432 – hierbei seien nicht die Wertvorstellungen eines fremden Kulturkreises zugrunde zu legen.

489 BGHSt 21, 18 = NJW 1966, 842 (zum Ordnungswidrigkeitenrecht).

490 *Roxin*, AT I, § 21, Rn. 36 f.; MüKo-*Joecks*, § 17, Rn. 60.

Erkundigen angesehen. Diese Rechtsprechung wird daher in der Literatur teilweise schlagwortartig als Pflichtverletzungslehre bezeichnet.[491]

Schließlich legt die ständige Rechtsprechung hinsichtlich der Vermeidbarkeit einen strengeren Maßstab an als hinsichtlich der Beobachtung der im Verkehr erforderlichen Sorgfalt bei Fahrlässigkeitsdelikten.[492]

Diese Eckpfeiler der Dogmatik des Verbotsirrtums in der älteren Rechtsprechung sollen nunmehr im Einzelnen dargestellt, kritisch hinterfragt und auf ihre Aktualität überprüft werden.

2. Pflichtverletzungslehre oder Anlasserfordernis

Der Standpunkt der älteren Rechtsprechung kann als „Pflichtverletzungslehre"[493] bezeichnet werden, da sie dem Täter eine Verpflichtung auferlegte, jederzeit darüber nachzudenken, ob sein Verhalten Recht oder Unrecht ist und ggf. Erkundigungen einziehen. Dem stand die Literatur schon seit längerer Zeit kritisch gegenüber.[494] Von dem Erfordernis einer allgemeinen Nachdenkens- und Erkundigungspflicht ist die Rechtsprechung mittlerweile zumindest teilweise abgerückt und hat die Position der Literatur, die einen Anlass zur Einholung von Erkundigungen fordert, übernommen.[495]

So formulierte das OLG Oldenburg in einer Entscheidung aus dem Jahr 1999:[496]

> „Die Verbotsunkenntnis gereicht dem Angeklagten zum Vorwurf, wenn er nicht alles zu seiner Orientierung getan hat, was billigerweise von ihm zu verlangen ist. *Eine entsprechende Anstrengung kann von ihm jedoch nur dann erwartet werden, wenn er einen konkreten Anlaß hatte, sich über die Rechtmäßigkeit seines Verhaltens Gedanken zu machen*, er also entweder die Rechtswidrigkeit seines Verhaltens für möglich hielt oder wenn er zwar keine Zweifel hatte, es sich ihm aber hätte aufdrängen müssen, daß sein Verhalten rechtswidrig sein könnte."

---

491 *Rudolphi*, Unrechtsbewusstsein, S. 196; *Löw*, S. 67 ff.

492 BGHSt 4, 236, 242 f.; BGHSt 21, 18 = NJW 1966, S. 842 (zum Ordnungswidrigkeitenrecht); vgl. Kap. 5, I. 5.

493 *Rudolphi*, Unrechtsbewusstsein, S. 196; *Löw*, S. 67 ff.

494 Schönke/Schröder-*Cramer/Sternberg-Lieben*, § 17, Rn. 13; *Roxin*, AT I, § 21, Rn. 36 f.; *Rudolphi*, Unrechtsbewusstsein, S. 196 ff.; *Löw*, S. 75 ff.

495 Vlg. OLG Stuttgart, NJW 2006, S. 2422, 2423 (Sportwettenvermittlung vor der Entscheidung des BVerfG); OLG Oldenburg, NStZ-RR 1999, S. 122 (Verwendung von teerölgetränkten Bahnschwellen für den privaten Gebrauch)

496 OLG Oldenburg, NStZ-RR 1999, S. 122.

a) Kritische Betrachtung der Pflichtverletzungslehre

Diese Tendenzen in der neueren Rechtsprechung sind zu begrüßen. Schon die praktischen Auswirkungen der Pflichtverletzungslehre sind problematisch, da permanente Erkundigungen nach der Rechtslage das tägliche Leben lähmen würden.[497] Auch hinge die Entscheidung für eine bestimmte Handlungsoption durch den Täter, der keinen konkreten Anlass zum Nachdenken hat, letztlich vom Zufall ab.[498] Schließlich ist die Pflichtverletzungslehre im Hinblick auf das Schuldprinzip bedenklich. Der strafrechtliche Schuldvorwurf muss sich bei einem von der Tatschuld geprägten Verständnis immer an der konkreten Tat orientieren. Die oben dargestellte Rechtsprechung knüpft aber gerade nicht an der konkreten Tat, sondern an der Verletzung einer allgemeinen Informationspflicht bzw. deren Vorwerfbarkeit an[499] – die Vorwerfbarkeit der Tat würde also mit der Verletzung einer zweiten Pflicht, der Erkundigungspflicht, begründet. Dies ist zum einen fragwürdig, da die Frage der Pflichtwidrigkeit auf Unrechtsebene und nicht auf Ebene der Schuld zu klären ist; zum anderen, weil so die Vorwerfbarkeit der Tat auf die Vorwerfbarkeit des Irrtums konzentriert wird, die Tatschuld also auf die Irrtumsschuld.[500] Aus diesen Gründen ist eine allgemeine Nachdenkens- und Erkundigungspflicht in Bezug auf jede Handlung oder Unterlassung als Maßstab für die Vermeidbarkeitsprüfung abzulehnen.

b) Vermeidbarkeit als ungenutzte Einsichtsfähigkeit – Erfordernis eines Anlasses[501]

Viel überzeugender ist die Deutung der Vermeidbarkeit als ungenutzte Einsichtsfähigkeit.[502] Darin, dass der Täter die ihm gegebene Möglichkeit zur Unrechtseinsicht nicht genutzt hat, zeigt sich seine Verantwortungslosigkeit gegenüber der Gesellschaft.[503] Hat der Täter Zweifel an der Rechtmäßigkeit seines Verhaltens, die noch kein bedingtes Unrechtsbewusstsein begründen, oder zumindest einen Anlass zur Einholung von Erkundigungen, hat er auch die Mög-

---

497 *Rudolphi*, Unrechtsbewusstsein, S. 206 ff.; *Löw*, S. 157 f.

498 *Rudolphi*, Unrechtsbewusstsein, S. 206 ff.

499 SK-StGB-*Rudolphi*, § 17, Rn. 25.

500 SSW-*Momsen*, § 17, Rn. 46; *Löw*, S. 75; *Kaufmann Armin*, Unterlassungsdelikte, S. 145 f.; *ders.*, FS Eb. Schmidt, S. 319, 329.

501 Wann unter Berücksichtigung der individuellen Erkenntnismöglichkeiten des Täters ein solcher Anlass angenommen werden kann, wird detailliert in Kap. 5, III. erörtert.

502 *Rudolphi*, Unrechtsbewusstsein, S. 195 ff., 291; *ders.*, SK, § 17, Rn. 24; *Löw*, S. 77; *H. Mayer*, MDR 1952, S. 392, 393.

503 SSW-*Momsen*, § 17, Rn. 47; *Löw*, S. 78.

lichkeit, das Unrecht seiner Tat einzusehen.[504] Nur dann wird der ihm gemachte Schuldvorwurf auf seine ungenutzte Fähigkeit zur Unrechtseinsicht gegründet und der Bezug zur konkreten, dem Täter zur Last gelegten Tat gewahrt.

Es bleibt also festzuhalten, dass eine Vermeidbarkeit des Verbotsirrtums nur dann in Betracht kommt, wenn der Täter einen Anlass zum Nachdenken oder Erkundigen hatte. Bezüglich dieses Anlasserfordernisses deutet sich an, dass die neuere Rechtsprechung von der Pflichtverletzungslehre abrückt und auf die Position der Literatur einschwenkt.

3. Gewissensanspannung oder Nachdenken

Vorwiegend die ältere Rechtsprechung sieht die Gewissensanspannung als tauglichen Maßstab für die Möglichkeit der Erkenntnis der Rechtswidrigkeit an. Dies ist problematisch, da Recht und Moral strikt zu trennende Kategorien sind.[505] Eine Befragung des Gewissens kann daher zwar offenbaren, ob ein bestimmtes Verhalten mit den eigenen Moralvorstellungen bzw. unter Umständen denen der Gesellschaft übereinstimmt. Eine Aussage über das rechtliche Verboten sein kann einer Befragung des Gewissens jedoch nicht zwingend entnommen werden, da die Werte des „Sittengesetzes" und die der Rechtsordnung nicht übereinstimmen müssen und eine Befragung des Gewissens gerade keine unmittelbare Aussage über die rechtliche Ge- oder Verbotenheit einer Handlung trifft.[506] Daher kann eine Befragung des eigenen Gewissens nicht unmittelbar den Inhalt der Rechtsordnung offenbaren. Deshalb ist die Ausrichtung der Vermeidbarkeitsprüfung an einer Gewissensanspannung abzulehnen. Orientiert man sich konsequent an der Charakterisierung der Vermeidbarkeit als ungenutzte Einsichtsfähigkeit, ist der Begriff der Gewissensanspannung durch den des Nachdenkens zu ersetzen.[507] Auch diese Begrifflichkeit findet sich bereits teilweise in der neueren Rechtsprechung.[508]

---

504 MüKo-*Joecks*, § 17, Rn. 40; AK-*Neumann*, § 17, Rn. 60 ff.; *Rudolphi*, Unrechtsbewusstsein, S. 206 ff.; vgl. auch Kap. 5, II. 3.

505 Vgl. hierzu Kap. 4. I. 1. a).

506 *Roxin*, AT I, § 21, Rn. 46; *Rudolphi*, Unrechtsbewusstsein, S. 223 ff.; *Baumann/Weber/Mitsch*; AT, § 21, Rn. 60; MüKo-*Joecks*, § 17, Rn. 38; ausführlich auch *Löw*, S. 274 ff.

507 *Löw*, S. 282 – das Nachdenken könne sich jedoch nur auf das Erfassen solcher Normen beziehen, die subjektive Rechte schützen.

508 OLG Oldenburg, NStZ-RR 1999, S. 122 (sich Gedanken machen).

4. Kausalitätserfordernis

Wie oben gesehen, verzichtete die ältere Rechtsprechung auch auf das Kausalitätserfordernis.[509] Hiergegen regte sich Widerspruch. Stimmen aus der Literatur forderten, dass die unterbliebene Einholung von Erkundigungen nur dann zur Vermeidbarkeit des Verbotsirrtums führen soll, wenn die Nichterkundigung kausal für die Vermeidbarkeit des Irrtums gewesen ist.[510] Auch nach Ansicht verschiedener Obergerichte kann die Verletzung einer allgemeinen Informationspflicht und deren Vorwerfbarkeit die Vorwerfbarkeit der konkret begangenen Tat nicht allein begründen.[511] Diese Auffassung wurde dann auch vom BGH übernommen.[512] Dem ist zuzustimmen, da ein Verzicht auf das Kausalitätserfordernis eine Reduzierung der Tatschuld auf die bloße Irrtumsschuld bedeuten und gegen den Grundsatz *nulla poena sine culpa* verstoßen würde.[513]

Auch hinsichtlich des Kausalitätserfordernisses kann also konstatiert werden, dass die Rechtsprechung ihre früher vertretene Position aufgegeben hat und nunmehr zusammen mit der Literatur dem Ergebnis einer hypothetischen Einholung von Rechtsrat Relevanz für die Vermeidbarkeit des Verbotsirrtums zubilligt.

a) Maßstab für die Kausalitätsprüfung

Auf Grundlage dieser Überlegungen stellt sich die Frage, anhand welcher Kriterien ermittelt werden sollte, ob die Einholung von Rechtsrat zur Vermeidbarkeit des Verbotsirrtums geführt hätte. Wie genau zu ermitteln ist, welche Auskunft der Täter erhalten hätte, wenn er Rechtsrat eingeholt hätte, ist allerdings umstritten.

---

509 Da dem Täter das Unterlassen der Einholung von Rechtsrat vorgeworfen wird, wäre es präziser, von Quasikausalität zu sprechen.

510 Schönke/Schröder-*Cramer/Sternberg-Lieben*, § 17, Rn. 22; *Jescheck/Weigend*, S. 459; *Rudolphi*, Unrechtsbewusstsein, S. 250 ff.

511 BayObLG NJW 1989, S. 1744, 1745; OLG Celle, NJW 1977, S. 1644, Rn. 42 ff. (zitiert nach Juris).

512 BGH NJW 1996, S. 1606. Vgl. auch die in Kap. 4, I. 3. b) (1) wiedergegebenen Auszüge aus dem Mannesmann-Urteil des BGHs – der BGH hat zwar schon die Annahme eines Verbotsirrtums durch das LG Düsseldorf als rechtsfehlerhaft aufgehoben, wies aber gleichzeitig daraufhin, dass ein solcher vermeidbar gewesen wäre, da bei Einholung von Rechtsrat die Auskunft erteilt worden sei, die Zahlung von Anerkennungsprämien in Millionenhöhe und ohne jeglichen Nutzen für die Gesellschaft sei unzulässig.

513 BayObLG NJW 1989, S. 1744, 1745; vgl. auch Kap. 5, I. 2. b).

(1) Konkrete Auskunftsperson

In vielen Fällen lassen sich konkrete Auskunftspersonen individualisieren.[514] § 264 StGB ist hierfür ein Paradebeispiel, da der Subventionsgeber immer ein kompetenter Ansprechpartner für rechtliche Rückfragen ist. In solch einer Konstellation kommt es darauf an, welche Auskunft der Subventionsgeber dem Subventionsnehmer erteilt hätte, wenn letzterer Erkundigungen über die Rechtslage eingeholt hätte.

Da eine Person, die gar keine Erkundigungen einholt, nicht besser stehen kann, als eine, die sich um Rechtsrat bemüht, kann auch im Rahmen des Kausalitätserfordernisses eine Auskunft nur dann zur Unvermeidbarkeit des Verbotsirrtums führen, wenn die konkretisierte Auskunftsperson sachkundig und objektiv war.[515]

(2) Subsidiär – normativer Maßstab

Steht eine konkrete Auskunftsperson nicht zur Verfügung, entscheidet die überwiegende Auffassung anhand abstrakter Kriterien, welche Auskunft der Täter erhalten hätte, wenn er sich rechtzeitig bei einer verlässlichen Person oder Stelle erkundigt hätte.[516] Es handelt sich um eine alle Umstände des konkreten Falls berücksichtigende hypothetische Entscheidung, bei der vor allem das Gewicht der Tat eine wesentliche Rolle spielt.[517]

Hinsichtlich der zu erwartenden Auskunft sind verschiedene Ergebnisse denkbar. Zunächst ist möglich, dass das angedachte Verhalten klar als rechtmäßig oder rechtswidrig bezeichnet worden wäre mit der Folge, dass der Verbotsirrtum unvermeidbar bzw. vermeidbar ist. Wäre die um Rechtsrat ersuchte Stelle zum Ergebnis einer möglichen Rechtswidrigkeit gekommen, hätte diese Auskunft beim Normunterworfenen ein bedingtes Unrechtsbewusstsein begründet, sodass von der Vermeidbarkeit des Verbotsirrtums auszugehen ist.[518] Lässt sich nicht aufklären, ob die Auskunft das Verhalten als rechtmäßig oder rechtswidrig

---

514 *Löw*, S. 144.

515 *Rudolphi*, Unrechtsbewusstsein, S. 251 f.

516 BayObLG, NJW 1989, S. 1744, 1745; *Rudolphi*, Unrechtsbewusstsein, S. 251 geht davon aus, dass es unmöglich sei, im Einzelfall zu ermitteln, wen der Täter um Rat gefragt hätte und will daher die Kausalität normativ ermitteln. Entscheidend sei, welche Auskunft eine objektive und sachkundige Person nach pflichtgemäßer Prüfung der Sach- und Rechtslage erteilt hätte. *Löw*, S. 146 f. fordert, *in dubio pro reo* freizusprechen, wenn eine konkrete Auskunftsperson nicht zu ermitteln sei.

517 BayObLG, NJW 1989, S. 1744, 1745; diesbezüglich stellt auch der BGH, NStZ 2006, S. 214 im Mannesmann-Urteil Erwägungen zur hypothetisch erteilten Auskunft an.

518 *Rudolphi*, Unrechtsbewusstsein, S. 252.

eingestuft hätte, ist *in dubio pro reo* von der Unvermeidbarkeit des Verbotsirrtums auszugehen.

5. Vermeidbarkeit – Fahrlässigkeitsmaßstab?

Schließlich stellt sich die Frage, ob die Vermeidbarkeit des Verbotsirrtums am gleichen Maßstab wie die Tatfahrlässigkeit, also an den für das Vorliegen einer Sorgfaltspflichtverletzung bzw. der Vorhersehbarkeit entwickelten Kriterien, gemessen werden kann. Teile der Literatur befürworten dies.[519] Die Rechtsprechung[520] und andere Stimmen in der Literatur[521] gehen hingegen davon aus, dass die Vermeidbarkeit des Verbotsirrtums an einem strengeren Maßstab als die objektive Fahrlässigkeit zu messen ist.

Für die grundsätzliche Annahme eines strengeren Maßstabs spricht, dass bei den Fahrlässigkeitsdelikten die Prüfung der objektiven Sorgfaltspflichtverletzung und der objektiven Vorhersehbarkeit auf Ebene des Tatbestands erfolgt, also erst geklärt werden muss, ob der Täter tatbestandsmäßig gehandelt hat oder nicht. Steht ein Verbotsirrtum im Raum, wurden im Rahmen des dreigliedrigen Deliktsaufbaus bereits die Stufen der Tatbestandsmäßigkeit und Rechtswidrigkeit bejaht – dem Täter war vom Sachverhalt her die Tatbestandsmäßigkeit seines Verhaltens also bekannt. Daher ist in Fällen, in denen ein Verbotsirrtum in Rede steht, die Indizwirkung des Tatbestandes zu berücksichtigen. Aufgrund dieser Indizwirkung, die bei Prüfung der objektiven Fahrlässigkeit gerade nicht gegeben ist, erscheint es angebracht, im Rahmen des § 17 StGB auf Ebene der Schuld höhere Anforderungen an die Vermeidbarkeit zu stellen.[522] Teilweise wird allerdings zwischen Kern- und Nebenstrafrecht differenziert.[523] Dies wird damit begründet, dass im Kernstrafrecht bereits der Tatbestandsvorsatz dem Täter in der Regel einen ausreichenden Impuls vermittle, über die rechtliche Qualität seines Verhaltens nachzudenken und insofern ein strengerer Maßstab als bei der Fahrlässigkeit anzulegen sei. Im Nebenstrafrecht sei dies anders, da gerade dieser Impuls zum Nachdenken auch bei Bestehen des Tatbestandsvorsatzes oftmals nicht gegeben sei. Dem kann in dieser Pauschalität nicht gefolgt werden,

---

519 SK-*Rudolphi*, § 17, Rn. 30a; *Stratenwerth*, AT I, § 10, Rn. 89 ff.; NK-*Neumann*, § 17, Rn. 60; *Roxin*, FS Henkel, S. 171, 187 f.; *ders*, AT I, § 21, Rn. 45; *Löw*, S. 163 f.; w. N. bei *Jescheck/Weigend*, S. 458, Fn. 24

520 BGHSt 4, 236, 243; 21, 18, 20; VRS 14, 31; BayObLG, NJW 1965, S. 163.

521 *Rudolphi*, Unrechtsbewusstsein, S. 216; *Maurach/Zipf*, AT I, § 38, Rn. 34; *D. Meyer*, JuS 1979, S. 250, 253.

522 SSW-*Momsen*, § 17, Rn. 11; BGHSt 21, 18, 20.

523 SK-*Rudolphi*, § 17, Rn. 30a; vgl. zu Abgrenzungskriterien bzw. der Sinnhaftigkeit dieser Unterscheidung Kap. 5, III. 4. b) (5).

da sich viele nebenstrafrechtliche Normen nicht an die Allgemeinheit, sondern an einen beschränkten Adressatenkreis richten, bei dem aufgrund der beruflichen Vorbildung Sachverhalte den Tatbestandsappell auslösen, die für einen „Normalbürger“ völlig nichtssagend sind.[524]

II. Der Schuldgehalt beim Verbotsirrtum

Ein unvermeidbarer Verbotsirrtum lässt die Schuld des Täters entfallen, ein vermeidbarer begründet hingegen nur die Möglichkeit einer fakultativen Strafmilderung. Aus diesem Grund besteht eine enge Verbindung zwischen der Problematik der Vermeidbarkeit und dem Inhalt des Schuldprinzips. Strafe setzt Schuld voraus – bei schuldlosem Handeln können lediglich Maßregeln der Besserung und Sicherung, nie hingegen Strafen verhängt werden.[525] Dies bezeichnet man als Strafbegründungsschuld. Die Schuld, die der Täter auf sich geladen hat, ist zudem der Maßstab für die Strafzumessung und begrenzt die gegen ihn zu verhängende Strafe nach oben.[526] Man spricht insofern von Strafzumessungsschuld.[527] Bei § 17 StGB entscheidet die (Un)Vermeidbarkeit des Verbotsirrtums darüber, wann der Täter schuldlos und wann er schuldhaft handelt. In Rede steht also, unter welchen Voraussetzungen bei Rechtsirrtümern die zu einer Verhängung von Strafen erforderliche Strafbegründungsschuld gegeben ist. Wie der materielle Gehalt der für die Bestimmung der Strafbegründungsschuld maßgeblichen Aspekte des Schuldprinzips zu bestimmen ist, ist allerdings umstritten.

---

524 Vgl. ausführlich Kap. 3, III. 4. c) (4).

525 *Fischer*, Vor § 38, Rn. 4; *Rudolphi*, Das virtuelle Unrechtsbewusstsein, S. 1.

526 *Rudolphi*, Das virtuelle Unrechtsbewusstsein, S. 1; umstritten ist allerdings, ob eine zusätzliche Begrenzung, wie von *Roxin* vorgeschlagen, durch das Zusatzerfordernis der präventiven Bestrafungsnotwendigkeit vorgenommen werden soll. Vgl. *Roxin*, AT I, § 19, Rn. 3; kritisch MüKo-*Radtke*, Vor § 38, Rn. 24 f.

527 MüKo-*Radtke*, Vor § 38, Rn. 14 f. Begrifflich wird zudem teilweise (*Rudolphi*, Das virtuelle Unrechtsbewusstsein, S. 1, 3; dieser Begriff wurde von *Achenbach*, S. 3 f. geprägt) zwischen der Idee der Schuld im Sinn eines individuellen Anders-Handeln-Könnens des konkreten Täters und dem strafrechtsdogmatischen Begriff der Schuld in seiner Ausprägung durch das positive Recht zu unterscheiden; andere (MüKo-*Radtke*, Vor § 38, Rn. 15) halten hier eine eigenständige Begriffsbildung nicht für erforderlich.

1. Das Schuldprinzip

Im Ausgangspunkt besteht überwiegend[528] Einigkeit darüber, dass Schuld Willensschuld ist. Der dem Täter gemachte Vorwurf besteht darin, dass er sich bewusst und gewollt für das Unrecht entschieden hat, obwohl er sich auch für das Recht hätte entscheiden können. Voraussetzung für die Annahme von Schuld ist daher, dass der Täter nach seinen persönlichen Fähigkeiten hätte anders handeln können als er gehandelt hat. Bei der Prüfung der Schuld stehen also die individuellen Fähigkeiten des Täters im Mittelpunkt. Fraglich ist, wie zu bestimmen ist, ob der Täter nach seinen individuellen Fähigkeiten hätte anders handeln können.

a) Der soziale bzw. normative Schuldbegriff

Der heute überwiegend vertretene soziale Schuldbegriff geht davon aus, dass Schuld gegeben ist, wenn der Täter unrechtmäßig gehandelt hat, obwohl ihm die Rechtsordnung die Fähigkeit zuschreiben durfte, sich in der Tatsituation durch die übertretene Verhaltensnorm motivieren zu lassen.[529] *Roxin* spricht in diesem Zusammenhang pointiert von unrechtem Handeln trotz normativer Ansprechbarkeit.[530] Ob besagte normative Ansprechbarkeit des Täters gegeben war, wird vielfach durch eine sozial-vergleichende Betrachtung ermittelt.[531] Es wird danach gefragt, ob „ein anderer an Stelle des Täters" unter Anspannung der Willenskraft, die dem Täter möglicherweise gefehlt hat, die rechtswidrige Tat unter den konkreten Umständen hätte vermeiden können.[532] Demnach beschreibt die Schuld nicht lediglich einen psychologischen Sachverhalt, sondern ist ein wertender Begriff.[533] Aus diesem Grund wird dieser Schuldbegriff auch als normativer Schuldbegriff bezeichnet.

---

528 Nur der unter b) dargestellte funktionale Schuldbegriffs *Jakobs*' wählt als Ansatzpunkt nicht die Willensschuld des Täters, sondern die präventive Bestrafungsnotwendigkeit.

529 *Jescheck/Weigend*, § 37 I 2 b; *Maiwald*, FS Lackner, S. 149, 153 ff.; MüKo-*Radtke*, Vor § 38, Rn. 22; *Roxin*, AT I, § 19, Rn. 36 ff.; *ders.*, ZStW 96 (1984), S. 641, 652; *ders.* FS Arthur Kaufmann, S. 519, 521 f.

530 *Roxin*, ZStW 96 (1984), S. 652 f.

531 *Arthur Kaufmann*, FS Wassermann, S. 889, 893; *ders.*, Jura 1986, S. 225, 227; *ders.*, JZ 1967, S. 553, 560; *Jescheck/Weigend*, § 37, I. 2. b); *Maiwald*, FS Lackner, S. 149, 164 ff.; *Otto*, GA 1981, S. 486; MüKo-*Radtke*, Vor § 38, Rn. 22.

532 *Arthur Kaufmann*, FS Wassermann, S. 889, 893; *ders.*, JZ 1967, S. 553, 560; *Jescheck/Weigend*, § 37, I. 2. b); *Maiwald*, FS Lackner, S. 149, 164 ff.; *Otto*, GA 1981, S. 486; LK-*Jescheck*, Vor § 13, Rn. 74, 78; Schönke/Schröder-*Lenckner/Eisele*, Vor § 13, Rn. 110.

533 MüKo-*Radtke*, Vor § 38, Rn. 22.

b) Der funktionale Schuldbegriff

Der funktionale Schuldbegriff wurde von *Jakobs* geprägt und sieht Schuld als generalpräventive Zuschreibung an, abstrahiert also den Schuldbegriff vom dem dem Täter gemachten persönlichen Vorwurf, indem er den Schuldgehalt allein aus dem Blickwinkel der generalpräventiven Bestrafungsnotwendigkeit bestimmt.[534] Zur Begründung, warum die Strafe aus generalpräventiven Gründen notwendig ist, um die Rechtstreue der Bürger einzuüben, stützt sich *Jakobs* auf *Luhmann* – der Täter habe durch die Begehung der Straftat die an ihn gerichtete Erwartung normgemäßen Verhaltens enttäuscht; diese Enttäuschung müsse kompensiert und das Vertrauen in die Normbefolgung wiederhergestellt werden.[535]

Man unterscheidet zwischen positiver und negativer Generalprävention, wobei erstere auf eine Stärkung des Normvertrauens der Bürger abzielt, während letztere die Allgemeinheit abschrecken soll. Hinsichtlich beider Spielarten der Generalprävention konnte deren Wirkweise und Effizienz auf empirischer Ebene bislang nicht abschließend geklärt werden.[536] Dies lässt schon Zweifel daran aufkommen, ob die generalpräventive Bestrafungsnotwendigkeit als alleiniger Parameter der Strafzumessung geeignet ist. Darüber hinaus besteht die Gefahr, dass eine allein aus dem Blickwinkel der Generalprävention betriebene Strafzumessung zur Verhängung sehr harter Strafen führt, wenn man sich hiervon nur beispielsweise einen die Allgemeinheit abschreckenden Effekt verspricht. Denkbar wäre dann etwa die Verhängung hoher Haftstrafen gegen Ladendiebe zum Zweck der Abschreckung. Eine derart gedeutete Schuld kann nicht straflimitierend wirken. da kaum sicher prognostizierbar ist, welches Maß an Strafe zur Normstabilisierung geboten ist.[537] Der funktionale Schuldbegriff ist daher abzulehnen.

2. Schuldgehalt bei Handeln mit Unrechtsbewusstsein

Der Täter handelt mit Unrechtsbewusstsein, wenn er die Strafbarkeit seines Verhaltens erkennt.[538] Er wird demnach vom Pflichtanruf der verletzten Norm

---

[534] *Jakobs*, Schuld und Prävention, S. 9 ff.; *ders*., AT, 17. Abschnitt, Rn. 18, 22.

[535] *Jakobs*, Schuld und Prävention, S. 9 ff.

[536] *Meier*, S. 27 ff. – es gebe wenige Ergebnisse zur negativen Generalprävention, die darauf hindeuteten, dass man den Abschreckungseffekt nicht überschätzen dürfe; über die Wirkungen der positiven Generalprävention sei so gut wie nichts bekannt; NK-*Villmow*, Vor § 38, Rn. 78; MüKo-*Radtke*, Vor § 38, Rn. 34 ff. Insbesondere bei der positiven Generalprävention seien die empirischen Erkenntnisse noch sehr unsicher.

[537] *Roxin*, AT I, § 3, Rn. 32; MüKo-*Radtke*, Vor § 38, Rn. 23.

[538] A. A. die h. M., vgl. Kap. 4, I. 2. a) (1).

erreicht, kann also seinen Willensentschluss unmittelbar am von der Strafnorm aufgestellten Pflichtmotiv ausrichten. Dies gilt auch, wenn der Täter lediglich mit bedingtem Unrechtsbewusstsein handelt, da er auch in diesem Fall vom Pflichtanruf erreicht wird und sich für das mögliche Unrecht entscheidet. Seine Schuld liegt darin begründet, dass er vom Pflichtanruf der Norm erreicht wurde, diesen aber nicht beachtet hat.[539]

3. Der Schuldvorwurf beim vermeidbaren Verbotsirrtum

Demgegenüber handelt der sich im vermeidbaren Verbotsirrtum befindliche Täter ohne Unrechtsbewusstsein – ihm ist die Strafbarkeit seines Verhaltens gerade nicht bewusst. Sein Tatentschluss ist keine Entscheidung für oder gegen einen Pflichtanruf, da ihn der Pflichtanruf der übertretenen Strafnorm gar nicht erreicht hat. Der ihm zu machende Schuldvorwurf kann also nicht darauf gestützt werden, dass er seinen Willensentschluss nicht am Pflichtanruf der Strafnorm ausgerichtet hat.

Soweit der Verbotsirrtum vermeidbar war, hatte er allerdings die Fähigkeit, die Strafbarkeit seines Verhaltens zu erkennen, ließ diese aber ungenutzt.[540] Hierauf gründet sich der ihm gemachte Schuldvorwurf. Hieraus wird aber auch ersichtlich, dass vom im vermeidbaren Verbotsirrtum befindlichen Täter eine doppelte Anstrengung verlangt wird. Zunächst muss er sich Kenntnis von den ihn treffenden Rechtspflichten verschaffen und sodann seinen Tatentschluss am Pflichtmotiv ausrichten.[541]

4. Versäumnisse im Vorfeld – Lebensführungsschuld?

Es sind Fälle denkbar, in denen der Verbotsirrtum im Zeitpunkt der Vornahme der tatbestandsmäßigen Handlung bzw. Unterlassung nicht vermeidbar war, etwa weil der Normunterworfene keine Zeit hatte, Erkundigungen einzuholen oder weil eine Auskunftsperson nicht greifbar war. Beim Tatbestand des § 264 StGB sind solche Fälle eher die Ausnahme, da der Täter nur selten von einem Moment auf den anderen eine Entscheidung treffen muss, sondern in aller Regel Zeit zur Prüfung der Rechtslage bzw. Einholung von Rechtsrat hat. Denkbar ist aller-

[539] *Rudolphi*, Unrechtsbewusstsein, S. 120 ff.

[540] SSW-*Momsen*, § 17, Rn. 10; SK-*Rudolphi*, § 17, Rn. 24; *Roxin*, AT I, § 21, Rn. 35; MüKo-*Joecks*, § 17, Rn. 33; *Armin Kaufmann*, Unterlassungsdelikte, S. 144 ff. Daher spricht *Rudolphi*, Unrechtsbewusstsein, S. 195, vom potenziellen Unrechtsbewusstsein des Täters.

[541] *Rudolphi*, Das virtuelle Unrechtsbewusstsein, S. 1, 18.

dings, dass beispielsweise die Gewährung einer Subvention zeitlich befristet ist und der Täter das Antragsformular kurz vor Fristablauf ausfüllt. Soweit der Betroffene den Irrtum hätte vermeiden können, wenn er sich im Vorfeld der Tat über die Rechtslage erkundigt hätte, stellt sich die Frage, ob man bei der Prüfung der Vermeidbarkeit auf solche Versäumnisse im Vorfeld abstellen kann. Dies wird unter gewissen Voraussetzungen überwiegend bejaht. Umstritten ist allerdings, ob hierin ein – ausnahmsweise zulässiger – Rückgriff auf eine Lebensführungsschuld liegt oder nicht. Daher soll zunächst kurz die dem deutschen Strafrecht zugrunde liegende Konzeption der Tatschuld dargestellt werden.

a) Schuld als Tatschuld

Aus der Struktur des dem StGB zugrunde liegenden Verbrechensbegriffs lässt sich ableiten, dass die Strafbarkeit von der verwirklichten Tat und nicht von der Täterpersönlichkeit abhängt.[542] Das Strafrecht ist demnach ein Tatstrafrecht, nicht ein Täterstrafrecht. Entsprechend ist die strafrechtliche Schuld Tatschuld und nicht Lebensführungsschuld.[543] Der dem Täter gemachte Schuldvorwurf muss sich also auf die konkrete Tat und die in ihr aktualisierte Gesinnung des Täters in Bezug auf den Achtungsanspruch des geschützten Rechtsguts beziehen.[544]

War der Verbotsirrtum im Zeitpunkt der Vornahme der tatbestandsmäßigen Handlung vermeidbar, bewegt sich der dem Täter gemachte Schuldvorwurf eindeutig auf dem Boden der Tatschuld. Ob in Fällen, in denen der Verbotsirrtum in diesem Zeitpunkt unvermeidbar war, im Vorfeld aber hätte vermieden werden können, noch an die Tatschuld angeknüpft wird bzw., wenn nein, ob – zumindest in gewissen Grenzen – ein Abstellen auf die Lebensführungsschuld des Täters statthaft ist, ist hingegen umstritten.

Rudolphi geht davon aus, dass ein Abstellen auf Versäumnisse im Vorfeld zwar einen Rückgriff auf die Lebensführungsschuld bedeute, dies im Hinblick auf die Akzeptanz entsprechender Rechtsfiguren im Bereich der Fahrlässigkeit und der Strafzumessung aber statthaft sei.[545] Die überwiegende Auffassung hält

---

542 LK-*Jescheck*, 11. Aufl., Vor § 13, Rn. 3 m. w. N.

543 *Rudolphi*, Unrechtsbewusstsein, S. 252 ff.; LK-*Jescheck*, 11. Aufl., Vor § 13, Rn. 75; BeckOK-*Eschelbach*, § 20, Rn. 1; ; Schönke/Schröder-*Lenckner/Eisele*, Vor § 13, Rn. 3; dies gilt auch im Rahmen der Strafzumessung – MüKo-*Franke*, § 46, Rn. 39; BGH, NStZ-RR 2007, S. 195.

544 LK-*Jescheck*, 11. Aufl., Vor § 13, Rn. 75.

545 SK-*Rudolphi*, § 17, Rn. 45; *Rudolphi*, Das virtuelle Unrechtsbewusstsein, S. 1, 20 ff.; so auch LK-*Jescheck*, 11. Aufl., Vor § 13, Rn. 74; ablehnend *Löw*, S. 152 ff.

einen Rückgriff auf Vorverschulden unter den gleichen Prämissen für statthaft wie *Rudolphi*,[546] lehnt es aber ab, dies als Rückgriff auf eine Lebensführungsschuld zu werten. Man zieht eine Parallele zur Fahrlässigkeitsdogmatik, wo der Vorwurf der Sorgfaltspflichtwidrigkeit ebenfalls an ein der tatbestandsmäßigen Handlung vorgelagertes Verhalten angeknüpft werden kann, wenn der Täter eine Aufgabe übernommen hat, für die er nicht ausreichend qualifiziert war.[547] Im Kern werde also der Vorwurf einer „Rechtsfahrlässigkeit" in Form eines Übernahmeverschuldens erhoben.[548] Da insofern eine konkrete Sorgfaltspflichtverletzung in Bezug genommen wird, die entsprechende Rechtsverstöße erwarten ließ, werde gerade nicht auf eine Lebensführungsschuld abgestellt.[549]

Soweit ein Rückgriff auf Vorverschulden überhaupt für statthaft gehalten wird, besteht inhaltlich Übereinstimmung darüber, in welchen Fallgruppen die Vermeidbarkeit unter Rückgriff auf ein „Vorverschulden" begründet werden kann. Dies könnte zur Annahme verleiten, dass zumindest im Hinblick auf § 17 StGB die Diskussion darüber, ob es sich hierbei um einen mittelbaren Tatschuldvorwurf handelt oder ob vielmehr an eine Lebensführungsschuld angeknüpft wird, lediglich von terminologischer Bedeutung und inhaltlich ohne Belang ist.[550] Im Hinblick auf den Status Quo bei § 17 StGB ist das sicherlich richtig. Ob aber, wenn beispielsweise zukünftig bei weiteren, bislang nicht erörterten Fallgruppen zur Diskussion stehen sollte, ob ein Rückgriff auf Vorverschulden statthaft ist oder nicht, die Unterscheidung nicht auch inhaltliche Bedeutung erlangen würde, steht auf einem anderen Blatt. Es ist denkbar, dass die – zunächst rein terminologische – Annahme eines – ausnahmsweise – zulässigen Rückgriffs auf die Lebensführungsschuld stärker dazu einlädt, nach und nach auch bei anderen Fallgruppen den Boden der Tatschuld zu verlassen. Daher scheint der Begriff der mittelbaren Tatschuld vorzugswürdig, auch wenn dies derzeit inhaltlich nicht zu unterschiedlichen Ergebnissen führt.

b) Auswirkungen auf die Vermeidbarkeit

Soweit zur Bejahung der Vermeidbarkeit eine Anknüpfung an Versäumnisse im Vorfeld für statthaft gehalten wird, besteht inhaltlich Übereinstimmung dahingehend, dass die Versäumnisse im Vorfeld in Bezug zur konkreten Tat stehen

---

546 Vgl. hierzu die Ausführungen unter b).

547 MüKo-*Joecks*, § 17, Rn. 66, der die Verwendung von Begriffen wie Lebensführungsschuld und mittelbare Tatschuld für nicht weiterführend hält; ebenso LK-*Jescheck*, 11. Aufl., Vor § 13, Rn. 75; SSW-*Momsen*, § 17, Rn. 42.

548 Schönke/Schröder-*Cramer/Sternberg-Lieben*, § 17, Rn. 17; NK-*Neumann*, § 17, Rn. 58.

549 *Roxin*, AT I, § 21, Rn. 50.

550 So LK-*Jescheck*, 11. Aufl., Vor § 13, Rn. 75.

müssen. Dies wird verneint, wenn der Täter gegen eine an Jedermann gerichtete allgemeine Rechtsnorm verstößt.[551] Anders ist dies bei Tätigkeiten, die einer besonderen rechtlichen Regelung unterliegen, zu beurteilen.[552] Dann trifft ihn die Pflicht, sich über diesen beschränkten Kreis von für seine Tätigkeit relevanten Normen zu informieren. So besteht beispielsweise bei Übernahme einer Tätigkeit Anlass, sich über berufsbezogene Regelungen zu unterrichten.[553] Dem Täter wird also nicht vorgeworfen, dass er irgendeine Norm nicht gekannt habe, sondern dass er sich nicht über einen klar abgegrenzten Normenkanon, von dessen Existenz er wusste und zu dem auch die im Zeitpunkt der Tat verletzte Norm gehört, informiert hat. Wollte man dies anders sehen, könnte ein Täter Straffreiheit erlangen, indem er sich überhaupt nicht über die für ihn geltenden Sondernormen informiert. Man würde also die Nachlässigen und Gleichgültigen prämieren und im schlimmsten Fall die Durchsetzbarkeit dieser Sondernormen weitgehend preisgeben.

5. Das Schuldprinzip und die Bestimmung des Anlasses zum Nachdenken

Voraussetzung für die Vermeidbarkeit des Verbotsirrtums und damit schuldhaften Handelns ist, dass der Täter einen Anlass hatte, sich über die Strafbarkeit seines Verhaltens Gedanken zu machen. Soweit der Täter diesen Anlass gesehen hat, ist die Annahme der Vermeidbarkeit unproblematisch. Die Sachlage ist weniger eindeutig, wenn der Täter zwar objektiv einen Anlass zum Nachdenken hatte, diesen Anlass aber subjektiv – etwa aus Rechtsblindheit – nicht wahrgenommen hat. In Bezug auf die Vermeidbarkeit des Verbotsirrtums steht dabei insbesondere die Frage im Mittelpunkt, inwiefern eine Normativierung des Schuldbegriffs und der Vermeidbarkeit dergestalt zulässig ist, dass in gewissem

---

551 MüKo-*Joecks*, § 17, Rn. 64; *Rudolphi*, Unrechtsbewusstsein, S. 270 ff.; SK-*Rudolphi*, § 17, Rn. 44 ff.

552 *Rudolphi*, Unrechtsbewusstsein, S. 263 f.; *ders*, Das virtuelle Unrechtsbewusstsein, S. 1, 20 ff.; MüKo-*Joecks*, § 17, Rn. 65. Vgl. auch *Stratenwerth*, Die Zukunft des Schuldprinzips, S. 19 f., 43 f., der fordert, man solle, anstatt verschiedenste Aspekte krampfhaft unter die Tatschuld zu subsumieren, besser der Frage nachgehen, ob ein Abstellen auf die Lebensführungsschuld unter dem Gesichtspunkt der Generalprävention sinnvoll sein könnte; SSW-*Momsen*, § 17, Rn. 42; *Rudolphi*, Unrechtsbewusstsein, S. 267 ff.; kritisch *Löw*, S. 168 ff., die hier einen unzulässigen Rückgriff auf eine Lebensführungsschuld aufgrund kriminalpolitischer Interessen sieht.

553 MüKo-*Joecks*. § 17, Rn. 65; *Roxin*, AT I, § 21, Rn. 49 f.; ein weiteres Beispiel ist der Straßenverkehr und die Verpflichtung, sich über die Verkehrsregeln zu informieren.

Umfang auch präventive Erwägungen zur Bestimmung des Anlasses zum Nachdenken Berücksichtigung finden können.

a) Erfordernis eines „unspezifischen Zweifels“?

Stellt man allein auf die psychologische Befindlichkeit des Täters und dessen individuelles Anders-Handeln-Können ab[554], muss man den Anlass zum Nachdenken ebenfalls allein subjektiv aus dem Blickwinkel des Täters bestimmen – etwa, indem man verlangt, dass der Täter zumindest „unspezifische Zweifel“ an der Rechtmäßigkeit seines Verhaltens gehabt haben müsse.[555] Zur Begründung wird angeführt, die Schuldtheorie führe zu einer verstärkt normativen Sichtweise. Dieses normative Element dürfe die Vermeidbarkeit aber nicht formen bzw. ein Einfallstor für präventive Erwägungen darstellen – die Vermeidbarkeit solle von präventiven Erwägungen befreit und wieder auf die Schuldidee zurückgeführt werden; sonst drohe ein gänzlicher Verzicht auf den Verbotsirrtum wegen kriminalpolitischer Bedürfnisse. Daher seien normative Aspekte auf ein Minimum zu reduzieren.[556]

In diesem Zusammenhang ist allerdings anzumerken, dass es der soziale bzw. normative Schuldbegriff selbst ist, der Schuld eben nicht allein als psychologischen Sachverhalt betrachtet, sondern ihn in gewissem Umfang normativiert.

Diese Auffassung legt bei der Prüfung der Schuld und der Vermeidbarkeit allein die individuellen Fähigkeiten des Täters zugrunde und käme zum Ergebnis, dass, soweit solche „unspezifischen Zweifel“ an der Rechtmäßigkeit des eigenen Verhaltens nicht konstatiert werden können, ein Anlass zum Nachdenken nicht gegeben und der Verbotsirrtum unvermeidbar ist.[557] Der ohne Schuld handelnde Täter wäre freizusprechen.

---

554 Dies wird teilweise als „Schuldidee“ im Unterschied zum strafrechtsdogmatischen Begriff der Schuld bezeichnet, vgl. SK-*Rudolphi*, § 17, Rn. 2a.

555 So *Horn*, S. 105; *Löw*, S. 159 ff., 284 ff. Sie unterscheidet hierbei zwischen einem Irrtum über subjektive Rechte, bei welchem schon die Kenntnis des verletzten Rechts einen Anlass zum Nachdenken begründe, und Irrtümern über positives Recht, bei denen die bloße Normunkenntnis noch nicht die Freiheitsbeziehungen der Menschen untereinander bedrohe, sondern erst die mangelnde Normbefolgungsbereitschaft. In letzterem Fall sei von der Vermeidbarkeit des Verbotsirrtums nur auszugehen, wenn objektiv ein Sachverhalt vorliege, der einen Erkenntnisprozess auslösen könne und der Täter subjektiv unspezifische Zweifel hege. Letzteres sei nicht erforderlich, wenn ein Rechtsbereich mit Zugangsbeschränkungen versehen sei, der Täter also eine Eingangsprüfung bestehen müsse. *Zaczyk*, JuS 1990, S. 889, 893.

556 *Löw*, S. 91.

557 *Löw*, S. 82 ff. – eine Berücksichtigung von präventiven Erwägungen sei nicht statthaft.

b) Normativer Maßstab

Eine Betrachtung des Anlasses zum Nachdenken und damit der Vermeidbarkeit allein auf Grundlage psychologischer Kriterien ist allerdings insofern problematisch, als dadurch der besonders indifferente Täter prämiert würde.[558] Die Folgen wären insbesondere in den Bereichen des Rechts dramatisch, die Sonderregeln für bestimmte Tätigkeiten vorsehen. Das Erfordernis „unspezifischer Zweifel" hätte zur Folge, dass für die geschützten Rechtsgüter besonders gefährliche Täter, die sich noch nie Gedanken über das Bestehen (straf)rechtlicher Regeln in diesem Bereich gemacht haben, in den Genuss eines Freispruchs kämen. Aus diesem Grund ist mit der überwiegenden Auffassung das Vorliegen eines Anlasses zum Nachdenken unter Berücksichtigung objektiver bzw. normativer Aspekte zu bestimmen.

Schuld wurde bereits definiert als individuelles Anders-Handeln-Können. Es stellt sich daher die Frage, inwiefern das durch die Objektivierung bzw. Normativierung des Anlasses zum Nachdenken bedingte Abrücken vom Blickwinkel des individuellen Täters mit dem Schuldprinzip vereinbar ist. Diesbezüglich gibt es zwei Begründungsansätze, die eine Vereinbarkeit mit dem Schuldprinzip bejahen. Beiden Ansätzen ist gemein, dass sie Schuld nicht als allein auf die Tätersicht abstellenden psychologischen Sachverhalt des Anders-Handeln-Könnens begreifen. Sie unterscheiden sich aber hinsichtlich der Aspekte, die zusammen mit dem individuellen Anders-Handeln-Können den Gehalt des Schuldprinzips ausmachen sollen.

(1) Strafrechtliche Schuld und präventiver Rechtsgüterschutz

Insbesondere *Rudolphi* unterscheidet zwischen der Schuldidee im Sinne einer gänzlich individualisierenden Betrachtung des Anders-Handeln-Könnens und dem strafrechtsdogmatischen Begriff der Schuld. Letzterer werde durch die Bedürfnisse des präventiven Rechtsgüterschutzes geformt.[559] Daher ist nach dieser Auffassung eine Objektivierung des Anlasses zum Nachdenken möglich, wenn sie mit den Erfordernissen des präventiven Rechtsgüterschutzes in Einklang steht.

Der Begriff des präventiven Rechtsgüterschutzes wird üblicherweise im Bereich der Strafzwecktheorien verwandt. Hieran zeigt sich, dass *Rudolphi* implizit

---

558 NK-*Neumann*, § 17, Rn. 55; *Stratenwerth*, ZStW 85, (1973), S. 469, 483 f.; *Rudolphi*, Das virtuelle Unrechtsbewusstsein, S. 1, 19; kritisch auch *Roxin*, AT I, § 21, Rn. 54.

559 *Noll*, FS H. Mayer, S. 219 ff; *Roxin*, FS Henkel, S. 171, 188; *ders.*, FS Bockelmann, S. 279, 289 ff. spricht in diesem Zusammenhang von der zu verlangenden „normale[n] Rechtstreue", *Rudolphi*, Das virtuelle Unrechtsbewusstsein, S. 1, 19; *Stratenwerth*, ZStW 85 (1973), S. 483.

davon ausgeht, dass der strafrechtsdogmatische Begriff der Schuld von Strafzweckerwägungen mit geformt wird. Eine Bewertung dieses Ansatzes setzt also zunächst eine Befassung mit den mit der Strafe verfolgten Zwecken voraus, da nur dann beurteilt werden kann, welche Strafzweckerwägungen eine Objektivierung des Anlasses zum Nachdenken zu tragen vermögen. In einem zweiten Schritt stellt sich die Frage, ob die Berücksichtigung besagter Strafzumessungserwägungen auf Ebene der Schuld statthaft ist. Daher sollen zunächst die verschiedenen Strafzwecktheorien kurz vorgestellt werden.

(a) Absolute und relative Straftheorien

Bei den Strafzwecktheorien werden im Wesentlichen zwei Strömungen – absolute und relative Strafzwecktheorien – unterschieden, die hinsichtlich des mit der Verhängung von Strafen verfolgten Zwecks divergieren.

(i) Absolute Straftheorien

Die Vergeltungs- oder Sühnetheorie geht davon aus, dass die Verhängung von Strafen nur dazu dient, geschehene Rechtsbrüche zu vergelten.[560] Strafe wurde als Negation der Negation des Rechts angesehen, der Zweck der Strafe also allein rückwärts gewandt und ohne jeglichen Bezug zur Gegenwart und Zukunft der Gesellschaft bestimmt. Dies ist auch der Grund dafür, dass besagte Straftheorien als „absolut“, also von ihren Auswirkungen auf die Gesellschaft losgelöst, bezeichnet werden. *Kant*, zusammen mit *Hegel* einer der prominentesten Vertreter der absoluten Straftheorien, hatte dies wie folgt auf den Punkt gebracht: Wenn sich ein auf einer Insel lebendes Volk entschlösse, die Gemeinschaft aufzulösen und sich in alle Winde zu zerstreuen, müsse vor dem Aufbruch auch noch der letzte Mörder hingerichtet werden, damit jedermann das widerfahre, was seine Taten wert seien.[561]

(ii) Relative Straftheorien

Mittlerweile hat sich ganz überwiegend die Erkenntnis durchgesetzt, dass der Zweck staatlichen Strafens nicht nur absolut, sondern zumindest auch oder gar in erster Linie relativ, also bezogen auf die durch die Bestrafung erreichten Resultate für die Gesellschaft, zu bestimmen ist. Staatliches Strafen soll die für die Gesellschaft unerträglichen Rechtsverletzungen verhindern, also präventiven

---

560 *Roxin*, AT I, § 3, Rn. 2 ff.; *Lackner/Kühl*, § 46, Rn. 2; ausführlich NK-*Hassemer/Neumann*, Vor § 1, Rn. 269.

561 *Kant*, Erster Teil (Metaphysische Anfangsgründe der Rechtslehre, Zweiter Teil (Das öffentliche Recht), 1. Abschnitt (Staatsrecht), E.I., S. 161.

Rechtsgüterschutz betreiben.[562] Der Strafe werden sowohl positive als auch negative präventive Wirkungen zugeschrieben, die sowohl in Bezug auf den individuellen Täter als auch die gesamte Gesellschaft greifen sollen. Man spricht von positiver und negativer Spezial- und Generalprävention.

Der Ansatz der Spezialprävention ist auf den individuellen Täter ausgerichtet und setzt zum einen auf die abschreckende Wirkung der Strafe auf den individuellen Täter (negative Spezialprävention), zum anderen auf eine Stärkung der Akzeptanz von Strafnormen sowie die Verhinderung von Straftaten durch Resozialisierung des Straftäters (positive Spezialprävention).[563]

Die Generalprävention hat demgegenüber die Wirkungen der Strafe auf die gesamte Gesellschaft im Blick. Die positive Generalprävention, auch Integrationsprävention genannt, ist darauf ausgerichtet, „die Unverbrüchlichkeit der Rechtsordnung vor der Rechtsgemeinschaft zu erweisen und so die Rechtstreue in der Bevölkerung zu stärken."[564] Die negative Generalprävention ist demgegenüber auf *Feuerbachs* psychologische Zwangstheorie zurückzuführen und setzt darauf, dass die Verhängung von Strafen potenzielle Straftäter von der Begehung von Straftaten abhalten werde.[565]

(iii) Vereinigungslehren

Heute herrschend sind Vereinigungslehren, wobei im Detail unterschiedliche Gewichtungen der absoluten und verschiedenen relativen Strafzwecke vertreten werden.[566]

(b) Folgerungen für den Anlass zum Nachdenken

Zunächst kann festgehalten werden, dass *Rudolphis* Ansatz für Vertreter absoluter Straftheorien ausscheiden muss. Diese können eine Objektivierung des Anlasses zum Nachdenken nicht mit Erfordernissen des präventiven Rechtsgüterschutzes begründen, da sie den Zweck der Strafe lediglich – rückwärtsgewandt – in der Vergeltung geschehener Rechtsbrüche, nicht hingegen – zukunftsgewandt – in der Verhinderung zukünftiger Rechtsbrüche, also im präventiven Rechtsgüterschutz sehen.

---

562 *Rudolphi*, Das virtuelle Unrechtsbewusstsein, S. 1; SK-*Rudolphi*, Vor § 1, Rn. 1 f.; *Meier*, S. 3 ff.

563 Vgl. ausführlich MüKo-*Radtke*, Vor § 38, Rn. 33, 40 ff.

564 BVerfGE 45, 187, Rn. 217 (zitiert nach Juris).

565 MüKo-*Radtke*, Vor § 38, Rn. 34.

566 Jescheck/Weigend, § 8, V.; *Maurach/Zipf*, AT/1, § 6, Rn. 8; NK-*Hassemer/Neumann*, Vor § 1, Rn. 286; MüKo-*Radtke*, Vor § 38, Rn. 50 f.

Auf Grundlage der relativen Straftheorien bzw. der Vereinigungslehre, die, zumindest auch, zukünftige Rechtsbrüche verhindern und damit präventiven Rechtsgüterschutz betreiben, ist die Berücksichtigung solch präventiver Erwägungen grundsätzlich denkbar. Sie ist allerdings nur dann zu befürworten, wenn der Gehalt des Schuldgrundsatzes durch Erfordernisse des präventiven Rechtsgüterschutzes mitgeprägt wird.

Rudolphi bejaht dies und folgert hieraus für die Vermeidbarkeit des Verbotsirrtums, dass das Bestehen eines Anlasses zum Nachdenken und Erkundigen am präventiven Rechtsgüterschutz und damit an vom Recht bestimmten Erkundigungspflichten auszurichten sei.[567] Maßstab sei die Sicht eines verantwortungsbewussten Menschen.[568] Diese Objektivierung führt zu einer geringeren Anzahl an Freisprüchen wegen unvermeidbaren Verbotsirrtums. Dies dürfte vor allem der Stärkung des Normvertrauens der Rechtsunterworfenen und damit der positiven Generalprävention dienen.[569]

(2) Sozialer Schuldbegriff

Eine Normativierung des Anlasses zum Nachdenken kann auch bei stringenter Anwendung des sozialen Schuldbegriffs erreicht werden. Dieser betrachtet Schuld ebenfalls nicht ausschließlich als psychologischen Sachverhalt des individuellen Anders-Handeln-Könnens, sondern normativiert sie, da er sich im Ergebnis eines Vergleichsverfahrens bedient: Aus der Tatsache, dass sich die Mehrzahl der Menschen in der Situation, in der der Täter den Tatbestand einer Strafnorm verwirklicht hat, normkonform verhält, wird abgeleitet, dass sich auch der Täter für das Recht hätte entscheiden können.[570] In diesem Sinne wird bei der Vermeidbarkeit des Verbotsirrtums aus der Tatsache, dass die Mehrzahl der Menschen in der Situation, in der der Täter über das Verboten sein der Tat geirrt hat, einen Anlass zum Nachdenken gesehen hätte, gefolgert, dass sich auch der Täter diesen Anlass hätte erschließen können. Daher wird angenommen, dass ein Mindestmaß an „Können" normativ vorausgesetzt werden müsse.[571] Dies hat zur Folge, dass in gewissem Umfang auch das Erkennen-Können eines Anlasses zum Nachdenken normativiert wird.

Die Normativierung des Anlasses zum Nachdenken auf Grundlage des sozialen Schuldbegriffs hat den Charme, dass sie besagte Normativierung „system-

---

567 SK-*Rudolphi*, § 17, Rn. 2a – auch in Bezug auf die Relevanz mittelbarer Tatschuld/Lebensführungsschuld; *Roxin*, AT I, § 21, Rn. 52 ff.

568 *Rudolphi*, Das virtuelle Unrechtsbewusstsein, S. 1, 18 f.

569 Allgemein zum Verbotsirrtum und der Normstabilisierung durch Zurechnung NK-*Neumann*, § 17, Rn. 54; *Müller-Dietz*, FS Jescheck (1985), Bd. II, S. 813 ff.

570 MüKo-*Radtke*, Vor § 38, Rn. 22.

571 NK-*Neumann*, § 17, Rn. 55.

immanent", also ohne Rückgriff auf dem Schuldbegriff im Sinn eines Anders-Handeln-Könnens an sich fremde Kategorien wie Strafzweckerwägungen begründet.

Es stellt sich allerdings die Frage, wie besagte Auffassung ermittelt, wie viel „Können" normativ vorausgesetzt werden muss. Man bedient sich eines Vergleichsverfahrens, welches jedoch nicht empirisch ermittelt, wie sich die Mehrzahl der Menschen in besagter Situation verhalten bzw. ob sie einen Anlass zum Nachdenken gesehen hätte. Es werden also im Ergebnis wiederum normative Erwägungen angestellt, welche Verhaltensmuster bzw. Fähigkeiten von einem Menschen in einer bestimmten Situation erwartet werden. Welche Kriterien entscheidungserheblich sind, wird jedoch nicht offengelegt. Es drängt sich jedoch auf, dass in der Sache keine allzu großen Unterschiede zu den von *Rudolphi* postulierten, durch das Recht definierten Erkundigungspflichten bzw. dem Maßstab des verantwortungsbewussten Menschen bestehen dürften. Dann aber kann festgehalten werden, dass *Rudolphis* Auffassung zumindest den Vorzug hat, dass sie ihre Entscheidungsparameter transparent macht.

c) Bestimmung des Anlasses zum Nachdenken und Schutz der finanziellen Interessen der EU

Es hat sich also gezeigt, dass bei rein nationalen Sachverhalten bei der Bestimmung des Anlasses zum Nachdenken und Erkundigen auch kriminalpolitische Erwägungen Berücksichtigung finden – insbesondere die Bedürfnisse des präventiven Rechtsgüterschutzes werden berücksichtigt. *Rudolphi* bringt dies in seinen Ausführungen explizit zum Ausdruck. Doch auch Verfechter des sozialen Schuldbegriffs berücksichtigen implizit präventive Erwägungen, wenn sie ein Mindestmaß an Können normativ voraussetzen.

Nimmt man nun Betrügereien in Bezug auf EU-Subventionen in den Blick, zeigt sich, dass an dieser Stelle der nationalen Dogmatik ein Anknüpfungspunkt gegeben ist, der es erlaubt, die durch Art. 4 Abs. 3 EUV n. F. den Mitgliedstaaten auferlegte Schutzverpflichtung in Bezug auf wesentliche Gemeinschaftsgüter, wie den Schutz der finanziellen Interessen der EU, auch im Rahmen des nationalen Strafverfahrens gegen Subventionsbetrüger angemessen zu berücksichtigen. Genauso wie der präventive Rechtsgüterschutz nationaler Prägung Auswirkungen auf die Bestimmung des Anlasses zum Nachdenken hat, können präventive Bedürfnisse der EU in Bezug auf den EU-Subventionsbetrug den Anlass zum Nachdenken als wesentlichem Parameter für die Vermeidbarkeit des Verbotsirrtums formen.[572]

---

572 Wann dies der Fall sein kann, wird in Kap. 5, IV. 1. a) (2) (c) (ii) (b) näher dargelegt.

Dies zeigt, dass die nationale Dogmatik zur Vermeidbarkeit des Verbotsirrtums Anknüpfungspunkte bietet, die eine europarechtskonforme Anwendung des nationalen Strafrechts erlauben. Identitätsprägende Eigenheiten des deutschen Strafrechts werden nicht tangiert. Insbesondere steht besagte Berücksichtigung des Schutzes der finanziellen Interessen der EU in Gestalt einer effizienten Anwendung des Strafrechts mit dem herrschenden Verständnis des Schuldprinzips in Einklang. Eines Rückgriffs auf das strafrechtliche Schonungsgebot bedarf es also nicht.

6. „De-minimis"-Ausnahme – Unvermeidbarkeit trotz minimalem Schuldvorwurf?

Rudolphi will in Fällen, in denen für den Betroffenen eine Möglichkeit zur Erlangung des Unrechtsbewusstseins bestand, der ihm zu machende Schuldvorwurf aber sehr gering und die ihm abzuverlangenden Anstrengungen zur Erkenntnis der Rechtswidrigkeit sehr groß sind, einen unvermeidbaren Verbotsirrtum annehmen, da die Rechtsordnung keine sittlichen Höchstleistungen verlangen solle. Diese „de-minimis"-Ausnahme begründet er damit, dass in solchen Konstellationen der Zugewinn an Rechtsgüterschutz trotz stark steigender Anforderungen an den Betroffenen gering sei, auf der anderen Seite aber die Belastungen für die Gemeinschaft stark wachsen.[573] Daher rechtfertige das auch der Begrenzung der staatlichen Strafgewalt dienende Schuldprinzip eine Bestrafung grundsätzlich nicht mehr.[574] Ein Verbotsirrtum sei daher schon unvermeidbar, wenn auch ein verantwortungsbewusster Mensch in der Situation und ausgestattet mit den geistigen Fähigkeiten des Täters die Rechtswidrigkeit des Verhaltens nicht mehr durch eigenes Nachdenken erkannt und auch nicht mehr durch Einholung von Erkundigungen erfahren hätte, mögen ihm auch Mittel und Wege zur Erkenntnis der Rechtswidrigkeit offen gestanden haben.[575]

Diese Postulierung einer „de-minimis"-Ausnahme ist aber in verschiedener Hinsicht problematisch. So ist kaum vorstellbar, wie die Grenze bestimmt werden soll, ab derer die Schuld so gering und die Belastungen für die Gesellschaft so groß sind, dass die Annahme eines unvermeidbaren Verbotsirrtums angebracht sein soll. Daher ist die praktische Handhabbarkeit dieser „de-minimis"-

---

573 *Rudolphi*, Unrechtsbewusstsein, S. 212 ff.; *Rudolphi*, Das virtuelle Unrechtsbewusstsein, S. 1, 23.

574 *Rudolphi*, Unrechtsbewusstsein, S. 213 f. Dies gelte insbesondere für Fahrlässigkeitsdelikte, bei denen aufgrund des im Verhältnis zu Vorsatzdelikten geringeren Schuldgehalts eine Bestrafung sowieso nur bei besonders hochwertigen Rechtsgütern in Betracht komme.

575 *Rudolphi*, Unrechtsbewusstsein, S. 214 f.

Ausnahme fraglich. Darüber hinaus dürfte die Wurzel des von *Rudolphi* beschriebenen Problems darin begründet liegen, dass – insbesondere in der Rechtsprechung – die Messlatte für die Annahme eines unvermeidbaren Verbotsirrtums oftmals sehr hoch gelegt wird. Dies hat zur Folge, dass *Rudolphi* in den oben beschriebenen Fällen an sich einen vermeidbaren Verbotsirrtum annehmen müsste und eine Ausnahmeregel benötigt, um trotz der festgestellten minimalen Schuld einen unvermeidbaren Verbotsirrtum begründen zu können, da ersichtlich ist, dass der durch die Annahme eines vermeidbaren Verbotsirrtums bezweckte Zugewinn an Rechtsgüterschutz geringer wiegt als die dadurch verursachten Belastungen für die Rechtsgemeinschaft. Überzeugender scheint es, diese Erwägungen im Rahmen einer Begrenzung der dem Täter auferlegten Erkundigungspflichten zu berücksichtigen. Sollten in Ausnahmefällen dennoch Härten zu konstatieren sein, bieten bei Vergehen die §§ 153, 153a StPO adäquate Lösungsmöglichkeiten.

III. Die Bestimmung des Anlasses zum Nachdenken oder Einholen von Rechtsrat

1. Allgemeines

Da Schuld individuelle Vorwerfbarkeit ist, ist Ausgangspunkt der Vermeidbarkeitsprüfung die Frage, ob der Täter nach seinen individuellen Fähigkeiten das Unrecht der Tat hätte erkennen können. Die Maßgeblichkeit der individuellen Fähigkeiten des Täters erkennt auch der BGH in gewissem Umfang an, wenn er davon ausgeht, dass das Maß der „Gewissensanspannung" durch die Umstände des Einzelfalls und den Lebens- und Berufskreis des Betroffenen begrenzt wird.[576] Insbesondere durch die Berücksichtigung des Berufskreises ist dieser Maßstab jedoch auch durch normative Kriterien mitgeprägt. Dies entspricht auch dem herrschenden sozialen Schuldbegriff.[577] Das Unrecht der Tat ist nur erkennbar, wenn der Täter einen Anlass zum Nachdenken oder Einholen von Erkundigungen hatte.[578] Hierbei stellt sich primär die Frage, ob der Täter schon durch eigenes Nachdenken die Rechtswidrigkeit hätte erkennen können. Selbst wenn dies zu verneinen ist, ist zu prüfen, ob der Täter zumindest sekundär einen Anlass hatte, Erkundigungen über die Rechtslage einzuziehen.

Der für die Vermeidbarkeit des Verbotsirrtums erforderliche Anlass zum Nachdenken bzw. Einholen von Erkundigungen kann sich aus verschiedenen

576 BGH-GS-St 2, 194.
577 Vgl. Kap. 5, II. 1. a).
578 Vgl. Kap. 5, I. 2. b).

Gesichtspunkten ergeben. Zum einen ist denkbar, dass der Täter aufgrund von Hinweisen Dritter oder durch Fachlektüre Zweifel an der Rechtmäßigkeit seines Verhaltens bekommt[579] oder er weiß, gegen zivilrechtliche oder öffentlich-rechtliche Normen zu verstoßen[580]. Wie oben gesehen, ist solch ein Anlass aber nicht nur dann gegeben, wenn der Täter unspezifische Zweifel an der Rechtmäßigkeit hatte. Der Anlass ist vielmehr in gewissem Umfang objektivierend aufgrund normativer Erwägungen zu bestimmen.[581] In Rechtsprechung und Literatur findet man diesbezüglich oftmals folgende schlagwortartige Aussagen. So heißt es oft, der Verbotsirrtum sei vermeidbar, wenn für den Täter erkennbar war, dass er Belange des Einzelnen oder der Allgemeinheit schädigte oder dass er sich auf einem Gebiet bewege, das einer rechtlichen Sonderregelung unterliege.[582] Je wesentlicher eine Norm für ein gedeihliches Zusammenleben in der Gemeinschaft sei, je mehr sie also ganz elementare Verhaltensanforderungen enthalte, umso höhere Anforderungen seien an die Vermeidbarkeit des Verbotsirrtums zu stellen.[583] Im Bereich des teilweise entlegenen Nebenstrafrechts hingegen biete sich für den Verbotsirrtum ein weites Feld; an die Unvermeidbarkeit seien weniger hohe Anforderungen zu stellen.[584] Der Anlass zur Überprüfung des eigenen Verhaltens und damit das Entstehen einer Erkundigungspflicht werde dem Täter im Bereich des Kernstrafrechts in der Regel durch den Tatbestandsvorsatz vermittelt; im Nebenstrafrecht sei dies nicht notwendigerweise der Fall.[585] Die Rechtsprechung geht davon aus, dass eine Erkundigungspflicht in den allermeisten Fällen bestehe.[586]

Daher stellt sich die Frage, in welchen Konstellationen solch ein Anlass zum Nachdenken oder Erkundigen besteht. Dies soll zum einen allgemein, zum anderen spezifisch für den Tatbestand des Subventionsbetrugs erörtert werden.

---

579 *Roxin*, AT I, § 21, Rn. 55.

580 Nach der herrschenden Meinung würde das Wissen, gegen zivilrechtliche oder öffentlich-rechtliche Normen zu verstoßen, für eine Bejahung des Unrechtsbewusstseins ausreichen. Vgl. Kap. 4, I. 2. a) (1).

581 Vgl. Kap. 5, II. 5. b).

582 *Roxin*, AT I, § 21, Rn. 52 ff.

583 Schönke/Schröder-*Cramer/Sternberg-Lieben*, § 17, Rn. 16.

584 OLG Oldenburg, NStZ-RR 1999, S. 122; MüKo-*Joecks*, § 17, Rn. 37; Schönke-Schröder/Cramer-*Sternberg-Lieben*, § 17, Rn. 16; *Löw*, S. 150 m. w. N. in Fn. 687.

585 SK-*Rudolphi*, § 17, Rn. 31; OLG Oldenburg, NStZ-RR 1999, S. 122

586 BGHSt 21, 18 = NJW 1966, S. 842.

2. Schädigung Einzelner oder der Allgemeinheit

a) Allgemeines

Literatur[587] und Rechtsprechung[588] gehen vielfach davon aus, dass sich ein Anlass für Erkundigungen unter anderem aus der Erkenntnis ergeben kann, dass das Verhalten Einzelnen oder der Allgemeinheit Schaden zufügt. Zunächst stellt sich die Frage, wieso hierin ein Anlass gesehen werden kann.

Aufgabe des Strafrechts ist es, das freie und friedliche Zusammenleben aller Bürger unter Gewährleistung aller in der Verfassung garantierten Grundrechte zu sichern.[589] Diese Aufgabe kann man unter den Begriff „Rechtsgüterschutz" fassen. Unter Rechtsgütern versteht man alle Gegebenheiten oder Zwecksetzungen, die für die freie Entscheidung des Einzelnen, die Verwirklichung seiner Grundrechte und das Funktionieren eines auf dieser Zielvorstellung aufbauenden staatlichen Systems notwendig sind.[590] Der Rechtsgüterschutz ist daher das Leitprinzip der Strafrechtsgesetzgebung. Nur dort, wo man das Strafrecht als *ultima ratio* benötigt, um ein bestimmtes Rechtsgut zu schützen, darf die Freiheit des Bürgers dergestalt beschränkt werden, dass ein bestimmtes Tun oder Unterlassen unter Strafe gestellt wird. Hierbei wird zwischen Individual- und Kollektivrechtsgütern unterschieden. Individualrechtsgüter schützen Rechte, die einem Individuum zustehen können, wie beispielsweise körperliche Unversehrtheit, Eigentum oder Vermögen. Kollektivrechtsgüter schützen hingegen Belange der Allgemeinheit, wie etwa das Vertrauen in die Unkäuflichkeit von Hoheitsträgern, und damit die Sachlichkeit staatlicher Entscheidungen bei den Bestechungsdelikten.

Die Erkenntnis des Täters, Belange des Einzelnen oder der Allgemeinheit zu schädigen, ist also gleichzusetzen mit der Erkenntnis, das durch den Tatbestand geschützte Individual- oder Kollektivrechtsgut zu schädigen. Der Täter muss den Wertungsakt des Gesetzgebers, der sich für den strafrechtlichen Schutz dieses Rechtsguts entschieden hat, nachvollziehen.[591] Kann er selbst diesen Wertungsakt nachvollziehen, vermittelt ihm schon der Tatbestandsvorsatz einen ausreichenden Anlass. Dies ist zum einen der Fall, wenn ein Tatbestand stark im

---

587 *Roxin*, AT I, § 21, Rn. 55.

588 OLG Oldenburg, NStZ-RR 1999, S. 122.

589 *Roxin*, AT I, § 2, Rn. 7; *Merkel*, 1994, S. 297 ff.; *Schöch*, FS Schüler-Springorum, S. 245, 253; ähnlich *Krey*, AT 1, § 1, Rn. 7; *Rudolphi*, FS Honig, S. 151; vgl. *Hefendehl* zu Kollektiv-Rechtsgütern.

590 *Roxin*, AT I, § 2, Rn. 7.

591 *Rudolphi*, Unrechtsbewusstsein, S. 222 f.

Rechtsbewusstsein der Allgemeinheit verwurzelt ist,[592] zum anderen, wenn der Täter über Sonderkenntnisse verfügt, aufgrund derer er sich gesetzgeberische Wertungen erschließen kann, die dem „Normalbürger" verschlossen bleiben.[593]

b) § 264 StGB

§ 264 StGB schützt sowohl das Vermögen des Subventionsgebers als Individualrechtsgut als auch das staatliche Subventionswesen und die mit ihm verfolgten Zwecke als Kollektivrechtsgut.[594] Damit bieten sich zwei Ansatzpunkte für die Erkenntnis des Täters, sein Verhalten könnte Einzelne oder die Allgemeinheit schädigen. Als geschädigter Einzelner kommt der Staat bzw. das von ihm im Rahmen der Subventionsvergabe eingesetzte Vermögen in Betracht. Eine Schädigung der Allgemeinheit könnte sich ergeben, wenn das von § 264 StGB geschützte Kollektivrechtsgut – die Effektivität der staatlichen Wirtschaftsförderung bzw. das Institut der Subvention und die hiermit verfolgten wirtschaftspolitischen und sonstigen Zwecke tangiert wird.

Zu beachten ist allerdings, dass es sich bei § 264 StGB nicht um ein Verletzungsdelikt, sondern um ein abstraktes Gefährdungsdelikt handelt.[595] Dies hat zur Folge, dass die Erkenntnis des Täters nicht auf eine Verletzung, sondern lediglich auf eine abstrakte Gefährdung des jeweiligen Rechtsguts und damit der dahinterstehenden Belange des Einzelnen bzw. der Allgemeinheit gerichtet sein muss.

Ausreichend für die Annahme eines Anlasses zum Nachdenken ist die Erkenntnis des Täters, eines der beiden Rechtsgüter zu verletzen. § 264 StGB enthält allerdings sehr unterschiedliche Begehungsmodalitäten. So ist Abs. 1 Nr. 1 (Machen von unrichtigen oder unvollständigen Tatsachen über subventionserhebliche Tatsachen) eher betrugsähnlich, Abs. 2 Nr. 2 (Verstoß gegen Verwendungsbeschränkungen) hingegen eher untreueähnlich ausgestaltet. Demgegenüber ist Abs. 1 Nr. 3 als Sonder- und echtes Unterlassungsdelikt einzustufen und pönalisiert den Verstoß gegen Mitteilungspflichten. Daher soll für jede Alternative gesondert untersucht werden, worauf sich die Appellfunktion des Tatbestandsvorsatzes gründen kann. Hier ergeben sich Wechselwirkungen mit dem Bezugspunkt des Vorsatzes.[596]

---

592 *Rudolphi*, Unrechtsbewusstsein, S. 222 f.

593 Vgl. Kap. 3, III. 4. c) (4); vgl. auch LK-*Schroeder*, § 17, Rn. 28.

594 Vgl. Kap. 2, II. 1.

595 Vgl. Kap. 2, II. 2.

596 Vgl. insbesondere Kap. 3, III. 5. b) zum Vorsatzgegenstand bei § 264 Abs. 1 Nr. 2, 3 StGB.

(1) § 264 Abs. 1 Nr. 1 StGB

Gemäß § 264 Abs. 1 Nr. 1 StGB macht sich strafbar, wer gegenüber dem Subventionsgeber über subventionserhebliche Tatsachen für sich oder einen anderen unrichtige oder unvollständige Angaben macht, die für ihn oder einen anderen vorteilhaft sind.

aa) Schädigung der Belange Einzelner

Ein Anlass zum Nachdenken ist bei § 264 StGB einerseits gegeben, wenn der Täter erkannt, die Belange Einzelner in Gestalt des staatlichem Vermögens abstrakt zu gefährden.

Hieran schließt sich die Frage an, inwiefern das Machen unrichtiger bzw. unvollständiger vorteilhafter Angaben über subventionserhebliche Tatsachen eine abstrakte Vermögensgefährdung begründen kann. Hierbei ist die Betrugsähnlichkeit des § 264 Abs. 1 Nr. 1 StGB von Bedeutung. Diese Begehungsmodalität pönalisiert Täuschungshandlungen, verzichtet aber, anders als § 263 StGB, auf Irrtum, Vermögensverfügung und Vermögensschaden des Subventionsgebers.[597] Insbesondere der Verzicht auf das Erfordernis eines Vermögensschadens führt dazu, dass § 264 StGB kein Verletzungsdelikt, sondern ein abstraktes Gefährdungsdelikt ist. Zur Beantwortung der Frage, wann aufgrund gemachter unrichtiger bzw. unvollständiger Angaben über vorteilhafte subventionserhebliche Tatsachen eine abstrakte Vermögensgefährdung eingetreten ist, kann dennoch auf die Dogmatik zum Vermögensschaden beim Betrug rekurriert werden. Beim Betrug wird ein Vermögensschaden bejaht, wenn eine Gesamtsaldierung, also ein Vergleich des Vermögens vor und nach der schädigenden Verfügung einen negativen Saldo ergibt,[598] wenn also der Wert der erlangten Leistung hinter dem der erbrachten Gegenleistung zurückbleibt. Ob solch eine unbewusste Selbstschädigung in Fällen des Subventionsbetrugs gegeben ist, ist umstritten. Hierbei ist zunächst danach zu unterscheiden, ob – z.B. aufgrund einer Ermessensreduzierung auf Null oder weil dem Subventionsgeber kein Ermessen eingeräumt ist – auf die Gewährung einer Subvention ein Anspruch besteht oder nicht.

In ersterem Fall wird ein Vermögensschaden bejaht.[599] Das staatliche Vermögen sei mit einer Verbindlichkeit in Gestalt eines Anspruchs auf Subventionsgewährung belastet mit der Folge, dass die Subventionsgewährung keine einseitige Vermögensweggabe sei, sondern der Subventionsgeber ein wirtschaftlich

---

597 Vgl. Kap. 5, III. 2. B) (1).

598 MüKo-*Hefendehl*, § 263, Rn. 443 ff.; Schönke/Schröder-*Cramer/Perron*, § 263, Rn. 104a.

599 *Gerhold*, S. 17 f.; krit. *Idler*, JuS 2007, 904.

gleichwertiges Äquivalent in Gestalt der Befreiung von einer Verbindlichkeit erstrebe.[600]

Soweit dem Subventionsgeber ein Ermessen eingeräumt wird, ist umstritten, ob das Vorliegen eines Vermögensschadens auf die Zweckverfehlungslehre gestützt werden kann. Diese besagt, dass auch bei bewusster Weggabe von Vermögenswerten ohne Erwartung einer wirtschaftlichen Gegenleistung die Verfehlung des verfolgten wirtschaftlich bzw. sozial anerkannten Zwecks einen Vermögensschaden begründen kann.[601] Überwiegend wird der in der jeweiligen Rechtsgrundlage umschriebene Subventionszweck als Maßstab für die Bestimmung des Vermögensschadens angesehen[602], so dass bei dessen Verfehlung ein Vermögensschaden angenommen werden kann. Dies erscheint überzeugend, da nicht ersichtlich ist, warum die Verfehlung anerkennenswerter Zwecke beim staatlichen Vermögen im Gegensatz zum privaten Vermögen nicht pönalisiert werden soll.

Hieraus ergibt sich, dass hinsichtlich der Erkennbarkeit der Rechtsgutsgefährdung im Hinblick auf das Schutzgut „Vermögen“ differenziert werden muss:

- Besteht ein Anspruch auf die Subvention, begründet schon das Machen falscher oder unvollständiger Angaben über vorteilhafte subventionserhebliche Tatsachen die Gefahr, dass, da die Täuschung nicht aufgedeckt wird, die Subvention vergeben wird, obwohl die Vergabevoraussetzungen nicht vorliegen; die Subvention also ausgezahlt wird, ohne dass der Staat ein Äquivalent in Gestalt der Befreiung von einer Verbindlichkeit erlangt, da diese Verbindlichkeit mangels Erfüllung der Vergabevoraussetzungen in Bezug auf den Subventionsnehmer nie bestand. Weiß der Täter, dass er falsche bzw. unvollständige Angaben macht und dass er einen Anspruch auf die beantragte Subvention hat, hat er Kenntnis von der Rechtsgutsgefährdung und damit der Gefährdung der Interessen Einzelner in Form des staatlichen Vermögens.
- Besteht kein Anspruch auf die Gewährung der Subvention, hat der Täter Kenntnis von der Gefährdung des staatlichen Vermögens, wenn ihm bewusst ist, dass die Auskehrung der Subvention aufgrund der von ihm gemachten falschen oder unvollständigen Angaben zu einer Verfehlung des verfolgten sozial- oder wirtschaftspolitischen Zwecks führt.

---

600 MüKo-*Hefendehl*, § 263, Rn. 680, 685.

601 *Jäger*, Examensrepetitorium BT, Rn. 362.

602 BGH wistra 2006, S. 228, Rn. 7 (zitiert nach Juris) m. Anm. *Idler*, JuS 2007, S. 904, 908; BGHSt 31, 95, Rn. 22 (zitiert nach Juris) m. Anm. *Tiedemann*, JR 1983, S. 212, 213; Schönke/Schröder-*Cramer/Perron*, § 263, Rn. 104; a.A. MüKo-*Hefendehl*. § 263, Rn. 685.

bb) Schädigung der Belange der Allgemeinheit

Ein Anlass zum Nachdenken ist bei § 264 StGB einerseits gegeben, wenn der Täter erkennt, die Belange Einzelner in Gestalt des staatlichem Vermögens abstrakt zu gefährden.

Hieran schließt sich die Frage an, inwiefern das Machen unrichtiger bzw. unvollständiger vorteilhafter Angaben über subventionserhebliche Tatsachen eine abstrakte Gefährdung des geschützten Kollektivrechtsguts begründen kann. Dieses wird schlagwortartig als effektive staatliche Wirtschaftsförderung bzw. Institut der Subvention und die damit verfolgten wirtschaftspolitischen und sonstigen Zielsetzungen bezeichnet. Hieran wird deutlich, dass die Erreichung der mit der Subventionierung verfolgten sozial-, kultur- oder wirtschaftspolitischen Ziele sichergestellt werden soll. Hierdurch ergibt sich ein Gleichlauf mit der Erkenntnis der Vermögensgefährdung durch Zweckverfehlung – entscheidend ist jeweils, ob der mit der Subventionierung verfolgte Zweck erreicht wird oder nicht. Ob der Täter dies erkennen kann, hängt von verschiedenen Faktoren ab – etwa, wie klar der Subventionszweck zum Ausdruck kommt, welchen Ausbildungsstand und welche berufliche Erfahrung er hat.

Soweit auf die Subventionsgewährung ein Anspruch besteht, ergibt sich die Gefährdung der Belange der Allgemeinheit daraus, dass die zweckgebundenen staatlichen Mittel nicht entsprechend der Vergabevoraussetzungen verwandt worden sind.

cc) Fazit

Abschließend kann daher festgehalten werden, dass, obwohl § 264 StGB zwei verschiedene Rechtsgüter schützt, ein und dieselbe Erkenntnis jeweils das Wissen des Täters um die Schädigung von Belangen des Einzelnen und der Allgemeinheit begründet.

(2) § 264 Abs. 1 Nr. 2 StGB

§ 264 Abs. 1 Nr. 2 StGB stellt den Verstoß gegen durch den Subventionsgeber aufgestellte Verwendungsbeschränkungen unter Strafe. Eine Ähnlichkeit dieser Alternative mit dem Betrugstatbestand kann nicht festgestellt werden. Es handelt sich vielmehr um ein untreueähnliches Delikt.

Die Rechtsprechung geht allerdings davon aus, dass der Verstoß gegen Verwendungsbeschränkungen grundsätzlich keine Verletzung der Vermögensbetreuungspflicht i. S. v. § 266 StGB begründet. So führte der BGH in seiner Entscheidung über die strafrechtliche Bewertung des Zusammenbruchs des Bremer Vulkan Werftenverbundes aus:[603]

[603] BGHSt 49, 147 (Bremer Vulkan).

„[40] (1) Eine Treupflichtverletzung im Sinne des § 266 Abs. 1 StGB setzt regelmäßig ein Rechtsverhältnis voraus, das auf die Betreuung fremder Vermögensangelegenheiten gerichtet ist [...]. Eine solche Treuebeziehung wird sich prinzipiell bei fremdnützigen Schuldverhältnissen ergeben. Deshalb wird die Treupflicht auch als ‚fremdnützig typisiertes Schuldverhältnis' verstanden [...]. Es wird sogar verlangt, daß die Treupflicht eine Art Geschäftsbesorgung zum Gegenstand hat [...].

[41] Anders ist es beim Subventionsempfänger. Dieser wird nicht fremdnützig tätig. Vielmehr wird nach der Zielsetzung der Subventionsleistung die eigene Wertschöpfung des Empfängers gefördert. Insoweit nimmt er kein fremdes, sondern letztlich ein eigenes Geschäft wahr. Damit unterscheidet sich der Subventionsempfänger grundlegend von der Person des über die Subventionsgewährung entscheidenden Amtsträgers. Dieser steht nach ständiger Rechtsprechung in einem Treueverhältnis, weil er über die Mittelvergabe als staatliche Aufgabe entscheidet. Deshalb nimmt er – anders als der Empfänger der Subvention – eine fremde Aufgabe wahr (BGH NJW 2003, 2179; 2001, 2411)."

§ 264 Abs. 1 Nr. 2 StGB ist als Blankett einzustufen, bei welchem nicht nur der den Verstoß gegen die Verwendungsbeschränkung begründende Sachverhalt, sondern auch Bestehen und Auslegung der Verwendungsbeschränkung selbst vom Vorsatz umfasst sein müssen.[604]

Durch die Einführung des § 264 Abs. 1 Nr. 2 StGB ist das Fehlen der von der Rechtsprechung vorher verneinten Vermögensbetreuungspflicht kompensiert worden. Die Verwendungsbeschränkungen sollen sicherstellen, dass die gewährte Subvention zur Erreichung des Subventionszwecks verwandt wird. Die Erreichung der verfolgten (wirtschafts)politischen Zwecke ist das Bindeglied zwischen der Schädigung des staatlichen Vermögens durch Zweckverfehlung und damit Belangen des Einzelnen sowie des Instituts der Subvention als Belang der Allgemeinheit. Insofern kann auf die obigen Ausführungen verwiesen werden.[605]

Hinzu kommt, dass, wenn der Subventionsnehmer weiß, dass er gegen eine Verwendungsbeschränkung verstößt, ihm schon die Erkenntnis, Normen des öffentlichen Rechts zu verletzen, einen Anlass vermittelt, darüber nachzudenken, ob dieser öffentlich-rechtliche Normverstoß nicht auch strafrechtlich sanktioniert sein könnte.

(3) § 264 Abs. 1 Nr. 3 StGB

Gemäß § 264 Abs. 1 Nr. 3 StGB macht sich strafbar, wer den Subventionsgeber entgegen den Rechtsvorschriften über die Subventionsvergabe über subventionserhebliche Tatsachen in Unkenntnis lässt. Es handelt sich um ein echtes Unterlassungsdelikt.

---

604 Vgl. Kap. 3, III. 5. b) (1).

605 Vgl. Kap. 5, III. 2. b) (1).

Diesbezüglich wird oft angeführt, dass Gebotsirrtum und Verbotsirrtum zwar grundsätzlich nach den gleichen Grundsätzen zu beurteilen seien. Dennoch werden beim Gebotsirrtum vielfach geringere Anforderungen an die Unvermeidbarkeit gestellt.[606] Dies wird damit begründet, dass eine Handlungspflicht regelmäßig nicht so leicht zu erkennen sei wie eine Pflicht zum Untätig bleiben und die Vornahme einer Handlung den Einsatz von Willenskräften bzw. die Überwindung psychischer Hemmungen erfordere. Die diesbezüglich angeführten Argumente betreffen allerdings eher das voluntative Element, welches für das Unrechtsbewusstsein von geringer Relevanz ist – entscheidend ist das intellektuelle Moment des Vorsatzes.[607] Das Bedürfnis, den Gebotsirrtum großzügiger zu behandeln, dürfte sich eher aus der Erkenntnis ergeben, dass sich echte Unterlassungsdelikte vor allem im Nebenstrafrecht finden, sodass die Grenzlinie weniger zwischen Handlung und Unterlassung als zwischen Kern- und Nebenstrafrecht zu ziehen ist.[608]

Ob der Vorsatz dem Täter die Erkenntnis vermittelt, Individual- oder Kollektivrechtsgüter zu schädigen, hängt von den Umständen des Einzelfalls ab. Hinsichtlich der Schädigung von Belangen der Allgemeinheit kann auf die obigen Ausführungen verwiesen werden – entscheidend ist, ob dem Täter klar ist, dass durch seine unterlassene Mitteilung die durch die Subventionierung verfolgten Ziele vereitelt werden. Dies gilt auch hinsichtlich der Schädigung der Interessen Einzelner, da sich die Vermögensrelevanz wiederum aus der Zweckverfehlungslehre ergeben kann.

Soweit, wie hier, gefordert wird, dass das Bestehen der Mitteilungspflicht vom Vorsatz umfasst sein muss,[609] ergibt sich ein Anlass zum Nachdenken al-

---

606 *Jescheck/Weigend*, § 60 I 3; *Geilen*, JuS 1965, S. 426 m. V. a. BGH 1 StR 26/64; *Herdegen*, 25 Jahre BGH, S. 199 in Bezug auf den Irrtum über die Garantenpflicht bei unechten Unterlassungsdelikten.

607 *Löw*, S. 234 f.

608 *Löw*, S. 235.

609 Vgl. Kap. 3, III. 5. b) (2). Verneint man dies, stellt sich die Frage, ob sich aus der bloßen Kenntnis des Sachverhalts das Bewusstsein einer Schädigung Einzelner oder der Allgemeinheit ergeben kann. Diese kann sich beispielsweise aus einer Täuschungsäquivalenz des Unterlassens und dessen vermögensschädigender Tenzdenz ergeben: Macht der Subventionsnehmer im Rahmen der Antragsstellung unbewusst unvollständige Angaben, begründet dies eine Garantenstellung aus Ingerenz, die gemäß §§ 263, 13 StGB die Strafbarkeit einer Täuschung durch Unterlassen begründen könnte. Das Bestehen eines Vertragsverhältnisses ist für sich genommen allerdings nicht ausreichend für die Begründung einer Garantenpflicht. Eine Schädigung Einzelner in Form des Vermögens der öffentlichen Hand ist also nur in Ausnahmefällen erkennbar. Inwiefern der Subventionsnehmer erkennt, dass durch die Verletzung der Mitteilungspflicht der Subventionszweck und damit das Allgemeinrechtsgut Subventionswesen

lerdings in jedem Fall aus der Erkenntnis, gegen besagte Mitteilungspflicht zu verstoßen[610].

c) Fazit

Die Frage, ob der Tatbestandsvorsatz dem Täter das Bewusstsein vermittelt, Belange des Einzelnen oder der Allgemeinheit zu schädigen, ist beim Tatbestand des Subventionsbetrugs trotz der unterschiedlichen Begehungsmodalitäten einheitlich zu beantworten. Entscheidend ist meist die Erkennbarkeit der Zweckverfehlung, da sie sowohl die Verletzung des geschützten Allgemeininteresses als auch des staatlichen Vermögens auf Basis der Zweckverfehlungslehre begründet.

3. Die besondere rechtliche Regelung eines Gebiets

a) Allgemeines

Am Beispiel des § 264 StGB wurde gezeigt, dass insbesondere die Schädigung von Belangen Einzelner oder der Allgemeinheit nicht immer durch die Appellfunktion des Tatbestandsvorsatzes vermittelt wird. Besagte Appellfunktion des Tatbestandsvorsatzes wird Normen des Nebenstrafrechts vielfach abgesprochen.

Dann aber kann sich nach überwiegender Auffassung ein Anlass zum Nachdenken daraus ergeben, dass für den Täter zumindest erkennbar ist, dass er sich auf einem Gebiet bewegt, das einer rechtlichen Sonderregelung unterliegt.[611] Diese Argumentationslinie wird in einer Entscheidung des OLG Oldenburg veranschaulicht:[612]

> „Die Verbotsunkenntnis gereicht dem Angeklagten zum Vorwurf, wenn er nicht alles zu seiner Orientierung getan hat, was billigerweise von ihm zu verlangen ist. *Ei-*

---

tangiert wird, hängt von den Gegebenheiten des Einzelfalls ab. Festgehalten werden kann aber, dass die bloße Kenntnis des Sachverhalts in vielen Fällen nicht die Erkenntnis vermittelt, Interessen Einzelner oder der Allgemeinheit zu schädigen.

610 A. A. die h. M., die die Erkenntnis, gegen öffentlich-rechtliche Normen zu verstoßen, schon für die Bejahung des Unrechtsbewusstseins ausreichen lassen würde, vgl. Kap. 4, I. 2. a) (1).

611 OLG Oldenburg, NStZ-RR 1999, S. 122; *Roxin*, AT I, § 21, Rn. 52 ff.

612 OLG Oldenburg, NStZ-RR 1999, S. 122, Hervorhebungen durch Verfasserin – der Angeklagte hatte, wie in dieser Region lange Zeit üblich, im Jahr 1987 teerölgetränkte Bahnschwellen gekauft und zunächst als Zaunpfähle verwendet. 1995 verbaute er besagte Bahnschwellen als Beeteinfriedung. Die Verwendung von teerölgetränkten Bahnschwellen zum privaten Endverbrauch war seit dem 1.4.1992 verboten; dies war dem Angeklagten jedoch nicht bekannt. Auch die Stadt Elsfleth hatte aus Bahnschwellen gefertigte Blumentröge zur Verkehrsberuhigung verwandt.

ne entsprechende Anstrengung kann von ihm jedoch nur dann erwartet werden, wenn er einen konkreten Anlaß hatte, sich über die Rechtmäßigkeit seines Verhaltens Gedanken zu machen, er also entweder die Rechtswidrigkeit seines Verhaltens für möglich hielt oder wenn er zwar keine Zweifel hatte, es sich ihm aber hätte aufdrängen müssen, daß sein Verhalten rechtswidrig sein könnte. *Hiervon ist grundsätzlich im Bereich des sogenannten Kernstrafrechts auszugehen. Je weiter sich die Verbotsnorm vom Kernbereich des Strafrechts, d. h. der dem Sanktionsrecht vorgelagerten unabdingbaren sozialen Friedensordnung einer Rechtsgemeinschaft, weg zur Peripherie des Sanktionsrechts auf das Gebiet des zum Teil sehr entlegenen Nebenstrafrechts bewegt, desto weniger strenge Maßstäbe sind an die Vermeidbarkeit der Verbotsunkenntnis zu stellen. Ein Anlaß zur Überprüfung der Rechtslage besteht in solchen Fällen nur dann, wenn der Angeklagte aufgrund seiner individuellen Lebens- oder Berufserfahrung weiß, daß er sich in einem rechtlich durchnormierten Bereich bewegt oder sein Verhalten einzelnen oder der Allgemeinheit Schaden zufügt* (OLG Oldenburg NJW 1992, 2438; Roxin, Strafrecht AT Bd. 1 § 21 Rn. 51 ff; Schönke-Schröder/Cramer, StGB, 25. Auflage, § 17 Rn. 16; SK/Rudolphi; StGB, 6. Auflage, § 17 Rn. 30 f).

Beide Alternativen hat das Amtsgericht nach dem Gesamtzusammenhang der Urteilsgründe rechtsfehlerfrei ausgeschlossen. Entgegen der Auffassung der Staatsanwaltschaft *drängte allein die allgemeine Lebenserfahrung in Verbindung mit dem in den letzten Jahren gestiegenen Umweltbewußtsein nicht zu der Annahme,* die seit Jahrzehnten übliche Verwendung von alten Bahnschwellen als Beetumrandung könne Gefahren für Menschen oder die Umwelt mitsichbringen. *Ebensowenig mußte es sich für einen Bürger, der nicht beruflich mit der Verwertung von solchen Bahnschwellen befaßt ist, aufdrängen, daß deren Verwendung überhaupt gesetzlich geregelt sein könnte.* Insoweit *unterscheidet sich der hier zu entscheidende Fall grundsätzlich von Fällen aus anderen Bereichen des Umweltrechts,* z. B. des Abfallbeseitigungs-, des Naturschutz- und des Immissionsschutzrechts, *in denen das Problembewußtsein der Bürger durch eine langjährige öffentliche Diskussion geschärft ist.* Dies war nach den Urteilsfeststellungen hinsichtlich der hier zur Beurteilung anstehenden Problematik zum Tatzeitpunkt im Bereich der Wesermarsch aber noch nicht der Fall. Daß sich das Amtsgericht zur Begründung dieser Annahme auf das Verhalten der Stadt E. und die Unkenntnis selbst von Juristen bezogen hat, ist nicht zu beanstanden."

Ist solch ein Anlass gegeben, wird das Nachdenken oftmals keine sicheren Erkenntnisse erbringen und daher die Erkundigungspflicht an Bedeutung gewinnen. Dies wird beispielsweise vom OLG Stuttgart für den Tatbestand des § 284 StGB ausgeführt:[613]

„Bei der Frage, ob und warum einem Täter die Unrechtseinsicht gefehlt hat, ist die spezifische Rechtsgutsverletzung des in Betracht kommenden Straftatbestandes besonders zu beachten (Tröndle/Fischer, StGB, 53. Aufl., § 17 Rdn. 4 m. w. N.). *Die*

613 OLG Stuttgart, NJW 2006, S. 2422, 2423 (Sportwetten vor der Entscheidung des BVerfG); Hervorhebung durch Verfasserin.

vom Bundesgerichtshof (BGHSt 2, 194) aufgestellte Forderung, der Täter müsse ‚sein Gewissen anspannen' und ‚alle seine Erkenntniskräfte und sittlichen Wertvorstellungen' einsetzen, kann bei den weit auseinanderstrebenden Wertvorstellungen der heutigen pluralistischen Gesellschaft nur noch im Kernbereich des Strafrechts aufrechterhalten werden, der - wie Leben, körperliche Unversehrtheit, Freiheit und Eigentum - von der Verfassung verbindlich vorgegeben wird. Der Bereich des - wenn auch mit Kriminalstrafe bedrohten - Verwaltungsunrechts, zu dem auch das Glücksspielverbot des verwaltungsakzessorischen § 284 StGB gehört, unterfällt anderen Maßstäben. Hier wird die Gewissensanspannung häufig keine eindeutigen Erkenntnisse erbringen; an ihre Stelle tritt daher stärker als in anderen Bereichen die Pflicht des Normadressaten zur sorgfältigen Erkundigung über die Rechtslage bei einem zuverlässigen Rechtskundigen [...]."[614]

b) Berufsspezifische Rechtsfragen

(1) Allgemeines

Wie gesehen, kann sich ein Anlass auch aus der Erkenntnis ergeben, dass ein bestimmtes Gebiet einer besonderen rechtlichen Regelung unterliegt. Das Wissen um das Bestehen rechtlicher Regelungen in einem bestimmten Bereich kann sich allgemein aus der Lebenserfahrung des Betroffenen ergeben.[615] Von größerer Relevanz ist diese Fallgruppe jedoch im Hinblick auf berufsspezifische Rechtsfragen, da für viele Berufsgruppen bereichsspezifisch Sonderregelungen gelten. Dann begründet die Erkenntnis, zu einer bestimmten Berufsgruppe zu gehören, einen Anlass, sich über die für diese Gruppe geltenden besonderen Rechtsregelungen zu informieren.[616] Dies hat zwei Gründe. Zum einen hat dieser Personenkreis aufgrund seiner besonderen Ausbildung bzw. Tätigkeit in einem bestimmten Gebiet umfänglicheren Zugang zu relevanten Informationsquellen, aus denen der Täter auch Kenntnis von rechtlichen Risiken erlangen kann.[617] Zum anderen ist dieser Personenkreis in erhöhtem Maße verpflichtet,

---

614 OLG Stuttgart, NJW 2006, S. 2422, S. 2423; die Kenntnis des Normadressaten, dass es eine kontroverse Rechtsprechung gebe, könne im Einzelfall zum bedingten Unrechtsbewusstsein führen. Vorliegend sei dies aber nicht der Fall – dem Bürger dürfe nicht einseitig das Risiko einer durch Behörden und Gerichte geschaffenen, extrem unklaren Rechtslage aufgebürdet werden.

615 OLG Oldenburg, NStZ-RR 1999, S. 122 (Verwendung von teerölgetränkten Bahnschwellen für den privaten Gebrauch – Umweltstrafrecht: Das Problembewusstsein der Bevölkerung könne auch durch langjährige öffentliche Diskussion geschärft werden; im konkreten Fall wurde der Anlass verneint); *Jescheck/Weigend*, § 41, II. 2. b); BGHSt 21, 18 (Kartellordnungswidrigkeiten); NJW 1988, S. 272, 273.

616 Schönke/Schröder-*Cramer/Sternberg-Lieben*, § 17, Rn. 16; BGH, NStZ 2000, S. 364.

617 In diese Richtung BGH, NStZ 1996, S. 236, 237 (unerlaubte Einfuhr von 800 l BMK, einem Grundstoff zur Herstellung von Amphetaminen, dessen Einfuhr aufgrund einer

sich über den rechtlichen Rahmen, der sein Tätigkeitsfeld betrifft, umfänglich zu informieren und seinen Informationsstand auch aktuell zu halten.[618] So muss sich etwa derjenige, der zum Geschäftsführer einer GmbH bestellt wird, über die für seine Tätigkeit relevanten Tatbestände des Strafrechts, z. B. nach §§ 266, 266a, 283 ff. StGB, § 15a InsO, auf dem Laufenden halten.[619] Es handelt sich hierbei um spezifisch mit seiner beruflichen Stellung verbundene Pflichten, etwa als Arbeitgeber die Arbeitnehmerbeiträge zur Sozialversicherung abzuführen (§ 266a StGB), die Vermögensinteressen der vertretenen Gesellschaft zu wahren (§ 266 StGB) oder rechtzeitig seiner Insolvenzantragspflicht nachzukommen (§ 15a InsO). Aufgrund der zunehmenden Normendichte wird in diesem Zusammenhang bezüglich des Umfangs der Informationspflichten mittlerweile nach der Betriebsgröße differenziert.[620]

(2) § 264 StGB

(a) Angehörige bestimmter Berufsgruppen

Zu erwägen ist, ob eine besondere berufliche Pflichtenstellung Erkundigungspflichten in Bezug auf die Subventionsvergabe begründen kann.

(i) Empfänger von Wirtschaftssubventionen

Soweit die Vergabe von nationalen Subventionen in Rede steht, werden nur Leistungen an Betriebe und Unternehmen zur Förderung der Wirtschaft von § 264 StGB erfasst. Auch viele EU-Subventionen begünstigen diesen Adressatenkreis.

Hier stellt sich die Frage, ob sich für einen Unternehmensleiter, der für seinen Betrieb Subventionen beantragt, aufgrund dieser beruflichen Pflichtenstellung einen Anlass zur Einholung von Rechtsrat hat. Für die oben dargestellten Beispielsfälle war aber kennzeichnend, dass diese Rechtspflichten untrennbar

---

Änderung des BtMG strafbar wurde) – die bevorstehende Änderung des Strafrechts war den Angeklagten aus Mitteilungen des Bundesgesundheitsministeriums bekannt.

618 BGH, NStZ 1996, S. 236, 237.

619 Soweit der Betroffene Kenntnis davon hat, dass er sich in einem Bereich bewegt, dessen strafrechtliche Regelung bevorsteht und Kenntnis über die sich abzeichnende Änderung der Rechtslage hat, ist er verpflichtet, sich verlässlich über den Eintritt dieser Änderung zu unterrichten, BGH NStZ 1996, S. 236, 237 f.: Geschäftsleute, die im Bereich der Einfuhr von Btm-Grundstoffen tätigen waren.

620 BayObLG, NStZ 2000, S. 148 (OWi-Verfahren wegen untertariflicher Bezahlung von Arbeitnehmern) – der Betroffene müsse sich nur mit Gesetzen befassen, deren Titel einschlägige Regelungen erwarten lasse; eine Erkundigung bei Fachbehörden sei nicht zwingend. Ob Bauunternehmer ab einer gewissen Betriebsgröße weiterreichende Informationspflichten träfen, wurde jedoch ausdrücklich offen gelassen.

mit der beruflichen Stellung des Geschäftsleiters verbunden waren – § 266a StGB trifft jeden Arbeitgeber, § 15a InsO jeden Geschäftsführer. Die Beantragung von Subventionen ist hingegen nicht untrennbar mit der beruflichen Stellung des Subventionsnehmers bzw. der für ihn handelnden Personen verknüpft. Daher begründet die Stellung als Unternehmensleiter nicht automatisch einen Anlass zum Nachdenken.

Dieser Befund schließt aber nicht aus, sich spezifischer an der Branche zu orientieren, in der das die Subvention beantragende Unternehmen tätig ist. Manche Branchen werden langanhaltend und regelmäßig durch Subventionen unterstützt. Man denke nur an den Agrarbereich. Dann aber gehört es zum beruflichen Pflichtenkreis, sich über die Regeln der Subventionsvergabe als wesentlichen Eckpfeiler der wirtschaftlichen Betätigung in diesem Bereich zu informieren.

(ii) EU-Sozialsubventionen

Dieses Argumentationsmuster kann auch auf Empfänger von EU-Subventionen, die nicht der Förderung der Wirtschaft dienen, übertragen werden, wenn besagter Bereich regelmäßig und intensiv durch Subventionen gefördert wird und immer wieder dieselben Personen in den Genuss der Subventionen kommen und dann auf ihren in vorherigen Beantragungsverfahren gewonnenen Erfahrungen profitieren könnten.

Dies dürfte aber in der Praxis eher selten der Fall sein. EU-Subventionen, die eine eher soziale Zielsetzung haben, werden meist über den Europäischen Sozialfonds (ESF) ausgekehrt. Die vier Prioritätenachsen für Deutschland im Zeitfenster 2007 bis 2013 haben, soweit sie sich nicht an Betriebe und Unternehmen richten, nicht zum Ziel, dass die geförderten Personen die Programme mehrfach durchlaufen.[621] Beispiele hierfür sind Schulungs- und Qualifizierungsmaßnahmen, die Jugendlichen aus schwierigen Verhältnissen bzw. mit Migrationshintergrund zu einem Schulabschluss, Ausbildungsplatz bzw. Berufsabschluss verhelfen sollen. Hier ist es eher denkbar, dass auf Seite der beteiligten Ausbildungspartner bestimmte Unternehmen mehrfach Jugendlichen einen über den ESF bezuschussten Ausbildungsplatz geben, als dass ein Jugendlicher dasselbe oder ein ähnliches Programm mehrfach durchläuft und so auf bereits gewonnene Erfahrung aufbauen kann.

Anders wäre es etwa, wenn im Kulturbereich bestimmte Arten von Veranstaltungen oder Genres unterstützt werden und ein Kulturschaffender, sei es hauptberuflich, sei es ehrenamtlich mehrfach Mittel beantragt. Dann kann er von bei vorherigen Beantragungsverfahren gewonnenen Erfahrungen profitieren.

---

621 http://ec.europa.eu/esf/main.jsp?catId=375&langId=de [03.09.2011].

Solch eine Kenntnis der besonderen rechtlichen Regelung eines Gebiets kann sich auch ergeben, wenn der Täter vorher nicht selbst Beantragender war, aber aufgrund seiner Mitarbeit Kenntnisse erworben hat bzw. ihm zumindest aufgrund dessen bewusst war, dass besondere rechtliche Regelungen existieren bzw. er Zugang zu Personen hat, die sich in diesem Bereich gut auskennen.

(b) Beantragungsverfahren

Ein Anlass zum Nachdenken und Erkundigen kann sich bei § 264 StGB auch aus dem Durchlaufen eines Beantragungsverfahrens ergeben.

Beim Beantragungsverfahren handelt es sich um ein Verwaltungsverfahren, dessen Ablauf zunächst grundsätzlich durch das VwVfG bzw. die meist textgleichen Verwaltungsverfahrensgesetzte der Länder bestimmt wird. Diese Vorschriften finden auch bei der Vergabe von EU-Subventionen über die nationalen, hier deutschen Behörden Anwendung. § 26 VwVfG legt den Beteiligten i.S.v. § 13 VwVfG, u.a. also auch dem Antragssteller, gewisse Mitwirkungslasten auf und verpflichtet sie gemäß § 26 Abs. 2 VwVfG insbesondere dazu, die ihnen bekannten Tatsachen und Beweismittel anzugeben.[622] Dies betrifft insbesondere alle Umstände, die sich aus der Sphäre bzw. dem Erkenntnisbereich des jeweiligen Beteiligten ergeben.[623]

Diese allgemeine Mitwirkungspflicht kann gemäß § 26 Abs. 2 S. 3 VwVfG durch Spezialgesetz ergänzt und erweitert werden.[624] Neben Regelungen über spezifische Subventionen ist hierbei vor allem das SubvG von Bedeutung, das z.B. in § 3 eine Regelung zur Offenbarungspflicht und in § 4 Sondervorschriften in Bezug auf Schein- und Umgehungsgeschäfte beinhaltet.

Für den Täter ist erkennbar, dass er sich mit Beantragung der Subvention freiwillig in verschiedenster Hinsicht öffentlich-rechtlichen Normen unterwirft, die die Subventionsvergabe regulieren – sei es hinsichtlich der geforderten Angaben subventionserheblicher Tatsachen, der Verwendungsbeschränkungen oder der Postulierung von Mitteilungspflichten. Auch wenn er die vorstehend dargestellten Normen des VwVfG bzw. des SubvG oder sonstiger Spezialgesetze über die Subventionsvergabe nicht kennt, ist für ihn doch zumindest erkennbar, dass sowohl das Verwaltungsverfahren im Allgemeinen als auch speziell die Vergabe von Subventionen besonderen (verwaltungsrechtlichen) Regelungen unterliegt.

---

622 Stelkens/Bonk/Sachs-*Kallerhoff*, § 26, Rn. 44 – diese Mitwirkungspflichten sind die in die grundsätzlich bestehende Sachverhaltsermittlung von Amts wegen durch die Behörde eingebettet.

623 Stelkens/Bonk/Sachs-*Kallerhoff*, § 26, Rn. 47.

624 BeckOK-*Herrmann*, VwVfG, § 26, Rn. 41.

Dies begründet einen Anlass, über seine Pflichtenstellung nachzudenken bzw. sich bei Unklarheiten zu erkundigen.

(3) Fazit

Ein Anlass zum Nachdenken ergibt sich hinsichtlich der durch Erhalt von Subventionen begründeten strafbewehrten Pflichten nicht generell aus der Stellung als Unternehmensleiter. Etwas anderes kann nur gelten, wenn in einem bestimmten Bereich typischerweise Subventionen gewährt werden – dann kann sich aus der Lebens- bzw. Berufserfahrung des Subventionsnehmers ergeben, dass die Subventionsvergabe besonderen rechtlichen Regelungen unterliegt. Selbst wenn dies nicht der Fall ist, ergibt sich ein Anlass aus der Tatsache, dass sich der Subventionsnehmer durch Beantragung der Subvention freiwillig in eine besondere Pflichtenstellung begeben hat, die ihn dazu anhält, sich über die im Rahmen des Subventionsbezugs geltenden Regeln zu unterrichten.

4. Relevanz der Abgrenzung zwischen Kern- und Nebenstrafrecht

Der Unterscheidung zwischen Kern- bzw. Kriminalstrafrecht und Neben- bzw. Ordnungsstrafrecht wird insbesondere bei der Bestimmung der Anforderungen an die Vermeidbarkeit des Verbotsirrtums bzw. der Beantwortung der Frage, ob besagter Maßstab strenger ist als der der Tatfahrlässigkeit, Bedeutung zugemessen.[625] Diese Unterscheidung wurde zunächst auch für diese Untersuchung zugrunde gelegt. Da aber alles andere als Einigkeit darüber besteht, wie das Kern- vom Nebenstrafrecht abzugrenzen ist, soll nun erörtert werden, was unter diesen Begriffen zu verstehen ist und ob diese Unterscheidung beibehalten werden sollte.

a) Ordnungsstrafrecht und Kriminalstrafrecht

In der älteren Literatur und Rechtsprechung wurde oftmals der Begriff „Ordnungsstrafrecht“ bzw. „Verwaltungsstrafrecht“ verwandt.[626] Dem wurde der Begriff des Kriminalstrafrechts gegenübergestellt.

So führte schon der große Senat des BGH in seiner Grundsatzentscheidung[627] zum Verbotsirrtum aus:

> „Für diejenigen *Strafgesetze*, die der Gesetzgeber sich gewöhnt hat *den* immer weiter greifenden *verwaltungsrechtlichen Regelungen bestimmter Gebiete des sozialen*

625 Vgl. Kap. 5, I. 5.; III. 1.

626 *Rudolphi*, Unrechtsbewusstsein, S. 218 ff., 227 ff.; BGH-GS-St 2, S. 194 ff.

627 BGH-GS-St 2, S. 194, Rn. 20 (zitiert nach Juris); Hervorhebung durch Verfasserin.

Lebens anzufügen, um ihren Geboten oder Verboten größeren Nachdruck zu verleihen, *traf die Vermutung, das Strafgesetz kenne jedermann, schon damals nicht und trifft sie heute noch weniger zu. Denn ihre Verbote beruhen vielfach nicht auf allgemeinen sittlichen Anschauungen, sondern auf Erwägungen sozialer oder rein staatlicher Zweckmäßigkeit.* Die Zahl dieser ‚*strafrechtlichen Nebengesetze*' hat seit langem die Zahl der echten Kriminalgesetze um ein Vielfaches überschritten. Sie *bieten der Möglichkeit des Verbotsirrtums somit ein weites Feld.*"

Bei unbefangener Lektüre dieser Zeilen könnte man denken, dass diese bereits in einem sehr frühen Urteil angesprochenen Parameter geeignet sind, für die heutige Rechtslage valide Abgrenzungskriterien zwischen Kern- und Nebenstrafrecht aufzuzeigen. Dem steht aber entgegen, dass sich zwischenzeitlich die Rechtslage so stark geändert hat, sodass viele der dort angesprochenen Prämissen heute keine Geltung mehr beanspruchen können. Die im Jahr 1952 ergangene Entscheidung des großen Senats in Strafsachen spiegelt die damalige Rechtslage wider. Daher soll nunmehr die geschichtliche Entwicklung, soweit relevant, dargestellt werden.

Ursprünglich ging sowohl die Strafrechtswissenschaft als auch die Rechtsprechung davon aus, dass das Strafrecht vorgegebene Rechtsgüter, also in erster Linie den „klassischen" Kanon staatsunabhängiger Individualrechtsgüter wie Leben und körperliche Unversehrtheit schützt.[628] Im Laufe der Zeit wurden aber auch Verstöße gegen staatliche Anordnungen, die nicht bereits existente Güter schützten, sondern nur im Dienste öffentlicher Ordnungs- und Wohlfahrtsaufgaben erlassen wurden, pönalisiert.[629] Es handelte sich hierbei um „ethisch farblose Ungehorsamsstrafen", die an sich wertneutrale Verhaltensweisen erfassten, die aus reinen Zweckmäßigkeitserwägungen einer gesetzlichen Regelung zugeführt und mit Strafe bedroht wurden, ihre Unrechtsqualität also erst durch die gesetzliche Normierung erlangten[630].

Aus diesem Grund vermittelte der Tatbestandsvorsatz im Ordnungsstrafrecht keinen Anlass zum Nachdenken über die rechtliche Qualität des Verhaltens.[631] War die Anzahl der Tatbestände dieses „Ordnungsstrafrechts" zunächst noch überschaubar, wuchs sie im Laufe der Zeit stark an und wurde im Laufe

---

628 *Roxin*, AT I, § 2, Rn. 60.

629 *Roxin*, AT I, § 2, Rn. 60 – dort zu Rechtsgüterschutz und Ordnungswidrigkeitenrecht.

630 *Rudolphi*, Unrechtsbewusstsein, S. 218 f. Die früher überwiegende Auffassung ging davon aus, dass diese Tatbestände, weil das Verbot oder Gebot erst durch den Staat geschaffen wurde, nicht unter den materiellen Verbrechensbegriff fallen, da sie kein Rechtsgut schützen: *Roxin*, AT I, § 2, Rn. 60; *E. Wolf*, FS Frank Bd. II, 1930, S. 516, 517 ff.

631 *Rudolphi*, Unrechtsbewusstsein, S. 218 f. – dies begründete die besondere Schwierigkeit der Erkennbarkeit in diesem Bereich. Diese konnte sich lediglich darauf beziehen, dass ein bestimmter Bereich eine rechtliche Regelung erfahren musste.

des 19. und beginnenden 20. Jahrhunderts so umfangreich, dass sie auch für Juristen kaum noch zu überblicken war.[632] Damals ging die überwiegend vertretene Auffassung davon aus, dass es einen qualitativen Unterschied im verwirklichten Unrecht gebe, das Ordnungsstrafrecht mithin ein *aliud* im Verhältnis zum Kriminalstrafrecht sei und man daher klar zwischen beiden Kategorien unterscheiden könne und solle.[633] Aus diesen Gründen häuften sich Stimmen, die eine Trennung zwischen dem Kriminalstrafrecht und dem Recht der Ordnungsstrafen forderten. Nach dem 2. Weltkrieg wurde dieses Vorhaben in die Tat umgesetzt – ein vom Strafrecht abgegrenztes Recht der Ordnungswidrigkeiten entstand.[634] Den ersten Schritt machte die Einführung des Wirtschaftsstrafgesetzes im Jahr 1949. Die Einstufung einer Tat als Straftat oder Ordnungswidrigkeit erfolgte anhand bestimmter objektiver Wirkungen der Tat bzw. des Handlungsunwerts auf Seiten des Täters, d. h. je nachdem wie verwerflich oder verantwortungslos sein Verhalten anzusehen war.[635] Sodann wurde im Jahr 1952 das Gesetz über Ordnungswidrigkeiten[636] (OWiG) eingeführt und im Jahr 1968 grundlegend erneuert[637]. Das OWiG 1952 übernahm weitgehend die Regelungen aus dem Wirt-

632 *Göhler*, JZ 1968, S. 583, 584. Dies hatte zur Folge, dass, um die Strafjustiz zu entlasten, weniger gravierende Fälle durch die Polizeibehörde durch sog. Polizeiverfügungen erledigt wurden. Ein nochmaliger starker Anstieg der Fallzahlen war im und nach dem 2. Weltkrieg im Bereich der Bewirtschaftungsvorschriften zu verzeichnen.

633 Vgl. Fn. 590. Demgegenüber geht die heute überwiegende Auffassung davon aus, dass auch Ordnungswidrigkeiten – oftmals in Gestalt von abstrakten Gefährdungsdelikten – Rechtsgüter schützen, sich im verwirklichten Unrecht also nicht qualitativ, sondern lediglich quantitativ von Straftaten unterscheiden und der Grund für die Sanktionierung von „Bagatellverstößen" „nur" als Ordnungswidrigkeiten auf dem strafrechtlichen Subsidiaritätsgrundsatz beruht, *Roxin*, AT I, § 2, Rn. 62, 99; LK-*Jescheck*, 11. Aufl., Einl. Rn. 11; zu Folgerungen aus dem Subsidiaritätsprinzip für das Wirtschaftsstrafrecht *Haffke*, KritV 1991, S. 165.

634 *Roxin*, AT I, § 2, Rn. 61.

635 *Nüse*, JR 1969, S. 1 – hierin spiegelt sich die oben dargelegte Auffassung wider, dass es sich um wesensverschiedenes Unrecht handelt und daher allein anhand des Unwertgehalts der Tat eine Unterscheidung zwischen Straftaten und Ordnungswidrigkeiten vorgenommen werden könne.

636 Gesetz über Ordnungswidrigkeiten v. 25.3.1952, BGBl. I, S. 177.

637 Gesetz über Ordnungswidrigkeiten v. 24.5.1968, BGBl. I S. 481; EGOWiG v. 24.5.1968, BGBl. I S. 503 – praxisrelevant war insbesondere die durch das EGOWiG vorgenommene Umklassifizierung von Verkehrsübertretungen (Verstöße gegen StVO, StVZO und andere auf Grundlage des § 6 Abs. 1 S. 1 Nr. 1-5 StVG erlassenen Rechtsverordnungen) in Ordnungswidrigkeiten.

schaftsstrafgesetz.[638] Dies änderte sich im Jahr 1968. Hier erfolgte die Abgrenzung zwischen Straftaten und Ordnungswidrigkeiten allein anhand der Rechtsfolge[639], ohne dass es auf die objektive oder subjektive Verwerflichkeit des Handelns ankam.[640] Diese Entwicklung beeinflusste auch die Gesetzgebung der 50er und 60er Jahre. So wurden in diesem Zeitraum kaum mehr neue Übertretungen ins Strafrecht aufgenommen, sondern vielmehr Sanktionsnormen, die vorher als Ordnungsstrafrecht klassifiziert worden wären, als (bloße) Ordnungswidrigkeiten in Kraft gesetzt.[641]

Die Entwicklung fand ihren Endpunkt im Jahr 1975[642], in welchem mit der Abschaffung der Übertretungen die Dreiteilung der Straftaten in Verbrechen, Vergehen und Übertretungen zugunsten der noch heute im StGB verankerten Zweiteilung zwischen Verbrechen und Vergehen aufgehoben wurde. Die bis *dato* im StGB verankerten Übertretungen wurden entweder ersatzlos gestrichen, zu Vergehen aufgewertet oder in Ordnungswidrigkeiten umgewandelt.[643]

Dies hat zur Folge, dass die Unterscheidung zwischen Verwaltungs- bzw. Ordnungsstrafrecht auf der einen und Kriminalstrafrecht auf der anderen Seite, die in der älteren Literatur und Rechtsprechung vielfach Erwähnung findet, aufgrund der Einführung des OWiG seine Trennschärfe verloren hat.

---

638 *Göhler*, JZ 1968, S. 583, 585. Das OWiG 1952 trennte noch strikt zwischen Straf- und Bußgeldverfahren, worin sich auch die Erwägung widerspiegelte, dass Ordnungswidrigkeiten und Straftaten so wesensverschieden seien, dass man sie klar trennen könne.

639 Verfassungsrechtliche Bedenken gegen diese Art der Abgrenzung wurden durch BVerfGE 9, 167 ausgeräumt – die den Richtern nach Art. 92 GG übertragene Strafjustiz erfasse auch minder gewichtige strafrechtliche Unrechtstatbestände, wenn und solange sie durch Kriminalstrafe geahndet würden. Dies gelte aber dann nicht mehr, wenn der Gesetzgeber solche Tatbestände in Ordnungswidrigkeiten, die durch Geldbuße geahndet werden, umwandele – dort komme auch die Einführung eines Verwaltungsverfahrens in Betracht, das lediglich einer nachträglichen richterlichen Überprüfung unterliege. Der Gesetzgeber dürfe der Rechtsprechung allein den „Kernbereich des Strafrechts" nicht entziehen, zu dem alle bedeutsamen Unrechtstatbestände gehörten.

640 *Nüse*, JR 1969, S. 1.

641 *Löw*, S. 54.

642 EGStGB v. 2.3.1974, BGBl. I, S. 49; 2. StrRG v. 4.7.1969, BGBl. I, S. 717.

643 *Sturm*, JZ 1975, S. 6, 8: Abgeschafft wurden z. B. die Tatbestände der Landstreicherei, Bettelei, Verwahrlosung, Arbeitsverweigerung und Obdachlosigkeit; zum Vergehen aufgewertet wurde z. B. der Mundraub; in Ordnungswidrigkeiten umgewandelt wurden z. B. die falsche Namensangabe, das Betreten militärischer Anlagen, der unzulässige Lärm, der grobe Unfug, das Halten gefährlicher Tiere, das unbefugte Benutzen von Wappen und Dienstwaffen – vgl. die Fundstellen bei *Sturm*, a. a. O., Fn. 30-32.

b) Kern- und Nebenstrafrecht?

Die Tatsache, dass viele Verstöße gegen staatliche Anordnungen mit Bagatellcharakter ohne ethischen Unwertgehalt im Laufe der 60er und 70er Jahre ins Recht der Ordnungswidrigkeiten verbannt worden sind, hat allerdings nicht dazu geführt, dass nunmehr nur noch eine überschaubare Anzahl strafbarer Verhaltensweisen in wenigen Strafgesetzen verankert wäre. Vielmehr gibt es bis heute insbesondere im Bereich des Wirtschaftsstrafrechts[644] eine Vielzahl von Gesetzen, die Strafvorschriften enthalten und auch das StGB hat Erweiterungen erfahren. Zu nennen sind hier insbesondere das 1. WiKG (1976)[645] und das 2. WiKG (1986).[646]

Ausgehend von diesem Befund wird in Rechtsprechung und Literatur vielfach bei der Vermeidbarkeit des Verbotsirrtum postuliert, im Kernstrafrecht vermittle schon der Tatbestandsvorsatz dem Täter einen Anlass zum Nachdenken; an die Vermeidbarkeit seien hohe Anforderungen zu stellen. Im Nebenstrafrecht hingegen sei ein großzügigerer Maßstab anzulegen.[647] Zumindest auf den ersten Blick kommt der Abgrenzung zwischen Kern- und Nebenstrafrecht also aus Sicht des im Verbotsirrtum handelnden Täters große Bedeutung zu. Daher soll zunächst untersucht werden, anhand welcher Parameter die Grenze zwischen Kern- und Nebenstrafrecht zu ziehen ist und in welche Kategorie § 264 StGB fällt.

(1) Formale Trennung

Teilweise wird eine Abgrenzung danach vorgenommen bzw. zumindest als erste Orientierungshilfe vorgegeben, ob die Strafnorm im StGB selbst oder in strafrechtlichen Nebengesetzen angesiedelt ist.[648] Demnach müsste der Tatbestand des Subventionsbetrugs *prima facie* dem Kernstrafrecht zugeordnet werden, da er im StGB verankert ist.

---

644 Im Einzelnen ist die Bestimmung dessen, was unter den Begriff „Wirtschaftsstrafrecht" fällt, umstritten. Wesentliche Aspekte sind der Schutz – auch – überindividueller Rechtsgüter bzw. von Instrumenten des Wirtschaftsverkehrs, die Beschränkung des Adressatenkreises über das Instrument der Sonderdelikte sowie der Einsatz von abstrakten Gefährdungsdelikten. Vgl. *Tiedemann*, Wirtschaftsstrafrecht AT, Rn. 39 ff.

645 Vgl. *Tiedemann*, ZStW 87 (1975), S. 253.

646 Übersicht bei *Tiedemann*, JZ 1986, S. 865.

647 Vgl. Kap. 5, III. 1. Teilweise wird auch gefordert, dass im Nebenstrafrecht das Verbot vom Vorsatz umfasst sein müsse, vgl. Kap. 3, IV. 2. c); bzgl. Blankettgesetze Kap. 3, III. 4. c) (2).

648 *Wessels/Beulke,* Rn. 466; OLG Oldenburg, NStZ-RR 1999, S. 122; *Arthur Kaufmann*, Unrechtsbewusstsein, S. 183 ff.; *Lange*, JZ 1956, S. 73.

(2) *Abgrenzung nach Deliktgruppen (Löw)*

Löw will eine noch stärkere Beschränkung dessen, was zum Kernstrafrecht gehört, vornehmen. So seien alle Strafnormen außerhalb des StGB sowie eine Vielzahl von Delikten aus dem StGB als Nebenstrafrecht einzustufen. Zum Kernbereich sollen lediglich Tötungsdelikte, Körperverletzungsdelikte, Sexualdelikte, Brandstiftung, Raub, Diebstahl und Staatsschutzdelikte gehören. Zur Begründung wird darauf verwiesen, dass nur diese Delikte Rechte schützen, die für Menschen bzw. deren friedliches Zusammenleben von existenzieller Bedeutung sind.[649] § 264 StGB wäre demnach dem Nebenstrafrecht zuzuordnen.

Es erschließt sich aber schon nicht, warum beispielsweise Diebstahl und Raub in den Kernbereich fallen sollen, Betrug und (räuberische) Erpressung hingegen nicht. Schon aus diesem Grund erschien diese Abgrenzung nicht überzeugend

(3) *Grundlagenirrtum und Irrtum über den verfügbaren Bereich (Jakobs und Lesch)*

Demgegenüber wollen *Jakobs*[650] und *Lesch*[651] eine Abgrenzung anhand materieller Kriterien vornehmen. Sie fragen auf Ebene der Vermeidbarkeit nach der Verantwortung für die Entstehung des Konflikts und unterscheiden zwischen Grundlagenirrtum und Irrtum über den verfügbaren Bereich.

Der Grundlagenirrtum betreffe den Kernbestand von Normen, der die grundlegenden Wertentscheidungen der jeweiligen Ordnung wiedergebe und nur durch Revolution preisgegeben werden könne; er sei, von einigen wenigen Ausnahmen abgesehen, prinzipiell unvermeidbar. Hierunter seien beispielsweise Tatbestände wie Landesverrat, Parlamentsnötigung, Steuerhinterziehung, Vorteilsannahme und Vorteilsgewährung, die prinzipielle Garantie von Privateigentum und wirtschaftlicher Betätigungsfreiheit sowie die Funktionsfähigkeit des Urkunden- und Zahlungsverkehrs, die Garantie der körperlichen Unversehrtheit und des Lebens (wohl nicht mehr Garantie des pränatalen Lebens und § 216 StGB), das Verbot der Trunkenheit im Straßenverkehr sowie (inzwischen auch) der Gewässerverunreinigung und umweltgefährdender Abfallbeseitigung zu fassen.[652]

Der Irrtum über den verfügbaren Bereich hingegen betreffe positiviertes Recht, das nur Kraft einer Entscheidung des Gesetzgebers gelte und auch ohne revolutionären Prozess geändert werden könne. Als Beispiele werden Randbe-

---

649 *Löw*, S. 273 f.

650 *Jakobs*, AT, 19. Abschnitt, Rn. 7 ff.

651 *Lesch*, JA 1996, S. 607 ff.

652 *Lesch*, JA 1996, S. 608 f.

reiche des Sexualstrafrechts, Normen zum Schutz von Religion und Weltanschauung, das Verbot der Abtreibung und bereichsweise der Tötung auf Verlangen, der Bildung krimineller und terroristischer Vereinigungen, der Gewaltdarstellung, der Verwendung von Kennzeichen verfassungswidriger Organisationen, der Vermummung, des ungenehmigten öffentlichen Glücksspiels, aber auch Randbereiche einzelner Grundlagennormen, etwa der Nötigung, genannt.[653] Diese Werte würden aufgrund des Umfangs des Rechts nicht automatisch per Sozialisation vermittelt.

Mangelnde Rechtskenntnis sei bei Irrtümern über den verfügbaren Bereich nur dann dem Verantwortungsbereich des Irrenden zuzuschlagen, wenn er Tätigkeiten ausübe, zu denen besondere Fachkenntnisse erforderlich seien, welche die Kenntnis der einschlägigen Rechtsvorschriften umfasse oder deren Ausübung von einer Konzession abhängig sei. Der zu beachtende Sorgfaltsmaßstab richte sich nach dem Standard, der in der jeweiligen Rolle des Täters zu leisten sei – auch hier seien die Anforderungen nicht zu überspannen. In Lebensbereichen, die allen Menschen ohne Prüfung ihrer Rechtskunde offen stünden, sei ein großzügigerer Maßstab anzuwenden.

Die Ausführungen *Leschs* legen sehr anschaulich dar, dass die Zugehörigkeit von Normen zum Kernbereich bzw. zum Randbereich einem ständigen Wandel unterliegt, da sich auch die typischerweise durch Sozialisation vermittelten Inhalte zusammen mit der Gesellschaft wandeln und es auch im Randbereich wesentlicher Strafnormen Grauzonen gibt, bei denen die Unvermeidbarkeit eines Verbotsirrtums eher in Betracht kommen kann. Dies dürfte auch der Grund dafür sein, dass *Jakobs* davon ausgeht, dass eine exakte Grenzziehung zwischen beiden Irrtumsarten nicht immer möglich sei.[654]

Jakobs geht davon aus, dass nicht nur die einschlägige Norm, sondern auch der länger praktizierte Lebensbereich maßgeblich für die Einstufung als Grundlagenirrtum oder Irrtum über den verfügbaren Bereich ist.[655]

Dieser Einfluss des länger praktizierten Lebensbereichs auf die Einstufung des Irrtums steht aber in einem Spannungsverhältnis zur Definition des Grundlagenirrtums als Irrtum über einen Kernbereich, der nur durch Revolution preisgegeben werden kann. Es kann nicht vom individuellen Lebenszuschnitt des Täters abhängen, welche Normen so wesentlich für die Rechtsgemeinschaft sind, dass sie nur durch Revolution abgeschafft werden können – besagte Abgrenzung kann nur einheitlich und unter Berücksichtigung der Leitlinien der Verfassung vorgenommen werden.

---

[653] *Lesch*, JA 1996, S. 609 f.

[654] *Jakobs*, AT, 19. Abschnitt, Rn. 13.

[655] *Jakobs*, AT, 19. Abschnitt, Rn. 10.

Es bietet sich vielmehr an, den länger praktizierten Lebensbereich beim Irrtum über den verfügbaren Bereich als Indiz vertiefter Kenntnisse zu berücksichtigen, die dazu führen, dass besagter Irrtum dem Verantwortungsbereich des Irrenden zugeschlagen wird.

Bei § 264 StGB erscheint eine einheitliche Einordnung schwierig. Die Begehungsmodalitäten des § 264 Abs. 1 Nr. 2, 3 StGB dürften zum verfügbaren Bereich gehören, § 264 Abs. 1 Nr. 1 StGB aufgrund seines dem Betrug angenäherten Unrechtskerns eher zum Grundlagenbereich.

(4) Nebenstrafrecht und Blankettgesetzgebung

Andere sehen in der Verwendung der Blanketttechnik einen wesentlichen Ansatzpunkt. Blankette seien typischerweise nur ein äußerer Ordnungsbestandteil, nicht aber ein innerer Kulturbestandteil des Rechts.[656] Die Verwendung der Blanketttechnik zeige gerade, dass der Gesetzgeber nicht in der Lage sei, die Ge- oder Verbote kurz und prägnant zu formulieren.[657] Daher sei die Verwendung von Blanketten typisch für das Nebenstrafrecht.

Dies hätte zur Folge, dass die Blankette des § 264 Abs. 1 Nr. 2, 3 StGB dem Nebenstrafrecht zuzuschlagen wären.

(5) Schlussfolgerung

Nachdem verschiedene Versuche einer Abgrenzung zwischen Kern- und Nebenstrafrecht vorgestellt worden sind, sollen zunächst die Vor- und Nachteile besagter Ansätze diskutiert werden. Hieran schließt sich die Frage an, ob eine Aufrechterhaltung dieser Abgrenzung überhaupt sinnvoll ist.

(a) Abgrenzungskriterien

Eine Ziehung der Scheidelinie zwischen dem StGB und den strafrechtlichen Nebengesetzen ist abzulehnen. Zwar hätte solch eine klare Abgrenzung aus dem Blickwinkel der Rechtssicherheit einen gewissen Charme. Der Nachteil ist jedoch darin zu sehen, dass Zufälligkeiten der Gesetzgebung darüber entscheiden, ob eine Zuordnung zum Nebenstrafrecht erfolgt oder nicht.[658] Über die an die Vermeidbarkeit des Verbotsirrtums zu stellenden Anforderungen dürfen aber nicht Zufälligkeiten des Gesetzgebungsverfahrens, sondern lediglich die dem

---

656 *Lange*, JZ 1956, S. 73, 75.

657 *Puppe*, GA 1990, S. 145, 181 im Zusammenhang mit der Frage, ob Blankette auf Ebene des Vorsatzes normativen Tatbestandsmerkmalen gleichzustellen sind; die Ausführungen lassen sich auf diesen Kontext übertragen; vgl. auch *Hellmuth Mayer*, AT, S. 263.

658 *Jakobs*, AT, 19. Abschn., Rn. 19; *Welzel*, JZ 1956, S. 238, 240 f.

Täter abzuverlangenden Anstrengungen zur Erlangung des Unrechtsbewusstseins entscheiden.

Daher ist es vorzugswürdig, eine Abgrenzung anhand materieller Kriterien vorzunehmen. Vielen Äußerungen in Rechtsprechung und Literatur ist zu entnehmen, dass für eine Zuordnung zum Kernstrafrecht von entscheidender Bedeutung ist, dass die entsprechenden Normen wesentlich für den Bestand der Gesellschaft sind bzw. auf einem jahrhundertealten sittlichen Wertkonsens beruhen.[659] Dies ist auch der Hintergrund der oben beschriebenen „Daumenregel", da sich die tradierten, im allgemeinen Rechtsbewusstsein verankerten Strafnormen überwiegend im StGB befinden.

Eine Beschränkung des Kernstrafrechts auf diesen tradierten Wertkonsens ist allerdings problematisch, da zu befürchten steht, dass dies zu einer Erstarrung der Rechtsordnung führt. Die Rechtsordnung ist nicht statisch, sondern wandelt sich ebenso, wie sich Wertvorstellungen in der Gesellschaft ändern. Als Beispiele seien nur der Tier- und Umweltschutz genannt, etwa das in § 17 TierSchG verankerte Verbot des grundlosen Tötens von Wirbeltieren, die heute im Bewusstsein der Allgemeinheit wesentlich stärker verankert sind als noch vor 50 Jahren. Auch war die Auffassung, dass Vergewaltigung in der Ehe nur unter gewissen Voraussetzungen als Nötigung, keinesfalls aber mit den Normen der Sexualstrafrechts zu erfassen sei, bis in die 60er Jahre so gut wie unangefochten.[660] Erst seit dem Jahr 1997 (!) erfasst § 177 StGB auch in der Ehe begangene sexuelle Nötigungen und Vergewaltigungen.[661] Nichtsdestotrotz dürfte der Schutz der sexuellen Selbstbestimmung verheirateter Frauen heutzutage im Rechtsbewusstsein der Bevölkerung nicht weniger stark verankert sein als der Schutz unverheirateter Frauen. Dies führt dazu, dass auch relativ „neue" Straftatbestände Bestandteil des Kernstrafrechts werden können, wenn die Pönalisierung mit einem entsprechenden Wandel im gesellschaftlichen Bewusstsein einhergeht. Des Weiteren reagiert die Rechtsordnung auf neue (Fehl)Entwicklungen, die dazu führen, dass das Bedürfnis nach einer strafrechtlichen Regelung entstehen kann, etwa, weil die Gesellschaft komplexer gewor-

---

659 So wird zur historischen Rechtfertigung der Unterscheidung zwischen strafrechtlichem und außerstrafrechtlichem Irrtum durch das Reichsgericht angeführt, dass zu jener Zeit davon ausgegangen werden konnte, dass jedermann das Strafgesetz kenne, weil es auf einem jahrhundertelangen, religiös untermauerten Konsens beruhte, der Bestand an Strafnormen überschaubar war und es daher Fälle, in denen das Strafgesetz nicht bekannt war, kaum geben konnte. *Müller-Magdeburg*, S. 43 ff.

660 *Helmken*, S. 13 ff.; vgl. auch *Mitsch*, JA 1989, S. 484 ff. – ggf. kam auch eine Anwendung der §§ 223 ff, 185 StGB in Betracht.

661 Vgl. LK-*Hörnle*, § 177, Rn. 1 ff.

den ist und hiermit ein erhöhtes Manipulations- bzw. Missbrauchspotenzial einhergeht.

Zudem gibt es, wie *Lesch* anhand verschiedener Beispiele herausgearbeitet hat,[662] auch bei auf dem tradierten Wertkonsens beruhenden Deliktsgruppen Randbereiche, in denen die Grenzen zwischen Erlaubtem und Verbotenem verschwimmen. Dies müsste zu einer Zuordnung besagten Randbereichs zum Nebenstrafrecht und der damit verbundenen großzügigeren Handhabung des Vermeidbarkeitsmaßstabs führen, was wiederum die unangenehme Konsequenz hätte, dass dasselbe Delikt sowohl dem Kernstrafrecht als auch dem Nebenstrafrecht zuzuordnen wäre.

Dies zeigt, dass die Abgrenzung zwischen dem Kern- und dem Nebenstrafrecht zuzuordnenden Normen anhand materieller Kriterien mit Schwierigkeiten behaftet ist und bei manchen Deliktsgruppen eine klare Unterscheidung wohl auch nicht möglich ist.

Dies spiegelt sich auch in dem Versuch wider, die oben beschriebenen Ansätze auf den Tatbestand des Subventionsbetrugs anzuwenden. Es hat sich gezeigt, dass man, wenn man auf materielle Kriterien abstellt, zwischen den verschiedenen Begehungsmodalitäten des § 264 StGB unterscheiden und Abs. 1 Nr. 1 dem Kernstrafrecht, Abs. 1 Nr. 2, 3 hingegen tendenziell dem Nebenstrafrecht zuordnen müsste. Darüber hinaus würde sich bei § 264 Abs. 1 Nr. 1 StGB die Frage stellen, ob auch bei grundsätzlicher Zuordnung dieser Begehungsmodalität zum Kernbereich nicht Randbereiche dem Nebenstrafrecht zuzuordnen wären. Zu denken wäre etwa an Fälle, in denen der Subventionsnehmer zwar unvollständige Angaben über subventionserhebliche Tatsachen gemacht, die gewährte Subvention aber zweckentsprechend verwendet hat. Dann wäre nämlich bei einem gedachten Betrug die Begründung des Vermögensschadens auch über die Zweckverfehlungslehre schwierig.

(b) Sinnhaftigkeit der Unterscheidung

Es wurde gezeigt, dass eine auf materiellen Kriterien beruhende Abgrenzung schwierig ist und teilweise willkürlich anmuten muss bzw. für manche Deliktsgruppen anhand materieller Kriterien kaum möglich ist. Daher stellt sich die Frage, ob an dieser Unterscheidung überhaupt festzuhalten ist. Dies wäre dann sinnvoll, wenn ihr große praktische Bedeutung zukäme. Auf den ersten Blick scheint dies insbesondere hinsichtlich der Vermeidbarkeit des Verbotsirrtums der Fall zu sein, da vielfach gefordert wird, im Nebenstrafrecht einen großzügigeren Maßstab anzuwenden als im Kernstrafrecht.

---

[662] *Lesch*, JA 1996, S. 607 ff.

Dieser erste Blick täuscht jedoch. Grund hierfür ist die Tatsache, dass sich ein Großteil der dem Nebenstrafrecht zugeordneten Delikte nicht an die Allgemeinheit, sondern an einen beschränken Adressatenkreis richtet, etwa weil sie als Sonderdelikt formuliert sind oder nur Anwendung finden, wenn man sich in einer bestimmten Art und Weise beruflich betätigt. Aus diesem Grund besteht auch Einigkeit darüber, dass es hinsichtlich der angeblich täterfreundlicheren Anforderungen an die Vermeidbarkeit des Verbotsirrtums eine – ziemlich große – „Hintertür" gibt: Hat man aufgrund seiner Lebens- oder Berufserfahrung Kenntnis davon, dass in einem bestimmten Bereich rechtliche Regeln existieren, begründet schon dies einen Anlass zum Nachdenken und Einholen von Rechtsrat. Da im Bereich des Nebenstrafrechts das bloße Nachdenken meist nicht zu gesicherten Erkenntnissen über die Rechtslage führt, ist Rechtsrat einzuholen. Unterbleibt Letzteres, wird nur in den seltensten Fällen ein Verbotsirrtum als unvermeidbar eingestuft. Folge ist, dass im angeblich großzügiger zu behandelnden Nebenstrafrecht dann doch wieder strenge Anforderungen an die Vermeidbarkeit gestellt werden.

Dies gilt auch für § 264 StGB insofern, als der Täter aufgrund seiner Branchen- bzw. Berufserfahrung hinsichtlich der Pflichten eines Subventionsnehmers besonders sensibilisiert war.[663]

Darüber hinaus hat die für das Nebenstrafrecht typische Aufstellung von Sondernormen für bestimmte Adressantenkreise zur Folge, dass Sachverhalte, die für den „Normalbürger" völlig wertneutral sind, auf einen besonders vorgebildeten Adressaten ohne Weiteres die dem Tatbestandsvorsatz im Nebenstrafrecht oftmals abgesprochene Appellfunktion ausüben können.[664] Kann solch ein Sachverhalt konstatiert werden, ist nicht ersichtlich, warum der Vermeidbarkeitsmaßstab großzügiger gehandhabt werden sollte als im Kernstrafrecht.

Es kann also festgehalten werden, dass eine klare Abgrenzung zwischen Normen des Kernstrafrechts und solchen des Nebenstrafrechts nicht für alle Bereiche durchgeführt werden kann. Darüber hinaus ist die Unterscheidung in der Praxis weitgehend bedeutungslos, da sich die meisten nebenstrafrechtlichen Normen an beschränkte, oftmals beruflich besonders qualifizierte Adressatenkreise richten und in diesen Fällen nicht ein großzügiger, sondern ein strenger Vermeidbarkeitsmaßstab Anwendung findet wird. Schließlich ist eine Privilegierung besonders qualifizierter Adressatenkreise auch nicht wünschenswert, da diese z. B. aufgrund ihrer Berufsausbildung über Sonderwissen verfügen, auf dessen Grundlage die Kenntnis des nebenstrafrechtlich relevanten Sachverhalts die Appellfunktion des Tatbestandsvorsatzes auslöst.

---

663 Vgl. Kap. 5, IV. 1. a) (1); III. 3. b) (2) (a).

664 Vgl. hierzu ausführlich Kap. 3, III. 4. c) (4).

Dies lässt es sinnvoll erscheinen, die an die Vermeidbarkeit zu stellenden Anforderungen bzw. den Anlass zum Nachdenken und Einholen von Rechtsrat nicht anhand der Einordnung der verletzten Norm in die Kategorien Kernstrafrecht bzw. Nebenstrafrecht vorzunehmen. Es stellt sich die Frage, welche Kriterien alternativ in Betracht kommen. Entscheidende Bedeutung kommt hier der Appellfunktion des Vorsatzes zu – je stärker schon die Kenntnis des dem Täter zur Last gelegten Sachverhalts diesem einen Anlass zum Nachdenken vermittelt, desto näher liegt die Vermeidbarkeit des Verbotsirrtums.

Zunächst ist von zentraler Bedeutung, wer Adressat der Rechtsnorm ist. Denkbar ist, dass sich die Rechtsnorm an Jedermann oder an Personen richtet, die aufgrund ihrer beruflichen Tätigkeit mit den entsprechenden Normen in Berührung kommen. Teilweise wird in diesem Zusammenhang gefordert, nur dann strengere Anforderungen an die Vermeidbarkeit zu stellen, wenn eine Zugangsprüfung Voraussetzung für die Berufsausübung ist.[665] Dies erscheint allerdings zu eng. Solch eine Beschränkung hätte beispielsweise zur Folge, dass der Verbotsirrtum eines GmbH-Geschäftsführers, der für seine Arbeitnehmer keine Sozialabgaben entrichtet, Bankrottstraftaten begeht, Untreuehandlungen vornimmt und verspätet Insolvenzantrag stellt, an einem großzügigen Maßstab zu messen wäre, weil das Amt des Geschäftsführers Jedermann offen steht, ohne dass er irgendeine Zugangsprüfung absolvieren muss, in der berufsspezifische Rechtskenntnisse abgeprüft werden.[666] Dies kann nicht überzeugen, da das Amt des Geschäftsführers offensichtlich besondere Pflichten mit sich bringt und sich sonst bedenkliche Lücken im Rechtsgüterschutz ergäben. Richtet sich die Rechtsnorm an einen besonders qualifizierten Adressatenkreis, ist die berufliche oder anderweitige Vorbildung geeignet, bei Sachverhalten, die für die Allgemeinheit völlig wertneutral sind, die Appellfunktion des Vorsatzes auszulösen. Letzteres wäre beim Subventionsbetrug zumindest bei mit Branchen- bzw. Berufserfahrung in Bezug auf Subventionen ausgestatteten Tätern zu bejahen.

Des Weiteren kann Berücksichtigung finden, ob die Strafbarkeit relativ neu oder schon lange Bestandteil des Strafrechts ist. Wie oben ausgeführt[667], kann dieser Aspekt von Bedeutung sein, muss aber nicht. Es ist zwar naheliegender, dass Strafnormen, die schon lange Bestandteil des Strafrechts sind, dem entsprechenden Adressatenkreis bekannt sind. Doch auch Neuregelungen können einen

---

665 *Löw*, S. 287.

666 Voraussetzung ist lediglich, dass keiner der Versagungsgründe des § 6 GmbHG vorliegt, die nur wegen der in § 6 Abs. 2 Nr. 3 GmbHG aufgeführten Delikte vorbestrafte sowie unter Betreuung stehende bzw. mit einem Berufsverbot belegte Personen vom Amt des Geschäftsführers ausschließen.

667 Vgl. Kap. 5, III. 4. (5) (a).

großen Bekanntheitsgrad haben, wenn beispielsweise eine intensive Diskussion in der Öffentlichkeit bzw. den betroffenen Fachkreisen stattgefunden hat

Darüber hinaus ist die Vermeidbarkeit naheliegender, wenn der Verstoß eindeutig von einer Strafnorm erfasst ist, als wenn er in einem Randbereich anzusiedeln ist.

Bei Blankettgesetzen ist zum einen Art und Tiefe der Blankettierung von Bedeutung. Zum anderen wird hier der Bezugspunkt des Vorsatzes relevant. Wenn, wie bei § 264 Abs. 1 Nr. 2, 3 StGB, nicht die Handlung oder Unterlassung selbst, sondern der Verstoß gegen ein gesetzliches Verbot oder Gebot Schuldsubstrat der Handlung ist und aus diesem Grund vom Vorsatz umfasst sein muss, ist die Vermeidbarkeit des Verbotsirrtums naheliegend, da der Täter wusste, dass er gegen Normen des Zivilrechts bzw. des öffentlichen Rechts verstößt.

Schließlich können auch tatbestandsspezifische Besonderheiten Berücksichtigung finden. Beim Subventionsbetrug könnte man solch eine Besonderheit etwa darin sehen, dass die Subventionsvergabe in ein verwaltungsrechtliches Beantragungsverfahren eingebettet ist, welches gewisse (Sorgfalts)Pflichten mit sich bringt und konkrete Ansprechpartner für Rückfragen zur Verfügung stellt.

Welche Anforderungen an die Vermeidbarkeit des Verbotsirrtums zu stellen sind und ob der Verbotsirrtum im Einzelfall vermeidbar war, ist durch eine Gesamtschau der entwickelten Kriterien zu ermitteln. Auch bei Anwendung dieser Kriterien wird es immer Grenzfälle geben, in denen das eine wie auch das andere Ergebnis vertretbar ist. Aber sie sind ein erster Schritt, um (auch kriminalpolitische) Wertungen, die schon vorher Grundlage der Entscheidung über die Vermeidbarkeit waren, sichtbar zu machen, aber bislang durch die Zuordnung zum Kernstrafrecht bzw. Nebenstrafrecht verdeckt wurden. Sie werden sicherlich nicht in jedem Fall zu eindeutigen Entscheidungen über die (Un)Vermeidbarkeit des Verbotsirrtums führen. Sie sind aber ein erster Schritt hin zu einer transparenteren Entscheidungsfindung.

IV. Die Einholung von Rechtsrat

Ist ein Anlass zur Überprüfung der Rechtmäßigkeit des eigenen Verhaltens gegeben, trifft zumindest den Rechtsunkundigen gegebenenfalls eine Verpflichtung zur Einholung von Rechtsrat. Inhalt einer solchen Anfrage zur Beurteilung der Rechtslage könnte in Bezug auf § 264 StGB etwa sein, ob er ein Formular zur Beantragung einer Subvention korrekt ausgefüllt hat, ob die angedachte Mittelverwendung mit Verwendungsbeschränkungen im Einklang steht oder ob er verpflichtet ist, bestimmte Umstände, die sich im Nachhinein geändert haben, dem Subventionsgeber mitzuteilen. Die den Täter treffenden Erkundigungspflichten sind individuell zu bestimmen; ihr Umfang richtet sich nach den Umständen des Einzelfalls sowie dem Lebens- und Berufskreis des Täters.[668]

1. Kreis der vertrauenswürdigen Auskunftspersonen

Ist solch eine Verpflichtung gegeben, sind verschiedenste Anlaufstellen für die Einholung von Rechtsrat denkbar. In Rechtsprechung und Literatur herrscht dahingehend Einigkeit, dass die Erteilung einer unrichtigen Rechtsauskunft nicht *per se* als „Freibrief" für den Täter angesehen werden kann. Es kommt vielmehr darauf an, ob der Täter auf die ihm erteilte Auskunft vertrauen durfte. Nach der Rechtsprechung ist eine zuständige, sachkundige, unvoreingenommene Stelle oder Person, die mit der Erteilung der Auskunft kein Eigeninteresse verfolgt und die Gewähr für eine objektive, sorgfältige, pflichtgemäße und verantwortungsbewusste Auskunftserteilung bietet, verlässlich.[669] Dem lässt sich entnehmen, dass zwei Elemente für die Annahme der Verlässlichkeit erforderlich sind. Zum einen muss die um Auskunft ersuchte Person oder Stelle über eine ausreichende Qualifikation verfügen. Zum anderen muss sie inhaltlich eine objektive Auskunft erwarten lassen.

a) Ausreichende Sachkunde

Die Auskunftsperson muss, um vertrauenswürdig zu sein, fachlich über eine ausreichende Qualifikation verfügen.

(1) Erkennbarkeit für den Täter

Zunächst ist allerdings darauf hinzuweisen, dass der Betroffene die Qualifikationen seines rechtlichen Beraters oftmals nicht sicher einschätzen kann. Dies gilt insbesondere, wenn er selbst nicht über juristische Kenntnisse verfügt. Insofern ist auf seiner Seite ein Auswahlverschulden auch zu verneinen, wenn er die Auskunftsperson ohne Verschulden als kompetent ansehen durfte.[670] Ein maß-

---

668 Schönke/Schröder-*Cramer/Sternberg-Lieben*, § 17, Rn. 17; OLG Frankfurt, NJW 1964, S. 508, 509; vgl. zur Problematik des Lebens- und Berufskreises auch Kap. 5, III. 3. b).

669 *Wessels/Beulke*, Rn. 466; BGHSt 40, 257, Rn. 24 (zitiert nach Juris); BGH, NJW 2000, S. 2368, Rn. 24 (zitiert nach Juris); BayObLG, NJW 1989, S. 1744; OLG Braunschweig, NStZ-RR 1998, S. 251; OLG Frankfurt, NStZ-RR 2003, S. 263; BayObLG NJW 1989, S. 1744, 1745.

670 Schönke/Schröder-*Cramer/Sternberg-Lieben*, § 17, Rn. 18 m. w. N. Dies gelte grundsätzlich auch bei Auskünften von Hausjuristen, OLG Frankfurt, NJW 1989, S. 1745, 1746; strenger BGHSt 30, 276, Rn. 17 (zitiert nach Juris); KG, JR 1978, S. 166; OLG Stuttgart, JR 1978, S. 294, dort stand die Auskunft des „möglicherweise

geblicher Orientierungspunkt insbesondere für juristische Laien ist hierbei die Formalqualifikation seines Auskunftsgebers.[671] Nach *Neumann* sind Ausnahmen von der grundsätzlich anzunehmenden Vertrauenswürdigkeit der Auskunftsperson nur bei besonderen Umständen der Auskunftserteilung oder aufgrund des sachlichen Gehalts der erteilten Auskunft zu machen, etwa, wenn abweichende Auffassungen bekannt seien oder die erteilte Auskunft erkennbar abwegig, falsch oder unzureichend sei.[672] Ob der Ratsuchende erkennen konnte, dass die ihm erteilte Auskunft mangelhaft oder offensichtlich falsch war, hängt insbesondere stark von der individuellen Ausbildung und Berufsstellung ab.[673]

(a) § 264 Abs. 7 Nr. 1 StGB

Bei § 264 StGB wird eine erste Differenzierung schon durch das Gesetz vorgegeben – der sachliche Anwendungsbereich ist bei nationalen Subventionen nach Abs. 7 Nr. 1 nur eröffnet, wenn die Gewährung an Betriebe oder Unternehmen zur Förderung der Wirtschaft erfolgt. Doch auch bei solch „professionellen" Subventionsbeantragenden ist zu differenzieren.

Zunächst kann die Betriebsgröße ein erster Anhaltspunkt sein.[674] Größere Unternehmen verfügen üblicherweise sowohl auf Ebene des Managements als auch auf Ebene des mittleren Managements (z. B. Abteilungsleiter, Gruppenleiter oder deren Stellvertreter) über mehr Knowhow. Dies ist zum einem der Tatsache geschuldet, dass ab einer gewissen Betriebsgröße ein gewisses Qualifikationsniveau des Managements bzw. leitender Mitarbeiter gegeben sein muss, um den Geschäftsbetrieb dauerhaft aufrecht erhalten bzw. um sich am Markt behaupten zu können. Zum anderen ist es bei größeren Betrieben üblich, verschiedene Abteilungen einzurichten bzw. auch auf Ebene des Managements die Verantwortungsbereiche aufzuteilen. Bei Kleinbetrieben ist dies unrentabel mit der Folge, dass sich der Geschäftsführer bzw. Prokurist um alle anstehenden Fragen kümmern muss. Es liegt auf der Hand, dass bei zunehmender Spezialisierung der Betriebsleitung bzw. auch des mit Leitungsaufgaben betrauten mittleren Managements deren Qualifikation in ihrem Spezialbereich und damit auch derne

befangenen Hausjuristen" allerdings im Widerspruch zu Hinweisen der zuständigen Behörde.

671 NK-*Neumann*, § 17 Rn. 75; *Löw*, S. 113.

672 NK-*Neumann*, § 17, Rn. 77 ff.; so in Bezug auf letzteren Aspekt auch MüKo-*Joecks*, § 17, Rn. 59; *Löw*, S. 107; BGHSt 2, 188, 193.

673 BayObLG, wistra 1992, S. 273, Rn. 17 (zitiert nach Juris).

674 So BayObLG, NStZ 2000, S. 148 hinsichtlich des Anlasses zum Nachdenken bei besonderer Regelung eines Gebiets in Bezug auf die Frage, mit welchen rechtlichen Regeln sich der Irrende befassen muss, vgl. Fn. (590).

Fähigkeit steigt, die nicht ausreichende fachliche Qualifikation des Beraters zu erkennen.

Darüber hinaus ist die Erfahrung im Geschäftsverkehr im Allgemeinen bzw. bei der Beantragung von Subventionen im Besonderen von Bedeutung. Üblicherweise eignet sich z. B. ein Geschäftsführer oder leitender Mitarbeiter im Laufe der Zeit eine gewisse Erfahrung im Geschäftsverkehr an, die auch die Kenntnis bestimmter, für das eigene Unternehmen bzw. die eigene Branche relevanter juristischer Sachverhalte umfasst. Dieser Erfahrungsschatz wird es dem Betroffenen, wenn auch nicht in allen, so aber doch in einigen Fällen zur Erkenntnis verhelfen, dass der erhaltene Rechtsrat wesentliche, aus der eigenen Erfahrung bekannte Tatsachen nicht berücksichtigt. Dies gilt insbesondere, wenn der Täter über eine gewisse Erfahrung bei der Subventionsbeantragung verfügt, z. B. weil er schon mehrfach an Beantragungsverfahren teilgenommen hat.

Hiermit einher geht die Erkenntnis, dass die Stellung des Täters im Betrieb Einfluss darauf haben kann, ob er die Qualität des eingeholten Rechtsrats kritisch hinterfragen kann. Hierbei spielen verschiedene Faktoren eine Rolle. So ist der Aufstieg in der Hierarchie eines Unternehmens üblicherweise mit einer höheren Qualifikation verbunden. Des Weiteren setzt der Aufstieg in leitende Positionen üblicherweise eine gewisse Berufserfahrung bzw. ein gewisses Lebensalter und damit ein höheres Maß an Erfahrung in Geschäftsverkehr und Branche einher.

Ob der Täter erkennen konnte, dass der ihm erteilte Rat nicht von ausreichender Sachkunde getragen war, ist anhand einer Zusammenschau der o. g. Parameter zu ermitteln.

(b) § 264 Abs. 7 Nr. 2 StGB

EU-Subventionen werden auch dann erfasst, wenn sie nicht der Förderung der Wirtschaft dienen bzw. nicht an Betriebe oder Unternehmen ausgereicht werden. Dies führt zur Ausweitung des Anwendungsbereichs z. B. auf für kulturelle oder soziale Zwecke und/oder an Privatleute gewährte Subventionen. Die Schwelle zur Verneinung eines Auswahlverschuldens ist bei oben genannten Personengruppen im Grundsatz niedriger anzusetzen als bei im Wirtschaftsleben tätigen bzw. beruflich mit der Subventionsbeantragung befassten Personen.[675] Dies be-

675 Für eine Unterscheidung zwischen Wirtschaftsunternehmen und sonstigen Beantragenden im Hinblick auf die an die Leichtfertigkeit gemäß § 264 Abs. 4 StGB zu stellenden Anforderungen *Fischer*, § 264, Rn. 37; Schönke/Schröder-*Perron*, § 264, Rn. 65; für eine Orientierung an der beruflichen Qualifikation MüKo-*Wohlers*, § 264, Rn. 113 ff. Diese Erwägungen sind auch in diesem Zusammenhang zutreffend.

ruht auf der Annahme, dass besagte Personenkreise üblicherweise über weniger Erfahrung im Geschäftsverkehr bzw. bei der Beantragung von Subventionen verfügen und daher die Qualität ihres juristischen Beraters weniger gut einschätzen können. Aus diesem Grund ist in Fällen, in denen die Annahme nicht zutrifft, ein strengerer Maßstab anzulegen. Denkbar ist z. B., dass ein Kulturschaffender, der schon des Öfteren EU-Subventionen für seine Projekte beantragt hat, mit dem Vergabeverfahren bzw. üblicherweise auferlegten Verwendungsbeschränkungen sehr wohl vertraut ist und daher auch erkennen kann, dass ein juristischer Berater, der in diesem Zusammenhang grundlegende Aspekte nicht kennt, nicht ausreichend qualifiziert ist.

Abschließend kann festgehalten werden, dass hier verschiedene Parameter herausgearbeitet wurden, die Fingerzeige geben können, wie gut oder schlecht der Irrende die Qualität seines juristischen Beraters bzw. dessen Rechtsrat einschätzen konnte. Aufgrund des sehr heterogenen Kreises der Subventionsnehmer ist darauf aufbauend für jeden Einzelfall gesondert zu beurteilen, ob der Anfragende seinen Berater ohne Verschulden als kompetent ansehen durfte oder nicht.

(2) Sachkundige Person oder Stelle

Verschiedene Personen oder Stellen können als ausreichend sachkundig für die Erteilung von Rechtsauskünften angesehen werden. An dieser Stelle soll allerdings keine umfassende Erörterung der Thematik[676] stattfinden, sondern vielmehr der Fokus auf solche Personen oder Institutionen gerichtet werden, die typischerweise im Bereich der Subventionsbeantragung oder -gewährung konsultiert werden – Rechtsanwälte, Hausjuristen und Behörden.

(a) Rechtsanwälte

Werden Auskünfte zu Rechtsfragen erbeten, sind Auskünfte von Juristen grundsätzlich von einer ausreichenden Sachkunde getragen, da sie sich auf das Fachgebiet beziehen, dass sie studiert haben.[677] Die Rechtsprechung macht allerdings auch Ausnahmen, etwa, wenn die Auskunft eines Rechtsanwalts lediglich dazu

---

[676] Eine detaillierte Übersicht über die hier nicht dargestellten Fallgruppen Richter, Staatsanwaltschaft und Verbände bietet *Löw*, S. 108 ff., 130 ff.; vgl. umfänglich zur Problematik inkonsistenter Gerichtsentscheidungen *Löw*, S. 189 ff., die einen Schuldausschließungsgrund bei einander widersprechenden Informationen fordert, S. 293.

[677] OLG Braunschweig, NStZ-RR 1998, S, 251.

dienen sollte, das Gesetz durch plumpe Machenschaften zu umgehen[678] oder begrenzt die Vertrauenswürdigkeit auf Auskünfte älterer und erfahrener[679] bzw. in einem bestimmten Fachgebiet spezialisierte[680] Rechtsanwälte.

(i) Generelle Vertrauenswürdigkeit?

Löw hingegen stuft jede Auskunft eines Rechtsanwalts als vertrauenswürdig ein und führt hierfür die Regelung des § 3 Abs. 1 BRAO an, die das Leitbild des Rechtsanwalts als berufenen und unabhängigen Berater und Vertreter in allen Rechtsangelegenheiten normiert.[681] Aufgrund des Zulassungserfordernisses des § 8 Abs. 1 BRAO bestünde die Vermutung für den Ratsuchenden, dass es sich bei einem Anwalt um einen ordnungsgemäßen Vertreter seines Fachs handelt.[682] Auch sei es widersprüchlich, wenn man zivilrechtlich im Bereich der Anwaltshaftung einen sehr strengen Maßstab anlege und in diesem Zusammenhang eine Nachprüfungspflicht des Mandanten ablehne, auf der anderen Seite aber trotz Auskunft eines Rechtsanwalts einen vermeidbaren Verbotsirrtum annähme mit dem Argument, der Rechtsanwalt sei nicht ausreichend sachkundig.[683]

(ii) Einzelfallbeurteilung

Diese Auffassung vermag aufgrund ihrer Pauschalität nicht zu überzeugen. Eine sachgerechte Lösung, die auch den Interessen des Ratsuchenden ausreichend Rechnung trägt, lässt sich auch über andere Mechanismen erreichen als über eine generelle Einstufung von Anwaltsauskünften als von einer ausreichenden Sachkunde getragen. Hierbei sind zwei Ebenen zu unterscheiden. Dies soll an einem kleinen Fall aus dem Bereich des Insolvenzstrafrechts veranschaulicht werden.

Sowohl kleinste Handwerksbetriebe als auch Unternehmen mit hunderten Arbeitnehmern und verschiedenen Tochtergesellschaften im In- und Ausland können in der Rechtsform der GmbH organisiert sein. Der Geschäftsführer eines

---

678 KG, JR 1977, S. 379, 380; *Rudolphi*, JR 1977, S. 380, 382; Kritisch *Löw*, S. 122 – in solchen Fällen sei oftmals ein bedingtes Unrechtsbewusstsein gegeben, sodass es auf die Vermeidbarkeit gar nicht ankomme.

679 BGHSt 15, 340.

680 KG WuW/OLG 2207; WuW/E BKartA 1390 f.; WuW/E BKartA 1684 zum Kartellrecht (zitiert jeweils nach *Löw*, S. 103, Fn. 461).

681 *Löw*, S. 114.

682 *Löw*, S. 114.

683 *Löw*, S. 114. Ziel dieser Rechtsprechung ist allerdings, dem Rechtsanwalt den Einwand des Mitverschuldens abzuschneiden, damit er zivilrechtlich voll für den entstandenen Schaden haftet. Dies sagt aber nichts über die individuelle Erkennbarkeit aus, die im Rahmen der Vermeidbarkeit des Verbotsirrtums bzw. der Schuld maßgebend ist.

als GmbH geführten kleinen Handwerksbetriebs ist meist selbst Handwerker. Er ist üblicherweise in sein Handwerk betreffende Fragen kompetent und verfügt auch über eine grundlegende kaufmännische Ausbildung. Die als GmbH organisierte Muttergesellschaft bzw. Holding eines größeren Konzerns hingegen verfügt oftmals nicht nur über einen, sondern über mehrere Geschäftsführer, die vielfach ein Hochschulstudium, meist der Betriebswirtschaftslehre, abgeschlossen haben. Zwischen besagten Geschäftsführern findet oftmals eine Aufteilung der Verantwortungsbereiche (Finanzen, Vertrieb, ...) statt. Man stelle sich nun vor, dass jeweils eine GmbH der oben beschriebenen „Prototypen" in eine wirtschaftliche Schieflage gerät und der Geschäftsführer einen Rechtsanwalt zum Zwecke einer Krisenberatung aufsucht. Im Rahmen dieser Krisenberatung wäre u. a. ein Augenmerk auf die Strafvorschrift des § 15a InsO, Insolvenzverschleppung, zu richten. Um hinsichtlich des Bestehens einer Insolvenzantragspflicht, z. B. wegen rechnerischer Überschuldung, kompetent beraten zu können, muss der befragte Rechtsanwalt zunächst in der Lage sein, eine Handelsbilanz zu lesen und des Weiteren wissen, in welchen Punkten die Erstellung der für die Insolvenzantragspflicht maßgeblichen Überschuldungsbilanz von der Erstellung einer Handelsbilanz abweicht sowie wissen, wie man ermittelt, ob dem Unternehmen eine positive oder negative Fortführungsprognose zu stellen ist.[684]

(α) Erforderliche Sachkunde

Wird nun ein Rechtsanwalt, der bislang beispielsweise in erster Linie Verkehrsunfälle bearbeitet und sich noch nie mit Bilanzanalyse befasst hat, mit der Krisenberatung betraut, ist offensichtlich, dass er im Hinblick auf diese Spezialmaterie nicht über die notwendige Sachkunde für eine kompetente Beratung verfügt. Aus diesem Grund ist die von ihm erteile Rechtsauskunft im Hinblick auf

---

684 Vgl. zu den Voraussetzungen des Eröffnungsgrundes der Überschuldung nach dem Finanzmarktstabilisierungsgesetz *Bittmann*, wistra 2009, S. 138; *Grube/Böhm*, wistra 2009, S. 81; *Schmitz*, wistra 2009, S. 369. Hinsichtlich des Eröffnungsgrundes der Zahlungsunfähigkeit nach § 17 InsO müsste der Anwalt wissen, wie man Zahlungsunfähigkeit von einer Zahlungsstockung abgrenzt und welche Parameter für die strafrechtliche Ermittlung der Zahlungsunfähigkeit maßgebend sind (kriminalistische bzw. betriebswirtschaftliche Methode). Eine strafrechtliche Risiken erkennende bzw. minimierende Betrachtung müsste zudem die Tatbestände der gesellschaftsrechtlichen Untreue und des Bankrotts (zur Abgrenzung vgl. BGH, 3 StR 372/08, NStZ 2009, S. 437; BGH, 1 StR 301/09, NStZ 2009, S. 373 zur möglichen Abkehr von der sog. „Interessenformel"; zu strafrechtlichen Folgen der Reform des Eigenkapitalersatzrechts vgl. OLG Stuttgart, wistra 2010, S. 34), insbesondere des § 283 Abs. 1 Nr. 7 b) StGB (verspätete Bilanzerstellung in der Krise) sowie des § 266a StGB berücksichtigen.

das Bestehen einer Insolvenzantragspflicht objektiv betrachtet nicht vertrauenswürdig. Hieran zeigt sich auch, dass insbesondere im Bereich des Wirtschaftsstrafrechts ohne Weiteres Fälle denkbar sind, in denen die Auskunft eines Rechtsanwalts nicht von der erforderlichen Sachkunde getragen wird.

Schwieriger zu beantworten ist die Frage, wie ermittelt werden kann, ob ein Rechtsanwalt über die erforderliche Sachkunde verfügt. Im Ergebnis ist eine Einzelfallbetrachtung vorzunehmen, bei welcher folgende Aspekte Berücksichtigung finden sollten:

Ein erster Orientierungspunkt kann sich aus der in Rede stehenden Materie ergeben – betrifft die Rechtsfrage ein Spezial- oder Randgebiet, indiziert dies, dass nicht jeder Rechtsanwalt zu einer sachgerechten Beratung in der Lage ist. So setzt etwa, wie soeben dargelegt, eine fachkundige strafrechtliche Beratung im Bereich der Insolvenzverschleppung o. ä. in der Regel fundierte insolvenzrechtliche bzw. betriebswirtschaftliche Kenntnisse voraus. Anders könnte dies bei einfach gelagerten Fällen sein – wenn eine GmbH seit Monaten nicht über ausreichende liquide Mittel verfügt, um Löhne, Sozialabgaben, Steuern und Lieferantenrechnungen zu zahlen, dürfte auch ein nicht spezialisierter Rechtsanwalt erkennen, dass Zahlungsunfähigkeit gegeben ist. Andererseits gibt es aber auch bei üblicherweise aus dem Jurastudium bekannten Tatbeständen Randbereiche, in denen nur Spezialkenntnisse eine sachgerechte Beratung ermöglichen. Man denke etwa an den Tatbestand des § 266 StGB und seine mannigfaltigen Anwendungsbereiche. Ein weiteres Beispiel ist das im Bereich der Körperverletzungsdelikte angesiedelte Arztrecht – wann eine Einwilligung wegen unzureichender Risikoaufklärung unwirksam oder ein Eingriff *lege artis* durchgeführt worden ist, kann ohne Grundkenntnisse im medizinischen Bereich nicht beurteilt werden.

Ein Indiz für eine entsprechende Qualifikation kann dann etwa ein Fachanwaltstitel[685] sein. Doch auch Rechtsanwälte, die, ohne einen Fachanwaltstitel erworben zu haben, etwa über umfängliche praktische Erfahrung in einem bestimmten Spezialgebiet verfügen, können kompetente Berater sein.

Festgehalten werden kann, dass anhand einer Einzelfallbetrachtung festzustellen ist, ob der um Rat ersuchte Anwalt ausreichend qualifiziert war, um eine fachkundige Auskunft zu erteilen.

(β) Erkennbarkeit für den Ratsuchenden

Dies bedeutet aber nicht, dass in allen Fällen, in denen die eingeholte Rechtsauskunft nicht von der erforderlichen Sachkunde getragen ist, ein vermeidbarer Verbotsirrtum anzunehmen ist. Für die Schuld im Sinne eines Anders-Handeln-

685 *Löw*, S. 115 ff.

Könnens des Täters ist im Bereich des Verbotsirrtums maßgebend, ob der Täter aufgrund seiner individuellen Fähigkeiten die Strafbarkeit seines Verhaltens hätte erkennen können. Ein Mittel zur Erlangung besagter Erkenntnis ist die Einholung einer vertrauenswürdigen Auskunft, etwa eines Rechtsanwalts. Wie oben dargelegt[686], ist hierfür maßgebend, ob der Ratsuchende die unzureichende Qualifikation des Anwalts erkennen konnte.

Hierbei ist Folgendes zu berücksichtigen: Der Trend zur Spezialisierung, der die gesamte Gesellschaft erfasst, macht auch vor der Juristerei nicht halt.[687] Für Teile des Berufslebens, wie etwa die Medizin, hat sich dies auch längst im allgemeinen Bewusstsein verankert – wenn man Husten und Fieber hat, geht man zum Hausarzt; wenn man Probleme mit dem grauen Star hat, geht man zum Augenarzt und nicht zum Hausarzt oder zum Urologen. Es soll aber nicht verkannt werden, dass diese Tendenz zur Spezialisierung im Recht nicht in gleicher Weise im Bewusstsein der Bevölkerung verankert ist wie etwa im Bereich der Medizin. Hieraus aber den Schluss zu ziehen, dass dann jegliche Auskünfte von Rechtsanwälten als ausreichend sachkundig zu behandeln sind, um den Bürger nicht zu überfordern, ist der falsche Weg. Wie oben dargestellt, ist ein Auswahlverschulden des Irrenden auch dann zu verneinen, wenn er die gewählte Auskunftsperson ohne Verschulden für kompetent ansehen durfte.[688] Hierbei kann man ohne Weiteres Aspekte wie die Vorbildung des um Rat Suchenden und das Auftreten des Rechtsanwalts in die Würdigung mit einbeziehen und Personen, die über keine oder nur eine geringe juristische Bildung verfügen, mangels Auswahlverschuldens einen unvermeidbaren Verbotsirrtum zubilligen.[689] Dies lässt sich sehr gut am oben geschilderten Fall einer Krisenberatung veranschaulichen. Während der Handwerker-Geschäftsführer vielfach einem kompetent auftretenden Rechtsanwalt vertrauen wird, weil er selbst nicht die Fachkompetenz hat, um den erteilten Rat zu hinterfragen, wird dies bei einem Diplom-Kaufmann-Geschäftsführer in vielen Fällen anders sein. Auch wenn Letzterer nicht im Detail einschätzen kann, ob die Wertung der Rechtslage korrekt ist, könnte er ohne Weiteres erkennen, wenn seinem juristischen Berater die nötigen betriebswirtschaftlichen Kenntnisse fehlen, die Grundlage für eine fundierte

---

686 Vgl. Kap. 5, IV. 1. a) (1).

687 Zur Bedeutung der Fachanwaltschaft s. RA-Handbuch-*Scharmer*, § 58, Rn. 2 ff.; s. RA-Handbuch-*Krämer* – in einer Umfrage unter Anwälten wurde der Aussage „Spezialisierung ist derzeit wichtig, um im Wettbewerb zu bestehen" die höchste Zustimmung zuteil; *Haarmeyer/Wutzke/Förster*, Vor § 1 InsVV Rn. 20 zur zunehmenden Bedeutung der Spezialisierung im Bereich Insolvenzrecht; *Hipp*, Spiegel Online v. 15.10.2008 zur Bedeutung der Spezialisierung für Junganwälte.

688 Vgl. Kap. 5, IV. 1. a) (1).

689 Vgl. Kap. 5, IV. 1. a) (1).

Krisenberatung sind. Hierin zeigt sich auch der Charakter der Schuld als individuelles Anders-Handeln-Können. Hat der Täter demnach aufgrund seiner individuellen Fähigkeiten die Möglichkeit, die Sachkunde seines Beraters zu beurteilen bzw. kann er erkennen, dass es diesem an der erforderlichen Sachkunde fehlt, ist nicht ersichtlich, warum ihn dann die Formalqualifikation seines Beraters entlasten sollte.

Es kann also festgehalten werden, dass die Einholung von Rechtsrat nicht zur Unvermeidbarkeit des Verbotsirrtums führt, wenn die Auskunft nicht von der erforderlichen Sachkunde getragen und dies für den Ratsuchenden erkennbar war.

(b) Hausjuristen

Hinsichtlich der Fachkompetenz von Hausjuristen gilt im Grundsatz das zu Rechtsanwälten Gesagte. Als Besonderheit ist allerdings zu berücksichtigen, dass bei Hausjuristen oftmals eine Spezialisierung auf die relevanten Rechtsgebiete vorliegen wird, da sie sich typischerweise mit den branchenspezifischen Fragen befassen, die „ihr" Unternehmen betreffen. Hierzu können Fragen des Subventionsrecht gehören – insbesondere, wenn das Unternehmen einer Branche entstammt, die typischerweise mit Subventionen gefördert wird. Aus diesen Gründen ist in Rechtsprechung und Literatur meist nicht die ausreichende Qualifikation der Hausjuristen umstritten, sondern deren Objektivität.[690]

(c) Auskünfte durch Behörden

Regen sich im Zusammenhang mit der Subventionsgewährung in irgendeiner Hinsicht rechtliche Zweifel beim Subventionsnehmer, ist die Nachfrage beim Subventionsgeber ein naheliegender Schritt, um Klarheit zu erlangen. Daher ist für die Frage der Vermeidbarkeit des Verbotsirrtums von besonderer Bedeutung, inwiefern der Subventionsnehmer durch die Einholung von Auskünften bei Behörden seiner Erkundigungspflicht genügt.

Von Relevanz ist zunächst die Frage, worauf sich der Vertrauensschutz in die Richtigkeit der Auskünfte von Behörden gründet. Denkbar sind zwei Quellen – zum einen, wie bei Rechtsanwälten oder Hausjuristen, die besondere Fachkunde der Behörde, zum anderen ihre Stellung als Hoheitsträger.

Soweit Behörden keine Verwaltungstätigkeit, die aus der hoheitlichen Gewalt abgeleitet und daher staatlichen Stellen vorbehalten ist, ausüben, kann sich ein Vertrauensschutz aus der besonderen Sachkunde der Behörde ergeben.[691] Daher sieht *Rudolphi* bei der Auskunftserteilung durch Behörden den Aspekt der

---

690 Vgl. Kap. 5, IV. 1. b).

691 *Rudolphi*, Unrechtsbewusstsein, S. 244 ff.

besonderen Sachkunde für alle Rechtsfragen, die ihren Zuständigkeitsbereich betreffen, als ausschlaggebend an, da besagte Auskunftserteilung nicht im Rahmen hoheitlichen Handelns erfolge.

Aus verschiedenen Äußerungen in der Rechtsprechung kann allerdings entnommen werden, dass die Vertrauenswürdigkeit von Behördenauskünften nicht ausschließlich auf deren besondere Sachkunde, sondern auch auf die Erfüllung von Ordnungsaufgaben bzw. die Möglichkeit hoheitlichen Handelns gestützt wird. Explizite Stellungnahmen zu dieser Thematik sind allerdings spärlich. Ansätze finden sich aber in Entscheidungen zur Unvermeidbarkeit aufgrund behördlicher Duldung.[692] So verweist LG Darmstadt darauf, dass, wenn schon das mildere und flexiblere Instrumentarium des Verwaltungszwangs auf Grundlage des Polizeirechts trotz voller Sachverhaltskenntnis der Behörde nicht angewandt werde, der Bürger auf eine fehlende strafrechtliche Sanktionierung vertrauen könne.[693] Der BGH verweist darauf, dass der Bürger nicht damit zu rechnen brauche, dass staatliche Stellen eine geltende Bestimmung, anstatt sie zu ändern, unberücksichtigt lasse und daher eine behördliche Duldung berechtige Zweifel an der Wirksamkeit von Höchstpreisen hervorrufen könne.[694] Das AG Lübeck bezeichnet das zuständige Umweltamt in diesem Zusammenhang als auf den Posten gestellten „Beschützergaranten".[695] Hieraus lässt sich ableiten, dass der Vertrauensschutz in behördliche Auskünfte nicht allein auf die Sachkunde der Behörden gestützt wird, sondern auch auf deren Stellung als Hoheitsträger, die gegen rechtswidrige Zustände mit dem Instrumentarium des Verwaltungszwangs vorgehen können. Daher begründet, soweit das Handeln staatlicher Stellen aus deren hoheitlicher Gewalt abgeleitet ist, diese Erfüllung von Ordnungsaufgaben aufgrund ihrer Bedeutung für die Rechtssicherheit Vertrauensschutz.

Im Hinblick auf die Subventionsvergabe kann sich die Vertrauenswürdigkeit von Behördenauskünften aus beiden Aspekten ergeben.

Wenn die Behörde in ihrer Funktion als Subventionsgeber beispielsweise festlegt, welche Tatsachen subventionserheblich sind bzw. Verwendungsbeschränkungen oder Mitteilungspflichten auferlegt, handelt sie als Hoheitsträger im Bereich der Leistungsverwaltung. Insofern erfolgt also eine Tätigkeit im Rahmen der ihr hoheitlich verliehenen Ordnungsaufgabe. Denkbar sind z. B. Fälle, in denen Unklarheit darüber besteht, ob bestimmte Tatsachen von der formellen Bezeichnung als subventionserheblich erfasst sind. In solch einer Konstellation kann die Behörde diese Tatsachen nachträglich als subventionser-

---

692 Auf die Problematik der Duldung soll in Kap. 5, IV. 1. a) (2) (c) (ii) gesondert eingegangen werden.

693 LG Darmstadt, NStZ 1984, S. 173, 174 f

694 BGH, NJW 1953, S. 352, 353.

695 AG Lübeck, StV 1989, S. 348, 349.

heblich bezeichnen. Dieser Verwaltungsakt kann auch bestandskräftig werden. Unter Umständen ist sie hierzu sogar gemäß § 2 Abs. 2 SubvG verpflichtet.

Demgegenüber sind auch Konstellationen denkbar, in denen die Behörde auf Nachfrage keinen Verwaltungsakt als Ausdruck hoheitlichen Handelns erlässt, sondern lediglich ihre Bezeichnung subventionserheblicher Tatsachen näher erläutert. Da diese „Auslegung" ihres eigenen Verwaltungsakts kein hoheitliches Handeln, sondern eine bloße Auskunftserteilung darstellt, kann sich der Vertrauensschutz des Subventionsnehmers in solch einer Konstellation lediglich aus der besonderen Sachkunde der Behörde ergeben.

(i) Auskunftserteilung durch die zuständige Behörde

Zuständig für die Auskunftserteilung ist im Rahmen des § 264 StGB die für die Subventionsvergabe zuständige Behörde. Auf deren ausreichende Sachkunde darf der Bürger vertrauen. Soweit die zuständige Behörde Auskünfte erteilt, begründet dies beim Subventionsnehmer die Unvermeidbarkeit des Verbotsirrtums.

(ii) Duldung

Fraglich ist aber, ob dies auch für Fälle gelten kann, in denen das Verhalten des Täters von der zuständigen Behörde geduldet wurde. Man denke etwa an die Gewährung einer Subvention unter Auferlegung von Verwendungsbeschränkungen. Der Einsatz der Subvention bewegt sich in einer Grauzone, in der nicht eindeutig ist, ob sie besagten Verwendungsbeschränkungen entspricht oder nicht. Eine Nachfrage bei der Behörde erfolgte nicht. Die Art und Weise der Verwendung ist der Behörde aber bekannt und wird von ihr nicht beanstandet.

Die Meinungen hierüber divergieren. Teilweise wird vertreten, dass auch der passive Akt der Duldung als Ausdruck hoheitlichen Handelns einen Vertrauensschutz begründen müsse[696] bzw. dass ein Vertrauensschutz nicht ohne Weiteres in Betracht komme[697]. Überwiegend wird davon ausgegangen, dass eine behördliche Duldung einen unvermeidbaren Verbotsirrtum begründen kann, Umstände und Gehalt der behördlichen Duldung aber im jeweiligen Einzelfall betrachtet werden müssen.[698]

---

696 *Löw*, S. 124 ff., 130; tendenziell auch LG Darmstadt NStZ 1984, S. 173, 174 f.

697 OLG Braunschweig, ZfW 1991, S. 52, 62 f.; *Sack*, JR 1978, S. 295; BayObLG, GA 1956, S. 124, 127; OLG Stuttgart, NJW 1977, S. 1408, Rn. 29 (zitiert nach Juris) – in dieser Entscheidung klingt *obiter dictum* eine restriktive Linie an.

698 OLG Celle, NStZ 1993, S. 291, 292; BGHSt 16, 264, Rn. 19 (zitiert nach Juris); BGH, NJW 1953, S. 352, 353; BGHSt 37, S. 21, Rn. 20 (zitiert nach Juris); SK-*Rudolphi* § 17, Rn. 31; OLG Stuttgart, ZfW 1977, S. 118, 125; AG Lübeck, StV 1989, S. 348, 349 – entscheidend war, dass die Umweltbehörde in Kenntnis des Sachverhalts jahrelang eine

Letztere Auffassung, die eine Einzelfallbetrachtung vornimmt, ist sachgerecht. Entscheidend ist, ob der Subventionsnehmer aus der behördlichen Duldung auf die Erlaubtheit seines Verhaltens schließen konnte.[699] Dies ist in einer Einzelfallbetrachtung zu prüfen. Maßgebend ist aufgrund der Einordnung des (un)vermeidbaren Verbotsirrtums in der Schuld, ob der individuelle Täter die Möglichkeit zur Erkenntnis der Rechtswidrigkeit hatte. Dies kann man in Fällen behördlicher Duldung weder pauschal bejahen noch pauschal verneinen.

(α) Relevante Kriterien

Relevante Aspekte sind z. B. die Dauer der behördlichen Duldung und deren Begleitumstände.[700] Besondere Bedeutung kommt bei § 264 StGB der Frage zu, wie präzise z. B. Verwendungsbeschränkungen formuliert worden sind. Im Falle einer unpräzisen Formulierung kann der Subventionsnehmer eher aus der Duldung durch die Behörde schließen, dass der von ihm getätigte Einsatz der Subvention mit den Verwendungsbeschränkungen im Einklang steht. Hiervon kann er demgegenüber kaum ausgehen, wenn unzweideutig ein Verstoß gegen die ihm auferlegte Verwendungsbeschränkung gegeben ist. Des Weiteren kommt es darauf an, ob dem Subventionsnehmer Aspekte bekannt waren, die darauf hindeuteten, dass andere Gründe als die Rechtmäßigkeit der gewählten Art der Verwendung der Grund für die Duldung durch die Behörde sind. Hier kann man zunächst an Fälle denken, die zumindest an „Cliquenwirtschaft" grenzen,[701] wo also zwischen Subventionsnehmer und Behörde ein sehr gutes Verhältnis besteht und für den Täter ersichtlich ist, dass auch persönliche Verbundenheit o. ä.

Abgabe erhoben hatte, anstatt einzuschreiten oder auch nur auf die Rechtswidrigkeit des Zustands hinzuweisen. Weitere Fallbeispiele, welche Behördenauskünfte in welchen Bereichen zur Annahme eines unvermeidbaren Verbotsirrtums geführt haben, finden sich bei *Löw*, S. 121 ff. NK-*Neumann*, § 17, Rn. 66 will zwischen aktiver und passiver Duldung differenzieren und zumindest bei letzterer Unvermeidbarkeit annehmen.

699 OLG Celle, NStZ 1993, S. 291, 292 – Unvermeidbarkeit sei nahe liegend, da der durchschnittliche Bürger aus der Duldung bzw. deren Annahme auf die Erlaubtheit seines Verhaltens schließe.

700 Sowohl die längere Dauer der behördlichen Duldung als auch die Erhebung einer Abgabe in Kenntnis des rechtswidrigen Zustands durch die Umweltbehörde haben beispielsweise in der Entscheidung AG Lübeck, StV 1989, S. 348, 349 f. eine Rolle gespielt. Letzteren Aspekt fasst NK-*Neumann*, § 17, Rn. 66 unter den Begriff der „aktiven" Duldung. Bei OLG Stuttgart, ZfW 1977, S. 118, 125 wurde berücksichtigt, dass das behördliche Verhalten in sich widersprüchlich war und sich der Angeklagte bemüht hatte, die ihm von der Behörde gemachten Auflagen zu erfüllen.

701 *Löw*, S. 287 f. – soweit allen Parteien bewusst sei, dass die Rechtslage unklar oder gar das geduldete Verhalten rechtswidrig ist; in vielen Fällen sei sogar Unrechtsbewusstsein gegeben.

für die unterbliebene Beanstandung ausschlaggebend sein könnten. Des Weiteren können beispielsweise bei der Subventionsvergabe an Schlüsselsektoren in strukturschwachen Regionen, insbesondere, wenn diese in finanziellen Schwierigkeiten stecken, strukturpolitische Gründe für ein sehr „großzügiges" Verständnis der Verwendungsbeschränkungen bzw. Duldungen von Seiten der Behörde ausschlaggebend sein. Gleiches kommt z. B. im Vorfeld von Wahlen in Betracht, wenn erkennbar ist, dass eine Beanstandung bzw. Rückforderung unterbleibt, weil sonst z. B. der Vorwurf im Raum stünde, Arbeitsplätze zu gefährden.

(β) Besonderheiten bei EU-Subventionen

Solche Konstellationen sind in Bezug auf EU-Subventionen auch dann denkbar, wenn widerstreitende Interessen zwischen Mitgliedstaaten und EU für den Subventionsnehmer erkennbar sind. So wurde zumindest bei einigen Skandalen über die missbräuchliche Verwendung von Subventionen und das damit im Zusammenhang stehende Versagen aller Kontrollen durch Behörden in südeuropäischen Mitgliedstaaten folgende Vermutung geäußert: Eine effiziente Aufdeckung von Betrügereien habe zur Folge, dass die Subventionen an den entsprechenden Mitgliedstaat zurückgefahren würden, weil es weniger Berechtigte gebe und die Subventionen gegebenenfalls stattdessen an Berechtigte aus anderen, ggf. konkurrierenden Mitgliedstaaten vergeben würden.[702] Dies habe zur Folge, dass durch eine laxe Kontrolle zum einen durch einen umfänglicheren Zufluss von Subventionen die Wettbewerbsfähigkeit der eigenen Betriebe gesteigert werde und zum anderen die hohe Zahl der Mittelzuflüsse politisch die Mitgliedschaft in der EU wahlkampftechnisch besser rechtfertigen lasse.[703] Ist solch ein Interessenwiderstreit für den Subventionsnehmer erkennbar, kann er sich nicht ohne Weiteres auf Vertrauensschutz wegen behördlicher Duldung berufen – für ihn ist dann erkennbar, dass andere Motive als die Rechtmäßigkeit der Mittelverwendung für die Duldung maßgebend sein können.

(iii) Unzuständige Behörde

Es stellt sich aber die Frage, was bei einer Auskunftserteilung durch eine unzuständige Behörde zu gelten hat. Hier wird ausgeführt, Auskünfte von Behörden außerhalb ihres Zuständigkeitsbereichs könnten einen Vertrauensschutz nicht begründen. Dies wird mit dem Verweis auf die fehlende besondere Sachkunde begründet. Soweit der Anfragende die Behörde fälschlich für zuständig gehalten hat, wird danach differenziert, ob die Unzuständigkeit offensichtlich war oder

---

702 *Acale Sánchez*, S. 43, 56.

703 *Terradillos Basoco*, S. 29, 32, 185; *Alcale Sánchez*, S. 43, 56.

nicht. Bei Offensichtlichkeit wird der Vertrauensschutz verneint; ansonsten könne der Vertrauensschutz nur entfallen, wenn die Behörde den Anfragenden auf ihre Unzuständigkeit hingewiesen hat.[704]

(α) Fehlende Sachkunde und Erkennbarkeit

Soweit sich der Vertrauensschutz in behördliche Auskünfte ausschließlich auf deren besondere Sachkunde gründet, kann dem im Ergebnis größtenteils gefolgt werden. Hierbei ist vorzugehen wie bei der Frage, wann Auskünfte von Rechtsanwälten die Unvermeidbarkeit des Verbotsirrtums begründen können. Im ersten Schritt ist zu prüfen, ob die um Auskunft ersuchte Stelle über die erforderliche Sachkunde verfügt. Dies ist im Falle der Unzuständigkeit der Behörde zu verneinen. Hieraus ergibt sich aber nur dann die Vermeidbarkeit des Verbotsirrtums, wenn in einem zweiten Schritt festgestellt worden ist, dass die fehlende Sachkunde für den Ratsuchenden erkennbar war. Besagte Erkennbarkeit ist bei offensichtlicher Unzuständigkeit zu bejahen – niemand kann, wenn er eine landwirtschaftliche Subvention erhalten und eine Frage zu Verwendungsbeschränkungen hat, auf diesbezüglich beim Standesamt eingeholte Auskünfte vertrauen. Anders ist die Sachlage, wenn die Unzuständigkeit nicht offensichtlich war. Wenn sich dann die befragte Behörde für kompetent hält und eine Auskunft erteilt, ist für den Bürger deren Unzuständigkeit in aller Regel nicht erkennbar. Anders kann dies höchstens sein, wenn der Anfragende selbst über fundierte Kenntnisse in besagtem Gebiet verfügt und weiß, dass eine andere Behörde zuständig ist. Gleiches gilt, wenn die Behörde auf ihre Unzuständigkeit hingewiesen hat.

(β) Ausübung von Hoheitsgewalt

Anders ist die Sachlage zu beurteilen, wenn sich der Vertrauensschutz in behördliche Auskünfte auf die Ausübung von Hoheitsgewalt und damit die Erfüllung staatlicher Ordnungsaufgaben gründet. Dann streitet auch die Rechtssicherheit für einen Vertrauensschutz des Anfragenden. Das Bedürfnis nach Rechtssicherheit findet, wenn etwa Verwendungsbeschränkungen durch Verwaltungsakt auferlegt werden, seinen Ausdruck auch in den Regelungen über die Bestandskraft, die bewirken, dass auch ein formell oder materiell rechtswidriger Verwaltungsakt Rechtsverbindlichkeit erlangt, wenn er nicht fristgerecht angefochten wird. Wenn in solchen Fällen trotz – wegen Unzuständigkeit – formeller Rechtswidrigkeit der Verwaltungsakt Bindungswirkung entfaltet, gebietet es die Einheit der Rechtsordnung, dem Subventionsnehmer umgekehrt Vertrauensschutz zuzubilligen, wenn er sich auf besagten Verwaltungsakt verlässt. Die

[704] BGH, NStZ 2000, S. 364; BGH, NJW 1988, S. 272, 273.

Grenze ist allerdings bei nichtigen und damit unverbindlichen Verwaltungsakten zu ziehen. Nichtigkeit ist gemäß § 44 Abs. 1 VwVfG bei schweren und offensichtlichen Fehlern gegeben. Wann die örtliche Unzuständigkeit der Behörde zur Nichtigkeit des Verwaltungsakts führt, ist in § 44 Abs. 2 Nr. 3 VwVfG geregelt. Bei anderweitig begründeter Unzuständigkeit ist der erlassene Verwaltungsakt nichtig, wenn die Behörde unter keinem erdenklichen Gesichtspunkt zuständig ist.[705] Insofern schließt sich der Kreis zur Annahme, die Auskunft einer offensichtlich unzuständigen Behörde könne keinen Vertrauensschutz begründen. Der gesteigerte Vertrauensschutz bei der Ausübung von Hoheitsgewalt durch Behörden wird dadurch berücksichtigt, dass offensichtliche Unzuständigkeit nicht ausreicht, sondern vielmehr zu verlangen ist, dass die Behörde unter keinem erdenklichen Gesichtspunkt zuständig ist.

(3) Inhaltliche Anforderungen

Soweit die um Auskunft ersuchte Person oder Stelle fachlich ausreichend kompetent ist, um die erbetenen Auskünfte zu erteilen, sind noch gewisse inhaltliche Anforderungen an die Auskunft zu stellen, um einen Vertrauensschutz zu begründen.

Zunächst muss eine aktuelle Äußerung der Auskunftsperson zum aktuellen Fall vorliegen. Dies ist zu verneinen, wenn aus früheren oder nicht einschlägigen Äußerungen Rückschlüsse auf einen aktuellen Fall gezogen werden.[706]

Des Weiteren muss die Auskunft auf einer richtigen und umfassenden Kenntnis des Sachverhalts beruhen.[707] Es ist aber denkbar, dass, je nach Fallgestaltung, für den Betroffenen überhaupt nicht erkennbar ist, ob eine Auskunft wegen unzureichender Schilderung des Sachverhalts vertrauenswürdig ist oder nicht. Dann ist wiederum entscheidend, ob die Unzuverlässigkeit der Auskunft für den Täter erkennbar war. Dies muss etwa dann gelten, wenn der Betroffene aufgrund mangelnder Sachkunde gar nicht beurteilen kann, welche Tatsachen relevant sind.[708]

Schließlich muss die Auskunft das Ergebnis einer eingehenden Prüfung der Rechtslage sein.[709] Dies kann nicht angenommen werden, wenn die Auskunft aus dem Stehgreif ohne nähere Prüfung der Rechtslage erfolgt.[710] Die Aus-

---

705 BeckOK-VwVfG-*Schemmer*, § 44, Rn. 20 ff. m. Bsp.

706 *Rudolphi*, Unrechtsbewusstsein, S. 247.

707 *Rudolphi*, Unrechtsbewusstsein, S. 247.

708 *Wolter*, JuS 1979, S. 487; dann müsse die um Auskunft ersuchte Person auf eine vollständige Schilderung der relevanten Tatsachen hinwirken, *Löw*, S. 106 m. w. N.

709 *Rudolphi*, Unrechtsbewusstsein, S. 247 f.

710 A. A. *Löw*, S. 121 f. – Stehgreifauskünfte seien gerade für Laien besonders überzeugend; der Laie könne nicht beurteilen, ob eine eingehende Prüfung der

kunftspersonen treffen insofern gewisse Auskunftspflichten, insbesondere die Auseinandersetzung mit den einschlägigen Gesetzen, hierzu ergangener Rechtsprechung sowie der Kommentar- und sonstigen Literatur. Teilweise wird gefordert, dass die Auskunft in Form eines schriftlichen Gutachtens erteilt wird.

b) Erforderliche Objektivität

Auch wenn eine fachlich ausreichend qualifizierte Auskunftsperson eine Auskunft erteilt, führt dies nicht zwingend zur Unvermeidbarkeit des Verbotsirrtums – erforderlich ist zudem, dass die Auskunftsperson ausreichend objektiv war. Dies wird insbesondere bei Hausjuristen immer wieder angezweifelt. Für die Annahme einer ausreichenden Objektivität wird angeführt, dass gerade Hausjuristen bemüht seien, die Interessen ihres Arbeitsgebers bestmöglich zu vertreten. Hierzu gehöre aber auch, dass sie nicht „auf Teufel komm raus" den für ihren Arbeitgeber günstigsten, sondern einen zumindest gut vertretbaren Standpunkt einnähmen, da die Vertretung einer abwegigen Ansicht den Interessen ihres Arbeitgebers oftmals schade[711] und auch für sie selbst die Gefahr einer Abmahnung oder gar Kündigung begründe bzw. sie sich unter Umständen sogar für durch eine falsche Rechtsauskunft verursachte Schäden haftbar machten[712]. Aus diesen Gründen kann man dem Hausjuristen nicht *per se* jegliche Objektivität absprechen.[713] Dies ist allerdings dann anders zu beurteilen, wenn belegbar ist, dass es sich bei dem Gutachten eines Hausjuristen um ein „Gefälligkeitsgutachten" handelt bzw. Einflussnahmen nachweisbar sind, aus denen sich ableiten lässt, dass ein bestimmtes Ergebnis vertreten werden sollte. Letzteres wäre z. B. denkbar, wenn die Auskunft des Hausjuristen zunächst eine Strafbarkeit bejahte und diese Auffassung erst nach Insistieren der Führungsebene änderte bzw. wenn letztere schon im Vorfeld die „Marschrichtung" hinsichtlich des Ergebnisses vorgegeben hat.

Rechtslage erfolgt ist; m. V. a. LK-*Schroeder*, § 17, Rn. 42; NK-*Neumann*, § 17, Rn. 75.

711 OLG Braunschweig, NStZ-RR 1998, S. 251

712 *Rudolphi*, Unrechtsbewusstsein, S. 245 zu privaten Interessengruppen.

713 OLG Hamburg, NJW 1967, S. 213, 214 f.; OLG Braunschweig, NStZ-RR 1998, S. 251; OLG Frankfurt, NJW 1989, S. 1745, 1746; strenger BGHSt 30, 276, Rn. 17 (zitiert nach Juris); KG, JR 1978, S. 166; OLG Stuttgart, JR 1978, S. 294, im zu entscheidenden Sachverhalt standen die Auskünfte des „möglicherweise befangenen Hausjuristen" allerdings im Widerspruch zu Hinweisen der zuständigen Behörde.

2. Pflicht zur Erkundigung bei bestimmten Stellen?

a) Allgemeines

Nachdem nunmehr allgemein dargelegt worden ist, welche Stellen grundsätzlich als verlässliche Quellen für die Einholung von Rechtsrat anzusehen sind, stellt sich die Frage, ob der Subventionsnehmer aufgrund der Besonderheiten des Subventionsverfahrens bei Unklarheiten im Zusammenhang mit den Voraussetzungen der Subventionsgewährung bzw. deren Verwendung die um Rat ersuchte Stelle frei wählen kann oder ob er verpflichtet ist, beim Subventionsgeber anzufragen.

In einem vom BayObLG entschiedenen Fall, in welchem dem Angeklagten die untertarifliche Bezahlung von Arbeitnehmern[714] zur Last gelegt worden war, war für die Frage der Unvermeidbarkeit des Verbotsirrtums auch entscheidend, ob der Angeklagte seiner Erkundigungspflicht nur durch die Einholung von Auskünften bei Fachbehörden genügen kann. In jenem Fall verneinte das BayObLG diese Frage – es sei ausreichend gewesen, dass sich der Angeklagte in Verkündungsblättern über die einschlägigen gesetzlichen Vorschriften informiert habe, wenn deren Titel erwarten ließ, dass sie sich mit Bauvorhaben der geplanten Art befassen. Die Annahme, dass sich auch die Inhaber kleiner Baubetriebe laufend über alle jeweils geltenden gesetzlichen Vorschriften zu unterrichten hätten, überschreite das Maß des Zumutbaren ebenso wie die Forderung, dass sich jeder gewerbliche Bauunternehmer ungeachtet seiner Betriebsgröße in regelmäßigen Abständen auch bei den mit Arbeits-, Sozial- und Baurecht befassten Fachbehörden nach den für ihn geltenden Rechtsvorschriften zu erkundigen habe. Die Frage, ob gewerbliche Bauunternehmer ab einer bestimmten Betriebsgröße weiterreichende Informationspflichten treffen, wurde ausdrücklich offen gelassen.

b) Besonderheiten bei § 264 StGB

Beim Tatbestand des Subventionsbetrugs besteht die Besonderheit darin, dass der Subventionsvergabe immer ein Beantragungsverfahren vorausgeht. Insofern geht der Impuls, der am Ende zur Bewilligung einer Subvention führen kann, immer vom Beantragenden aus, der einen Antrag auf Bewilligung einer Subvention bei der zuständigen Behörde stellt. Entsprechend steht der Subventionsnehmer im Rahmen des Bewilligungsverfahrens in Kontakt mit der für die Be-

---

714 BayObLG, NStZ 2000, S. 148. Die einschlägige Strafvorschrift war im Gesetz über zwingende Arbeitsbedingungen bei grenzüberschreitenden Dienstleistungen enthalten – der Angeklagte wollte im Inland Bauwerke in geringem Umfang erstellen.

willigung zuständigen Behörde und hat auch nach Gewährung der Subvention strukturell einen für seinen konkreten Fall zuständigen Sachbearbeiter als Ansprechpartner – auch in Bezug auf im Nachhinein relevant werdende Fragen, etwa in Bezug auf Mitteilungspflichten oder die Einhaltung von Verwendungsbeschränkungen. Insofern sind diese Fälle anders gelagert als der vom BayObLG entschiedene, da der Bürger dort den Kontakt mit der Behörde erst hätte herstellen müssen. Bei der Erlangung von Subventionen hingegen ist besagter Kontakt aufgrund des der Bewilligung einer Subvention vorgelagerten Beantragungsverfahrens schon vorhanden. Dies lässt die Annahme einer Erkundigungspflicht beim Subventionsnehmer zumindest als näherliegend erscheinen.

Oben wurde allerdings dargelegt, dass Vertrauensschutz in behördliche Auskünfte aus zwei Quellen gespeist werden kann. Zum einen kann sich ein Vertrauensschutz aus der besonderen Fachkunde der zuständigen Behörde ergeben, zum anderen aus Ausübung hoheitlicher Gewalt und der damit verbundenen Ordnungsaufgabe.[715] Ergibt sich der Vertrauensschutz aus der besonderen Sachkunde der Behörde, basiert er auf derselben Grundlage wie das Vertrauen in Auskünfte von Rechtsanwälten oder Hausjuristen. Dies spricht gegen eine bevorzugte Behandlung von Behördenauskünften. Fraglich ist, ob etwas anderes zu gelten hat, wenn sich der Vertrauensschutz aus der Ausübung hoheitlicher Gewalt ergibt, wie etwa bei der Möglichkeit, subventionserhebliche Tatsachen (nachträglich) zu bezeichnen oder Verwendungsbeschränkungen aufzuerlegen. Dann könnte der Erlass eines der Bestandskraft fähigen Verwaltungsakts ein höheres Maß an Rechtssicherheit gewähren als eine bloße Auskunft eines Rechtsanwalts.

Allerdings ist zu berücksichtigen, dass der Subventionsnehmer ein legitimes Interesse daran hat, sich intern von einem nur zur Wahrnehmung seiner Interessen verpflichteten Rechtsanwalt beraten zu lassen und auf dieser Grundlage über das weitere Vorgehen zu entscheiden. Dies gilt insbesondere vor dem Hintergrund, dass auch der Subventionsgeber bei der Subventionsvergabe zumindest in manchen Fällen (wirtschafts)politische Interessen verfolgt, die nicht mit den Interessen des Subventionsnehmers deckungsgleich sein müssen. Aus diesem Grund erscheint es nicht angebracht, dem Subventionsnehmer eine Erkundigungspflicht bei Behörden aufzuerlegen.

3. Entlastung durch unrichtigen Rechtsrat?

Im Fall eines Verbotsirrtums wird vom Betroffenen zunächst verlangt, dass er all seine geistigen Erkenntniskräfte zur Unterscheidung zwischen Recht und Un-

715 Vgl. Kap. 5, IV. 1. a) (2) (c) (iii) (b).

recht einsetzt. Erst wenn er auftauchende Zweifel nicht durch eigenes Nachdenken beseitigen kann, ist Rechtsrat einzuholen.[716] Eigenes Nachdenken hat also grundsätzlich Vorrang vor der Einholung von Rechtsrat. Es sind Fälle denkbar, in denen der Betroffene schon durch eigenes Nachdenken die Strafbarkeit seines Verhaltens hätte erkennen können, stattdessen aber Rechtsrat eingeholt hat, der das Verhalten für zulässig erklärte. Es stellt sich die Frage ob in solch einer Situation eine unrichtige Rechtsauskunft den Täter entlasten und die Unvermeidbarkeit des Verbotsirrtums begründen kann.

a) Die Rechtsprechung

Die Rechtsprechung hält in solchen Konstellationen die Annahme eines vermeidbaren Verbotsirrtums und damit eine Bestrafung des Täters für möglich. Sie ist der Auffassung, der Täter könne sich der ihm obliegenden persönlichen Entscheidung über Recht und Unrecht nicht schlechthin dadurch entziehen, dass er die Meinung eines Rechtskundigen einholt.[717]

b) Keine Überprüfung des erteilten Rechtsrats

Teilweise wird dies auch anders gesehen. *Löw* ist der Auffassung, es sei widersprüchlich, wenn die Rechtsprechung es zum einen nicht für ausreichend erachte, dass sich der Betroffene selbst Gedanken gemacht habe, zum anderen aber die Einholung von Rechtsrat ebenfalls nicht zur Exkulpation genügen lasse, sondern eine Überprüfung der Auskunft verlange.[718]

Hierin ist nicht zwingend ein Widerspruch zu sehen, da durchaus Situationen denkbar sind, in denen zum einen bloßes Nachdenken nicht ausreichend ist, um Zweifel hinsichtlich der Rechtslage zu beseitigen, die erteilte Auskunft aber andererseits ebenfalls erkennbare Mängel aufweist. In solchen Fällen ist dem Betroffenen eine Überprüfung der Rechtsauskunft durchaus zumutbar. Diese Überprüfung muss ja nicht dazu führen, dass er sich durch eigenes Nachdenken eine abschließende und korrekte Meinung über die Rechtslage bildet; sie kann ihn aber beispielsweise dazu anhalten, weitere Auskünfte einzuholen.

716 *Roxin*, AT I, § 21, Rn. 62 ff.

717 BGHSt 21, 18 = NJW 1966, S. 842; vgl. auch BayOBLG, NJW 1965, S. 163, 164 – insbesondere für den Fall, in dem die Rechtsordnung, wie bei der Verwerflichkeit i. S. v. § 240 StGB, unmittelbar auf eine ethische Wertung zurückgreife; OLG Bremen, NJW 1960, S. 163, 164; kritisch *Löw*, S. 103, w. N. Fn. 466; auch in Bezug auf Auskünfte einer Behörde BayObLGSt 1976, S. 106, 111, w. N. *Löw*, Fn. 467.

718 *Löw*, S. 111 ff.

c) Entfallen des Schuldvorwurfs wegen Unzumutbarkeit

Rudolphi diskutiert diese Problematik im Rahmen einer eigenständigen Kategorie der Unzumutbarkeit, die zu einem Entfallen des Schuldvorwurfs führe und im Wesentlichen mit einem Vertrauensschutz zugunsten des Normunterworfenen begründet wird.[719] Unzumutbarkeit sei in Konstellationen anzunehmen, in denen der Täter zwar die Möglichkeit der Unrechtseinsicht hatte, ihm aber die Nutzung dieser Einsichtsmöglichkeit unzumutbar war. Maßstab für Annahme oder Verneinung der Unzumutbarkeit sei eine Interessenabwägung zwischen dem vom Strafrecht bezweckten Rechtsgüterschutz und den durch die Aufrechterhaltung des Schuldvorwurfs begründeten Nachteilen für den individuellen Täter und die Rechtsgemeinschaft.[720] *Rudolphi* differenziert zwischen dem Nachdenken und dem Einholen von Erkundigungen. Das Nachdenken durch den Täter könne für sich genommen keinen Nachteil für die Rechtsgemeinschaft begründen.[721] Demgegenüber könnten aus einer Überspannung der Anforderungen an die Verpflichtung des Täters zur Einholung von Rechtsrat unter Umständen Nachteile für die Rechtsgemeinschaft erwachsen, die durch den dadurch erreichten Zugewinn an Rechtsgüterschutz nicht kompensiert würden. Dies wird zum einen im Hinblick auf Entscheidungen von Hoheitsträgern,[722] zum anderen in Bezug auf eingeholte Auskünfte[723] diskutiert.

Meiner Meinung nach ist eine eigenständige Kategorie der Unzumutbarkeit nicht erforderlich, um zu adäquaten Lösungen zu kommen. Die von *Rudolphi* angeführten Argumente sind richtig und wichtig, können aber auch durch eine Begrenzung der dem Täter auferlegten Erkundigungspflichten berücksichtigt werden. Es wurde bereits dargelegt,[724] dass der Verbotsirrtum nicht nur unvermeidbar ist, wenn der Täter fachkundig beraten war, sondern auch, wenn er auf die Fachkunde seines Beraters vertrauen durfte. Hierin spiegelt sich die Erkenntnis wider, dass der Ratsuchende oftmals nicht in der Lage ist, die Qualifikation seines Beraters einzuschätzen. In diesen Fällen bedarf es also nicht einer eigenständigen Kategorie der Unzumutbarkeit, da auch, wenn die fehlende

---

719 *Rudolphi*, Unrechtsbewusstsein, S. 238 ff.

720 *Rudolphi*, Unrechtsbewusstsein, S. 239.

721 *Rudolphi*, Unrechtsbewusstsein, S. 239.

722 Dies wird insbesondere angenommen, wenn die Statuierung einer Überprüfungspflicht dazu führen würde, dass der Normunterworfene gehalten wäre, Anordnungen, Entscheidungen oder Auskünfte von Hoheitsträgern auf ihre inhaltliche Richtigkeit zu überprüfen, da diese Vertrauensschutz für den Bürger begründen müssten, anstatt Grundlage für Misstrauen und der Verpflichtung zur inhaltlichen Überprüfung zu sein.

723 *Rudolphi*, Unrechtsbewusstsein, S. 241 ff.

724 Vgl. Kap. 5, IV. 1. a) (1).

Sachkunde des Beraters für den Betroffenen nicht erkennbar war, ein unvermeidbarer Verbotsirrtum anzunehmen ist.

d) Begrenzte Überprüfungspflicht

Soweit die Rechtslage unübersichtlich ist, muss sich der Täter auf die von einer sachkundigen und objektiven Stelle erteilte Auskunft verlassen können. Dies gilt insbesondere vor dem Hintergrund, dass ein Laie die Kompetenz seines Beraters oftmals nicht beurteilen kann. Auch sind in der Gesellschaft Spezialisierungstendenzen zu erkennen, die darauf hinauslaufen, dass Rechtsfragen nicht von Jedermann, sondern von Fachleuten geklärt werden sollen. Aus diesen Gründen darf der Ratsuchende grundsätzlich auf die Richtigkeit der ihm von einer obigen Anforderungen genügenden Stelle erteilten Auskünfte vertrauen, da er ansonsten überfordert und auch die auf Effizienz und Rechtssicherheit abzielende Arbeitsteilung in der Gesellschaft unterlaufen würde.

Die Grenze ist aber dort zu ziehen, wo die Rechtslage auch ohne Rechtsrat unschwer erkennbar war.[725] Insofern ist die erteilte Auskunft einer kritischen Überprüfung zu unterziehen und, wenn Anhaltspunkte für deren Unrichtigkeit bestehen, gegebenenfalls weiterer Rat einzuholen.[726] Dies muss auch gelten, wenn die Auskunft offensichtlich nicht objektiv, sondern von Eigeninteresse des Ratgebers geprägt ist.

Auf tatsächlicher Ebene kann sich in diesem Zusammenhang für den Täter die Problematik stellen, dass seiner Einlassung, er habe auf die Richtigkeit des ihm erteilten Rechtsrats vertraut und daher im unvermeidbaren Verbotsirrtum gehandelt, kein Glauben geschenkt wird.[727] Maßgebend sind hier in erster Linie Qualifikation bzw. Branchen- und Lebenserfahrung des Täters sowie die Offenkundigkeit der Fehlerhaftigkeit des Rechtsrats.

---

725 OLG Braunschweig, NStZ-RR 1998, S. 251; OLG Frankfurt, NStZ-RR 2000, S. 263; OLG Koblenz, NStE Nr. 6 – wenn der Täter die Unerlaubtheit seines Tuns entgegen der ihm erteilten Auskunft auch bei nur mäßiger Anspannung des Gewissens hätte leicht erkennen können; weitere Kasuistik bei Schönke/Schröder-*Cramer/Sternberg-Lieben*, § 17, Rn. 18.

726 OLG Frankfurt a.M., NStZ-RR 2003, S. 263 – dies komme insbesondere bei anderslautenden Hinweisen und der Erkennbarkeit der fehlenden Neutralität in Betracht.

727 Vgl. hierzu Kap. 4, I. 3. b).

Ergebnisse der Untersuchung

Die Ergebnisse dieser Arbeit sollen in Thesen dargestellt werden.

I. Der europarechtliche Rahmen

1. Der in Art. 4 Abs. 3 EUV n. F. verankerte Grundsatz der loyalen Zusammenarbeit gebietet die Sanktionierung von Verletzungen gemeinschaftsrechtlicher Schutzgüter wie der finanziellen Interessen der EU.
2. Diese Sanktionierung muss die gleiche Stringenz aufweisen wie die Sanktionierung von Verstößen gleicher Art und Schwere gegen nationale Rechtsgüter.
3. Bei der Festlegung besagter Mindestanforderungen ist von Seiten der Gemeinschaft auf identitätsprägende Eigenheiten und Besonderheiten der nationalen Strafrechtsordnungen, die in gewachsenen Rechtsstrukturen ihren Niederschlag gefunden haben, Rücksicht zu nehmen (strafrechtliches Schonungsgebot).

II. Der Anknüpfungspunkt im Besonderen Teil – der Tatbestand des Subventionsbetrugs

1. § 264 StGB schützt sowohl ein Individual- als auch ein Kollektivrechtsgut – das staatliche Vermögen sowie das Subventionswesen als Instrument staatlicher Lenkung und die damit verfolgten wirtschaftspolitischen und sonstigen Zielsetzungen.
2. Die Bestimmtheit des Tatbestands hängt davon ab, wie präzise oder unpräzise die Vorgaben des Subventionsgebers, z. B. in Bezug auf den verfolgten Subventionszweck, subventionserhebliche Tatsachen oder Verwendungsbeschränkungen sind.

III. Die Abgrenzung zwischen Verbotsirrtum und Tatbestandsirrtum

1. Der Tatbestandsirrtum nach § 16 StGB führt zum Entfallen des Vorsatzes, ist von der Rechtsfolge her für den Täter also günstiger als der Verbotsirrtum. Maßgebend für das Vorliegen eines Tatbestandsirrtums ist der Bezugspunkt des Vorsatzes. Hierbei ist zwischen normativen Tatbestandsmerkmalen und Blanketten zu unterscheiden.
2. Bei normativen Tatbestandsmerkmalen muss der Täter die soziale Bedeutung seines Verhaltens erfassen. Führt eine rechtliche Fehl-

bewertung dazu, dass der Täter die soziale Bedeutung seines Verhaltens nicht erfasst, begründet dies einen Tatbestandsirrtum.

3. Bei Blanketten müssen nicht nur die Tatbestandsmerkmale der Ausfüllungsnorm, sondern auch Existenz und Inhalt derselben vom Vorsatz umfasst sein, wenn Schuldsubstrat nicht die tatbestandsmäßige Handlung oder Unterlassung selbst, sondern ein Verstoß gegen ein gesetzliches Verbot oder Gebot ist. Bei § 264 Abs. 1 Nr. 2, 3 StGB ist Letzteres der Fall. Aus diesem Grund kann eine rechtliche Fehlbewertung, z. B. in Bezug auf die Auslegung einer Verwendungsbeschränkung, einen Tatbestandsirrtum begründen und so zum Entfallen des Vorsatzes führen.
4. Beim Tatbestand des Subventionsbetrugs wird der Gehalt normativer Tatbestandsmerkmale – z. B. der Subvention oder subventionserheblichen Tatsache – bzw. des Blanketts oftmals durch Vorgaben des Subventionsgebers festgelegt. Bei präzisen Vorgaben sind oben genannte vorsatzrelevante Irrtümer kaum denkbar. Bei schwammigen Vorgaben ist dies anders – zumindest sind entsprechende Einlassungen des Täters kaum zu widerlegen.

IV. Die Abgrenzung zwischen Verbotsirrtum und Handeln mit Unrechtsbewusstsein

1. Unrechtsbewusstsein ist gegeben, wenn der Täter in Kenntnis der Strafbarkeit, also der mit einem sozialethischen Tadel versehenen Sanktionierbarkeit seines Verhaltens handelt.
2. Ausreichend ist bedingtes Unrechtsbewusstsein. Die Abgrenzung zum fehlenden Unrechtsbewusstsein orientiert sich an der Grenzziehung zwischen *dolus eventualis* und bewusster Fahrlässigkeit. Der Täter muss also die Möglichkeit der Strafbarkeit seiner Handlung ernst nehmen und sich mit ihr abfinden. Da bei Delikten wie § 264 StGB der sich im voluntativen Element niederschlagende Wille zur Rechtsgutsverletzung selten tatbestimmend ist, kommt der Wissensseite, also dem Ernstnehmen einer möglichen Strafbarkeit, entscheidende Bedeutung zu.
3. Bei eindeutigen Verstößen, insbesondere, wenn der Täter (hoch) qualifiziert und/oder mit langjähriger Branchenerfahrung ausgestattet ist, wird einer Einlassung, man habe ohne Unrechtsbewusstsein gehandelt, in der Regel kein Glauben geschenkt werden, da dann aus den äußeren Umständen auf ein zumindest bedingtes Unrechtsbewusstsein geschlossen wird. Auch hier kommt der Präzision der Vorgaben des Subventionsgebers große Bedeutung zu.
4. Das Unrechtsbewusstsein bei Fahrlässigkeitsdelikten wird meist nur

am Rande und mit Blick auf die fahrlässige Körperverletzung bzw. Tötung behandelt. Die diesbezüglich vorgegebenen Parameter passen in verschiedener Hinsicht nicht auf Tatbestände des Wirtschaftsstrafrechts, die eine Fahrlässigkeitsstrafbarkeit vorsehen. Hierbei ist zwischen bewusster und unbewusster Fahrlässigkeit zu unterscheiden.

a. In Bezug auf das bewusst fahrlässige Erfolgsdelikt wird vertreten, dass Bezugspunkt des Unrechtsbewusstseins beim Vorsatztäter das Verletzungsunrecht, beim Fahrlässigkeitstäter hingegen lediglich das Gefährdungsunrecht sei. Dies liegt darin begründet, dass die als Verletzungstatbestände normierten §§ 222, 229 StGB *de facto* Gefährdungsverbote enthalten. Der unterschiedliche Bezugspunkt des Unrechtsbewusstseins liegt also in Besonderheiten dieser Tatbestände begründet und kann nicht verallgemeinert werden. Sie verfängt insbesondere nicht bei für das Wirtschaftsstrafrecht typischen abstrakten Gefährdungsdelikten wie § 264 StGB.
   Entscheidend ist dort vielmehr, dass der Täter die Möglichkeit der Strafbarkeit ernst nimmt und sich damit abfindet.

b. Bei unbewusster Fahrlässigkeit ist nach überwiegender Auffassung ein durch die mangelnde Tatbestandskenntnis verdeckter Verbotsirrtum möglich. Für den Tatbestand des Subventionsbetrugs wie auch viele andere Tatbestände des Wirtschafsstrafrechts verbleibt kaum ein Anwendungsbereich für solch einen verdeckten Verbotsirrtum. Dies hat zwei Gründe.
   Zum einen begründen rechtliche Fehlbewertungen bei stark normativ geprägten Tatbeständen wie dem des Subventionsbetrugs teilweise einen Tatbestandsirrtum – etwa, weil bei den Blanketten nach § 264 Abs. 1 Nr. 2, 3 StGB das Verbot bzw. Gebot vom Vorsatz umfasst sein muss bzw. es bei normativen Tatbestandsmerkmalen an der erforderlichen Parallelwertung in der Laiensphäre fehlt. Wenn aber eine rechtliche Fehlbewertung schon über das geminderte Fahrlässigkeitsunrecht nach § 16 Abs. 1 StGB erfasst ist, kann sie nicht nochmals über § 17 StGB berücksichtigt werden. Der Verbotsirrtum wird insofern durch den Tatbestandsirrtum nicht verdeckt, sondern überlagert.
   Zum anderen sind die Sorgfaltspflichten und deren Grenzen durch die Einbettung der Subventionsvergabe in ein Verwaltungsverfahren stärker geregelt als etwa im Bereich der §§ 222, 229 StGB, wo eine Vielzahl ungeschriebener Sorgfaltspflichten durch das erlaubte Risiko begrenzt wird und

Irrtümer über das erlaubte Risiko einen Verbotsirrtum begründen können. Die umfänglichere Normierung von Sorgfaltspflichten im Zusammenhang mit dem Subventionsverfahren minimiert mögliche Ansatzpunkte für einen verdeckten Verbotsirrtum.

V. Die Vermeidbarkeit des Verbotsirrtums

1. Der dem im vermeidbaren Verbotsirrtum handelnden Täter gemachte Schuldvorwurf gründet sich auf die ungenutzte Fähigkeit zur Unrechtseinsicht.
2. Der Verbotsirrtum ist vermeidbar, wenn der Täter einen Anlass zum Nachdenken bzw. Einholen von Rechtsrat hatte. Der Anlass zum Nachdenken ist nicht rein subjektiv aus dem Blickwinkel des Täters zu ermitteln, sondern unterliegt in gewissem Umfang einer Normativierung. Diese wird durch die Erfordernisse des präventiven Rechtsgüterschutzes geprägt. Dieser Rahmen ermöglicht auch eine adäquate Berücksichtigung des Schutzes der finanziellen Interessen der EU, ohne identitätsprägende Eigenheiten des nationalen Strafrechtssystems zu tangieren.
3. Ein Anlass zum Nachdenken ist gegeben, wenn der Täter im Bewusstsein der Schädigung Einzelner oder der Allgemeinheit handelt bzw. Kenntnis von der besonderen rechtlichen Regelung eines Gebiets hat. In Bezug auf Ersteres ist bei § 264 StGB zwischen den verschiedenen Begehungsmodalitäten zu unterscheiden, da diese in Unrechtsgehalt und Angriffsrichtung stark divergieren. Letztere Erkenntnis kann sich auf die Berufs-, Branchen- oder Lebenserfahrung des Täters gründen. Die Besonderheit des Subventionsbetrugs besteht darin, dass sich der Täter freiwillig einem Beantragungsverfahren unterworfen hat – auch dies kann einen Anlass zum Nachdenken begründen.
4. Vielfach wird davon ausgegangen, dass die Vermeidbarkeit im Kernstrafrecht an einem strengeren Maßstab gemessen werden sollte als im Nebenstrafrecht. Diese Unterscheidung sollte aufgegeben werden.
   a. Die vorgeschlagenen Unterscheidungskriterien können nicht überzeugen.
   b. Der im Nebenstrafrecht vorgeblich geltende großzügigere Maßstab kommt nicht zur Anwendung, wenn der Täter aufgrund seiner Lebens- oder Berufserfahrung Kenntnis von der besonderen rechtlichen Regelung eines Gebiets hat. Da das Nebenstrafrecht größtenteils aus Sonderrecht für bestimmte

Berufsgruppen besteht, greift der großzügige Maßstab *de facto* in den seltensten Fällen. Diese Aushebelung des behaupteten täterfreundlichen Vermeidbarkeitsmaßstabs durch umfängliche Ausnahmen verstellt den Blick auf das Wesentliche – die Geltung eines strengen Vermeidbarkeitsmaßstabs in weiten Teilen des Nebenstrafrechts.

c. Aus diesen Gründen sollte die Unterscheidung zwischen Kern- und Nebenstrafrecht aufgegeben werden und der an die (Un)Vermeidbarkeit des Verbotsirrtums anzulegende Maßstab vielmehr durch eine Zusammenschau verschiedener Kriterien (z. B. Adressat der Rechtsnorm, Art und Tiefe der Blankettierung, Bezugspunkt des Vorsatzes, Eindeutigkeit des Verstoßes, ...) ermittelt werden.

   Hierin spiegelt sich der Charakter der Schuld als persönliche Vorwerfbarkeit der individuellen Tat gegenüber dem individuellen Täter wider, die nicht durch eine generalisierende Betrachtung ermittelt werden kann.

   Darüber hinaus trägt die Offenlegung der für die Vermeidbarkeit des Verbotsirrtums relevanten Kriterien zu einer größeren Transparenz der Entscheidungsfindung bei.

5. Die Einholung von Rechtsrat führt zur Unvermeidbarkeit des Verbotsirrtums, wenn der Berater unabhängig und ausreichend sachkundig ist. Auch bei fehlender Sachkunde des Beraters ist von einem unvermeidbaren Verbotsirrtum auszugehen, wenn dies für den Täter nicht erkennbar war.

6. Bei der Auskunftserteilung durch Behörden sind bei § 264 StGB einige Besonderheiten zu berücksichtigen.

   a. In Fällen behördlicher Duldung ist entscheidend, ob der Täter aus der Duldung auf die Erlaubtheit seines Verhaltens schließen konnte. Dies ist zu verneinen, wenn z. B. ein eindeutiger Verstoß gegen eine Verwendungsbeschränkung vorliegt oder der Täter weiß, dass andere Gründe als die Rechtmäßigkeit seines Verhaltens für die Duldung ausschlaggebend sein könnten. Bei EU-Subventionen kann dies beispielsweise der Fall sein, wenn dem Täter ein Interessenwiderstreit zwischen Mitgliedstaat und EU bekannt ist.

   b. Bei Auskunftserteilung durch die unzuständige Behörde ist zu unterscheiden, ob sich der Vertrauensschutz allein auf die besondere Sachkunde oder auch auf die Ausübung von Hoheitsgewalt gründet. In ersterem Fall kommt es, wie bei der Auskunftserteilung durch Rechtsanwälte, darauf an, ob die die fehlende Sachkunde der Behörde begründende Unzuständigkeit für den Ratsuchenden erkennbar war. In letzterem Fall entfällt der Vertrauensschutz nur dann, wenn die Behörde unter keinem erdenklichen Gesichtspunkt zuständig war, da bei der Ausübung von Hoheitsgewalt auch die Rechtssicherheit für einen Vertrauensschutz streitet.

Literaturverzeichnis

ACALE SANCHEZ, MARIA, *Las subvenciones comunitarias y sus fraudes*, in: Protección de los Intereses Financieros de la Comunidad Europea, Hrsg. Terradillos Basoco, Juan María, S. 43

ACHENBACH, HANS, *Historische und dogmatische Grundlagen der strafrechtssystematischen Schuldlehre*, 1974
– *Anmerkung zu BGHSt 34, 265*, JR 1988, S. 251
– *Zur aktuellen Lage des Wirtschaftsstrafrechts in Deutschland*, GA 2004, S. 565

ACHENBACH, HANS/RANSIEK, ANDREAS, *Handbuch Wirtschaftsstrafrecht*, 2. Aufl. 2007

ALTERNATIV-KOMMENTAR ZUM STRAFGESETZBUCH, herausgegeben von Rudolf Wassermann, 1990

AMBOS, KAI, *Internationales Strafrecht*, 2006

ARZT, GUNTHER, *Zum Verbotsirrtum beim Fahrlässigkeitsdelikt,* ZStW 91 (1979), S. 857

BACHMANN, JOCHEN, *Vorsatz und Rechtsirrtum im allgemeinen Strafrecht und im Steuerstrafrecht*, 1992

BAUMANN, JÜRGEN/WEBER, ULRICH/MITSCH, WOLFGANG, *Strafrecht Allgemeiner Teil*, 11. Aufl. 2003

BECKONLINE-KOMMENTAR STRAFGESETZBUCH, herausgegeben von Bernd von Heintschel-Heinegg; 10. Edition 1.10.2009

BECKONLINE-KOMMENTAR VERWALTUNGSVERFAHRENSGESETZ, herausgegeben von Johann Bader und Michael Ronellenfitsch, 7. Edition, Mai 2010

BECK'SCHES RECHTSANWALTS-HANDBUCH, herausgegeben von Büchting, Hans-Ulrich und Heussen, Benno, 10. Auflage 2011

BINDING, KARL, *Die Schuld im deutschen Strafrecht*; 1919

BITTMANN, VOLKER, *Neufassung des § 19 Abs 2 InsO*, wistra 2009, S. 138

BÖRKER, RUDOLF, *Der Verbotsirrtum im deutschen Strafrecht in der Zeit vom preußischen Allgemeinen Landrecht bis zum Strafgesetzbuch für das Deutsche Reich*, JR 1952, S. 193

BÖSE, MARTIN, Strafen und Sanktionen im Europäischen Gemeinschaftsrecht, 1996

BOTTKE, WINFRIED, *Das Wirtschaftsstrafrecht in der Bundesrepublik Deutschland – Lösungen und Defizite*, wistra 1991, S. 1

CALLIESS, CHRISTIAN/RUFFERT, MATTHIAS, *EUV, AEUV*, 4. Aufl. 2011

DANNECKER, GERHARD, *Strafrechtlicher Schutz der Finanzinteressen der Europäischen Gemeinschaft gegen Täuschung*, ZStW 108 (1996), S. 577
– *Die Dynamik des materiellen Strafrechts unter dem Einfluss europäischer und internationaler Entwicklungen*, ZStW 117 (2005), S. 697
– *Das materielle Strafrecht im Spannungsfeld des Rechts der Europäischen Union*, Jura 2006, S. 95

DECKERS, RÜDIGER, *Unrechtsbewusstsein*, in: Unrechtsbewusstsein, aus Sicht des Täters, aus Sicht des Richters, Schriftenreihe des Instituts für Konfliktforschung, Heft 7, 1981, S. 58

DETZNER, MADELEINE, Rückkehr zum "klassischen Strafrecht" und die Einführung einer Beweislastumkehr, 1998

DIEMER-NICOLAUS, EMMY, *Der Subventionsbetrug*, Festschrift für Erich Schmidt-Leichner, S.31

DIETMEIER, FRANK, *Blankettstrafrecht – Ein Beitrag zur Lehre vom Tatbestand*, 2002

DOEHRING, Karl, *Allgemeine Staatslehre*, 3. Aufl. 2004

DÖLLING, DIETER, *Anmerkung zu BGHSt 45, 97*, JR 2000, S. 379

DOPSLAFF, ULRICH, *Plädoyer für einen Verzicht auf die Unterscheidung in deskriptive und normative Tatbestandsmerkmale*, GA 1987, S. 25

DÖRN, HARALD, *Verfolgung von Subventionsbetrug (§ 264 StGB) durch die Finanzbehörden*, DStZ 1995, S. 164

EBERLE, LUTZ, *Der Subventionsbetrug nach § 264 StGB – ausgewählte Probleme einer verfehlten Reform*, 1983

ENDERLE, BETTINA, *Blankettstrafgesetze*, 2000

ENGISCH, KARL, *Vorsatz und Fahrlässigkeit im Strafrecht*, 1930

ENSENBACH, HANS-PETER, *Probleme der Verwaltungsakzessorietät im Umweltstrafrecht*, 1989

FISCHER, THOMAS, *Strafgesetzbuch*, 56. Auflage 2009

FUHRHOP, ANDREAS, *Die Abgrenzung der Steuervorteilserschleichung von Betrug und Subventionsbetrug*, NJW 1980, S. 1261

GEERDS, DETLEF, *Wirtschaftsstrafrecht und Vermögensschutz*, 1990

GEILEN, GERD, *Unterlassene Verbrechensanzeige und ernsthafte Abwendungsbemühung - BGHSt 19, 295,* JuS 1965, S. 426

GERHOLD, THOMAS, *Zweckverfehlung und Vermögensschaden*, 1988

GÖHLER, ERICH, *Das neue Gesetz über Ordnungswidrigkeiten*, JZ 1968, S. 583

GRAßMÜCK, PETER, *Die Subventionserschleichung*, 1988

GRÖBLINGHOFF, STEFAN, *Die Verpflichtung des deutschen Strafgesetzgebers zum Schutz der Interessen der Europäischen Gemeinschaften*, 1996

GRUBE, ANDREAS/BÖHM, PETER, *Überschuldung nach dem Finanzmarktstabilisierungsgesetz*, wistra 2009, S. 81

GUSY, CHRISTOPH, *Subventionsrecht (Teil I)*, JA 1991, S. 286

HAARMEYER, HANS / WUTZKE, WOLFGANG / FÖRSTER, CARSTEN, *Insolvenzrechtliche Vergütung*, 4. Aufl. 2007

HACK, CHRISTOPH, *Probleme des Tatbestands Subventionsbetrug, Paragraph 264 StGB, unter dem Blickwinkel allgemeiner strafrechtlicher Lehren*, 1982

HAFFKE, BERNHARD, *Symbolische Gesetzgebung?*, KritV 1991, S. 165

HARDWIG, WERNER, *Sachverhaltsirrtum und Pflichtirrtum*, GA 1956, S. 369

HECKER, BERND, *Europäisches Strafrecht*, 2. Aufl. 2007

HEFENDEHL, ROLAND, *Kollektive Rechtsgüter im Strafrecht*, 2002

VON HEINTSCHEL-HEINEGG, BERND, *Strafgesetzbuch*, 2010

HEINZ, WOLFGANG, *Die Bekämpfung der Wirtschaftskriminalität mit strafrechtlichen Mitteln - unter besonderer Berücksichtigung des 1. WiKG*, GA 1977, S. 193

HELMKEN, DIERK, *Vergewaltigung in der Ehe*, 1979

HERDEGEN, GERHARD, *Der Verbotsirrtum in der Rechtsprechung des Bundesgerichtshofs*, Festschrift 25 Jahre BGH, S. 195

HERZOG, FELIX, *Gesellschaftliche Unsicherheit und strafrechtliche Daseinsvorsorge*, 1991

HIPP, DIETMAR, *Lassen Sie mich durch, ich bin Anwalt*, Spiegel online v. 15.10.2008

HIPPEL, ROBERT VON, *Deutsches Strafrecht, 2. Band – Das Verbrechen, Allgemeine Lehren*, 1930

HORN, ECKHARD, *Verbotsirrtum und Vorwerfbarkeit*, 1969

HUGGER, HEINER, *Strafrechtliche Anweisungen der Europäischen Gemeinschaft*, 2000

IDLER, MARTIN, *Zweckverfehlung und Vermögensschaden beim Subventionsbetrug*, JuS 2007, S. 904

JÄGER, CHRISTIAN, *Examens-Repetitorium Strafrecht Allgemeiner Teil*, 4. Aufl. 2009

JAKOBS, GÜNTHER, *Probleme der Wahlfeststellung*, GA 1971, S. 257
– *Schuld und Prävention*, Recht und Staat, Heft 452/53, 1976
– *Strafrecht Allgemeiner Teil*, 2. Aufl. 1993

JESCHECK, HANS-HEINRICH/WEIGEND, THOMAS, *Lehrbuch des Strafrechts - Allgemeiner Teil*, 5. Aufl. 1995

JUNG, HEIKE, *Gesetzgebungsübersicht*, JuS 1976, S. 757

KANT, IMMANUEL, Metaphysik der Sitten, (Hrsg. Karl Vorländer; unveränderter Nachdruck aus dem Jahr 1954)

KAUFMANN, ARMIN, *Lebendiges und Totes in Bindings Normtheorie – Normlogik und moderne Strafrechtsdogmatik*, 1954
– *Die Dogmatik der Unterlassungsdelikte*, 1959
– *Schuldfähigkeit und Verbotsirrtum*, Festschrift für Eberhard Schmidt, 1961, S. 319
– *Das fahrlässige Delikt*, ZfRV 1964, S. 41

KAUFMANN, ARTHUR, *Das Unrechtsbewusstsein in der Schuldlehre des Strafrechts*, 1949
– *Das Schuldprinzip*, 1961
– *Dogmatische und kriminalpolitische Aspekte des Schuldgedankens im Strafrecht*, JZ 1967, S. 553
– *Unzeitgemäße Betrachtungen zum Schuldprinzip im Strafrecht*, Jura 1986, S. 225
– *Schuld und Prävention*, Festschrift für Rudolf Wassermann, S. 889

KINDHÄUSER, URS, *Zur Unterscheidung von Tat- und Rechtsirrtum*, GA 1990, S. 407

KORIATH, HEINZ, *Überlegungen zu einigen Grundsätzen der strafrechtlichen Irrtumslehre*, Jura 1996, S. 113

KRACK, RALF, *Die Tätige Reue im Wirtschaftsstrafrecht*, NStZ 2001, S. 505

KRAUß, DETLEF, *Das Unrechtsbewusstsein, Studie anhand von zwei Gerichtsurteilen*, in: Unrechtsbewusstsein, aus Sicht des Täters, aus Sicht des Richters, Schriftenreihe des Instituts für Konfliktforschung, Heft 7, 1981, S. 30

KREY, VOLKER, *Strafrecht Allgemeiner Teil, Band 1*, 3. Aufl. 2008

KÜHL, KRISTIAN, *Strafrecht Allgemeiner Teil*, 6. Aufl. 2008

KUHLEN, LOTHAR, *Die Unterscheidung von vorsatzausschließendem und nicht vorsatzausschließendem Irrtum*, 1987

KUNZ, KARL-LUDWIG, *Strafausschluss oder –milderung bei Tatveranlassung durch falsche Rechtsauskunft?*, GA 1983, S. 157

KÜPPER, GEORG, *Vorsatz und Fahrlässigkeit*, ZStW 100 (1988), S. 758

LAATHS, WOLFGANG, *Das Zeitgesetz gemäß § 2 Abs. 4 StGB unter Berücksichtigung des Blankettgesetzes*, 1991

LACKNER, KARL/KÜHL, KRISTIAN, *Strafgesetzbuch*, 26. Aufl. 2007

LANGE, RICHARD, *Der Strafgesetzgeber und die Schuldlehre*, JZ 1956, S. 73
– *Die Magna Charta der anständigen Leute*, JZ 1956, S. 519
– *Nur eine Ordnungswidrigkeit?*, JZ 1957, S. 233

LANGER, WINRICH, *Vorsatztheorie und strafrechtliche Irrtumsgesetzgebung*, GA 1976, S. 193

LANG-HINRICHSEN, DIETRICH, *Zur Problematik der Lehre von Tatbestandsirrtum und Verbotsirrtum*, JR 1952, S. 184, 302, 356

LAUBENTHAL, KLAUS/BAIER, HELMUT, *Durch die Ausländereigenschaft bedingte Verbotsirrtümer und die Perspektiven europäischer Rechtsvereinheitlichung*, GA 2000, S. 207

LEIPZIGER KOMMENTAR ZUM STRAFGESETZBUCH, herausgegeben von Burkhard Jähnke, Heinrich Wilhelm Laufhütte und Walter Odersky, 11. Aufl. 2003 und 12. Aufl. 2007

LESCH, HEIKO, *Die Vermeidbarkeit des Verbotsirrtums*, JA 1996, S. 607

LOHBERGER, INGRAM KARL, *Blankettstrafrecht und Grundgesetz*, 1968

LÖW, CHRISTINE, *Die Erkundigungspflicht beim Verbotsirrtum nach § 17 StGB*, 2002

LÖWER, WOLFGANG, *Rechtspolitische und verfassungsrechtliche Bedenken gegenüber dem Ersten Wirtschaftskriminalitätsgesetz*, JZ 1979, S. 621

LÜDERSSEN, KLAUS, *Das Merkmal „vorteilhaft" in § 264 Abs 1 Satz 1 StGB*, wistra 1988, S. 43

LÜHRS, WOLFGANG, *Subventionen, Subventionsvergabepraxis und Strafverfolgung - rechtliche und tatsächliche Probleme in den neuen Bundesländern*, wistra 1999, S. 89

MAIWALD, MANFRED, *Literaturbericht*, ZStW 96 (1984), S. 66

– *Gedanken zu einem sozialen Schuldbegriff*, Festschrift für Lackner, 1987, S. 149

MARTENS, JÜRGEN, *Subventionskriminalität zum Nachteil der Europäischen Gemeinschaften*, 2001

MAURACH, REINHART / SCHROEDER, FRIEDRICH-CHRISTIAN / MAIWALD, MANFRED, *Strafrecht Besonderer Teil – Band 1*, 10. Aufl. 2009

MAURACH, REINHARD/ZIPF, HEINZ, *Grundlehren des Strafrechts und Aufbau der Straftat - Band 1*, 8. Aufl. 1992

MAURER, RUTH, *Das voluntative Element des Vorsatzes als Beweisthema vor Gericht*, 2007

MAYER, HELLMUTH, *Strafrecht, allgemeiner Teil*, 1967
– *Der Bundesgerichtshof über das Bewußtsein der Rechtswidrigkeit*, MDR 1952, S. 392

MEIER, BERND-DIETER, *Strafrechtliche Sanktionen*, 2. Aufl. 2006

MERKEL, REINHARD, *Strafrecht und Satire im Werk von Karl Kraus*, 1994

MEYER, DIETER, *Vermeidbarkeit des Verbotsirrtums und Erkundigungspflicht - KG, JR 1978, 166*, JuS 1979, S. 253

MITSCH, WOLFGANG, *Die Strafbarkeit der Ehegattenvergewaltigung im geltenden Recht*, JA 1989, S. 484

MÜLLER-DIETZ, HEINZ, *Integrationsprävention und Strafrecht*, Festschrift für Hans-Heinrich Jescheck, Bd. II, 1985, S. 813

MÜLLER-EMMERT, ADOLF/MAIER, BERNHARD, *Das erste Gesetz zur Bekämpfung der Wirtschaftskriminalität*, NJW 1976, S. 1657

MÜLLER-GUGENBERGER, CHRISTIAN/BIENECK, KLAUS, *Wirtschaftsstrafrecht, Handbuch des Wirtschaftsstraf- und Ordnungswidrigkeitenrechts*, 4. Aufl. 2006

MÜLLER-MAGDEBURG, CORNELIA, *Die Abgrenzung von Tatbestandsirrtum und Verbotsirrtum bei Blankettgesetzen*, 1998

MÜNCHNER KOMMENTAR ZUM STRAFGESETZBUCH, herausgegeben von Wolfgang Joecks und Klaus Miebach, 2003

NIERWETBERG, RÜDIGER, *Der strafrechtliche Subsumtionsirrtum - Tatbestands- oder Verbotsirrtum, Wahndelikt oder untauglicher Versuch?*, Jura 1985, S. 238

NOLL, PETER, *Schuld und Prävention unter dem Gesichtspunkt der Rationalisierung des Strafrechts*, Festschrift für Hellmuth Mayer, 1966, S. 219

NOMOS-KOMMENTAR ZUM STRAFGESETZBUCH, herausgegeben von Urs Kindhäuser, Ulfried Neumann und Hans-Ullrich Paeffgen, 3. Aufl. 2010

NOWAKOWSKI, FRIEDRICH, *Rechtsfeindlichkeit, Schuld, Vorsatz*, ZStW 65 (1953), S. 379

NÜSE, KARL-HEINZ, *Zur Neugestaltung des Rechts der Ordnungswidrigkeiten*, JR 1969, S. 1

OTTO, HARRO, *Über den Zusammenhang von Schuld und menschlicher Würde,* GA 1981, S. 481
– *Die Tatbestände gegen Wirtschaftskriminalität im Strafgesetzbuch*, Jura 1989, S. 24
– *Allgemeine Strafrechtslehre*, 7. Aufl. 2004

PASSALACQUA, ROBERTO, *Riflessioni in materia di frodi nelle sovvenzioni comunitarie e corruzione*, in: Fraude de subvenciones comunitarias y corrupción, Band 1, S. 115

PETERSOHN, FRANZ, *Unrechtsbewusstsein aus kriminologischer und medizinisch-psychologischer Sicht*, in: Unrechtsbewusstsein, aus Sicht des Täters, aus Sicht des Richters, Schriftenreihe des Instituts für Konfliktforschung, Heft 7, 1981, S.69

PLATZGUMMER, WINFRIED, *Die Bewußtseinsform des Vorsatzes*, 1964

POHL, ROLF, *Steuerhinterziehung durch Steuerumgehung*, 1990

PUPPE, INGEBORG, *Tatirrtum, Rechtsirrtum, Subsumtionsirrtum*, GA 1990, S. 145
– *Anmerkung zu BGH NStZ 1993, S. 594*, NStZ 1993, S. 595

RANFT, OTFRIED, *Die Rechtsprechung zum sog Subventionsbetrug (§ 264 StGB)*, NJW 1986, S. 3163

ROXIN, CLAUS, *„Schuld" und „Verantwortlichkeit" als strafrechtliche Systemkategorien*, Festschrift für Heinrich Henkel, 1979, S. 187
– *Zur jüngsten Diskussion über Schuld, Prävention und Verantwortlichkeit im Strafrecht*, Festschrift für Paul Bockelmann, 1979, S. 278
– *Zur Problematik des Schuldstrafrechts*, ZStW 96, (1984), S. 641
– *Das Schuldprinzip im Wandel*, Festschrift für Arthur Kaufmann, 1993, S. 519
– *Grundlagen, der Aufbau der Verbrechenslehre - Band 1*, 4. Aufl. 2006

RUDOLPHI, HANS-JOACHIM, *Unrechtsbewusstsein, Verbotsirrtum und Vermeidbarkeit des Verbotsirrtums*, 1969
– *Die verschiedenen Aspekte des Rechtsgutsbegriffs*, Festschrift für Richard M. Honig, 1970, S. 151
– *Anmerkung zu KG v. 24.3.1977, (2) Ss 442/76 (9/77)*, JR 1977, S. 380
– *Das virtuelle Unrechtsbewusstsein als Strafbarkeitsvoraussetzung im Widerstreit zwischen Schuld und Prävention*, in: Unrechtsbewusstsein, aus Sicht des Täters, aus Sicht des Richters, Schriftenreihe des Instituts für Konfliktforschung, Heft 7, 1981, S. 1

RÜPING, HINRICH/JEROUSCHEK, GÜNTER, *Grundriss der Strafrechtsgeschichte*, 5. Aufl. 2007

SACK, H-J, *Anmerkung zu OLG Stuttgart, JR 1978, S. 294*, JR 1978, S. 295

SANNWALD, DETLEF, *Rechtsgut und Subventionsbegriff (§ 264 StGB)*, 1982

SATZGER, HELMUT, *Die Europäisierung des Strafrechts*, 2001
– *Internationales und europäisches Strafrecht*, 4. Aufl. 2010

SCHLÜCHTER, ELLEN, *Irrtum übe normative Tatbestandsmerkmale im Strafrecht*, 1983

SCHMIDHÄUSER, EBERHARD, *Über Aktualität und Potentialität des Unrechtsbewusstseins*, Festschrift für Hellmuth Mayer, 1966, S. 329
– *Der Verbotsirrtum und das Strafgesetz (§ 16 I Satz 1 und § 17 StGB)*, JZ 1979, S. 367

SCHMIDT-HIEBER, WERNER, *Verfolgung von Subventionserschleichungen nach Einführung des § 264 StGB*, NJW 1980, S. 322

SCHMITZ, ROLAND, *Die Neufassung des § 19 Abs 2 InsO durch das FMStG und seine Bedeutung für strafrechtliche "Altfälle"*, wistra 2009, S. 369

SCHÖBENER, BURKHARD, Allgemeine Staatslehre, 2009

SCHÖCH, HEINZ, *Entkriminalisierung, Entpönalisierung, Reduktionismus*, Festschrift für Horst Schüler-Springorum, 1993, S. 253
SCHÖNKE, ADOLF/SCHRÖDER, HORST, *Strafgesetzbuch*, 27. Aufl. 2006

SCHROEDER, WERNER, *Grundkurs Europarecht*, 2009

SCHROTH, ULRICH, *Vorsatz und Irrtum*, 1998

SCHÜNEMANN, BERND, *Moderne Tendenzen in der Dogmatik der Fahrlässigkeits- und Gefährdungsdelikte*, JA 1975, S. 787

SCHÜNEMANN, HANS-WILHELM, *Verbotsirrtum und faktische Verbotskenntnis*, NJW 1980, S. 741

SPENDEL, GÜNTER, *Das Unrechtsbewusstsein in der Verbrechenssystematik*, Festschrift für Herbert Tröndle, 1989, S. 99 f.

SSW-KOMMENTAR ZUM STRAFGESETZBUCH, herausgegeben von Helmut Satzger, Bertram Schmitt, Gunter Widmaier, 2009

STELKENS, PAUL/BONK, HEINZ JOACHIM/SACHS, MICHAEL, *Verwaltungsverfahrensgesetz*, 7. Aufl. 2008

STOBER, ROLF, *Wirtschaftsverwaltungsrecht Besonderer Teil*, 2008

STRATENWERTH, GÜNTER, *Rezension Horn, Eckard: Verbotsirrtum und Vermeidbarkeit; Rezension Rudolphi, Hans-Joachim: Unrechtsbewusstsein, Verbotsirrtum und Vermeidbarkeit des Verbotsirrtums*, ZStW 85 (1973), S. 483
– *Die Zukunft des strafrechtlichen Schuldprinzips*, 1977
– *Strafrecht Allgemeiner Teil I*, 4. Aufl. 2000

STUCKENBERG, CARL-FRIEDRICH, *Vorstudien zu Vorsatz und Irrtum im Völkerstrafrecht*, 2007

STURM, RICHARD, *Änderungen des Besonderen Teils des Strafgesetzbuchs durch das Einführungsgesetz zum Strafgesetzbuch*, JZ 1975, S. 6

SYSTEMATISCHER KOMMENTAR ZUM STRAFGESETZBUCH, Gesamtredaktion Hans-Joachim Rudolphi, 120. Nachlieferung 2009

TERRADILLOS BASOCO, JUAN MARIA, *Protección de los Intereses Financieros de la Comunidad Europea*, 2001

TIEDEMANN, KLAUS, *Tatbestandsfunktionen im Nebenstrafrecht*, 1969
– *Zur legislatorischen Behandlung des Verbotsirrtums im Ordnungswidrigkeiten- und Steuerstrafrecht*, ZStW 81, (1969), S. 869
– *Subventionskriminalität in der Bundesrepublik*, 1974
– *Der Entwurf eines Ersten Gesetzes zur Bekämpfung der Wirtschaftskriminalität*, ZStW 87 (1975), S. 253
– *Straftatbestand und Normambivalenz - am Beispiel der Geschäftsberichtsfälschung*, Festschrift für Friedrich Schaffstein, 1975, S. 195
– *Anmerkung zu BGHSt 31, 95*, JR 1983, S. 212
– *Die Bekämpfung der Wirtschaftskriminalität durch den Gesetzgeber*, JZ 1986, S. 865
– *Der Strafschutz der Finanzinteressen der Europäischen Gemeinschaft*, NJW 1990, S. 2226
– *Europäisches Gemeinschaftsrecht und Strafrecht*, NJW 1993, S. 23
– *Zum Stand der Irrtumslehre, insbesondere im Wirtschafts- und Nebenstrafrecht*, Festschrift für Friedrich Geerds, 1995, S. 95
– *Wirtschaftsstrafrecht Allgemeiner Teil*, 3. Aufl. 2010

TISCHLER, WERNER GEORG, *Verbotsirrtum und Irrtum über normative Tatbestandsmerkmale*, 1984

VOLK, KLAUS, *Münchner Anwaltshandbuch Verteidigung in Wirtschafts- und Steuerstrafsachen*, 2006

WARDA, HEINZ-GÜNTER, *Die Abgrenzung von Tatbestands- und Verbotsirrtum bei Blankettstrafgesetzen*, 1955
– *Schuld und Strafe beim Handeln mit bedingtem Unrechtsbewusstsein*, Festschrift für Hans Welzel, S. 499

WEBER, ULRICH, *Konzeption und Grundsätze des Wirtschaftsstrafrechts II*, ZStW 96 (1984), S. 376

WELZEL, HANS, *Zur Abgrenzung des Tatbestandsirrtums vom Verbotsirrtum*, MDR 1952, S. 586
– *Der Verbotsirrtum im Nebenstrafrecht*, JZ 1956, S. 238
– *Das deutsche Strafrecht*, 11. Aufl. 1969

WESSELS, JOHANNES/BEULKE, WERNER, *Strafrecht, allgemeiner Teil*, 39. Aufl. 2009

WESSELS, JOHANNES/HILLENKAMP, THOMAS, *Strafrecht, besonderer Teil 2*, 34. Aufl. 2011

WINKELBAUER, WOLFGANG, *Zur Verwaltungsakzessorietät des Umweltstrafrechts*, 1985

WOLF, ERIK, *Die Stellung der Verwaltungsdelikte im deutschen Strafrechtssystem*, Festschrift für Reinhard von Frank Bd. II, 1930, S. 516

WOLTER, JÜRGEN, *Schuldhafte Verletzung einer Erkundigungspflicht, Typisierung beim Vermeidbarkeitsurteil und qualifizierte Fahrlässigkeit beim Verbotsirrtum - OLG Celle, NJW 1977, 1644*, JuS 1979, S. 487

ZAZCYK, RAINER, *Der verschuldete Verbotsirrtum - BayObLG, NJW 1989, 1744*, JuS 1990, S. 889

ZIELINSKI, DIETHART, *Handlungs- und Erfolgsunwert im Unrechtsbegriff*, 1973

ZIESCHANG, FRANK, *Chancen und Risiken der Europäisierung des Strafrechts*, ZStW 113 (2001), S. 261

ZEIT-LEXIKON WELT- UND KULTURGESCHICHTE, Epochen, Fakten, Hintergründe in 20 Bänden, Hrsg. Zeitverlag Gerd Bucerius GmbH & Co KG, Projektleitung: Hildegard Hogen, Hamburg, 1. Aufl. 2005

SCHRIFTEN ZUM STRAFRECHT UND STRAFPROZESSRECHT

Herausgegeben von Manfred Maiwald und Carsten Momsen

Band 1 Christian Peter Frees: Die steuerrechtliche Selbstanzeige. Zur kriminalpolitischen Zweckmäßigkeit des § 371 AO. 1991.

Band 2 Norbert Joachim: Der Hörensagenbeweis im Strafverfahren. 1991.

Band 3 Alfred A. Göbel: Die Einwilligung im Strafrecht als Ausprägung des Selbstbestimmungsrechts. 1991.

Band 4 Karl-Heinz Vehling: Die Abgrenzung von Vorbereitung und Versuch. 1991.

Band 5 Heiko Hartmut Lesch: Das Problem der sukzessiven Beihilfe. 1992.

Band 6 Dirk Schwerdtfeger: Besondere persönliche Unrechtsmerkmale. 1992.

Band 7 Stefan Göhring: Polizeiliche Kontrollstellen und Datenverarbeitung. § 163 d StPO und novellierte Polizeigesetze der Länder zwischen Strafverfolgung, Gefahrenabwehr und vorbeugender Straftatenbekämpfung. 1992.

Band 8 Werner Kemper: Horizontale Teilrechtskraft des Schuldspruchs und Bindungswirkung im tatrichterlichen Verfahren nach der Zurückverweisung. §§ 353, 354 Abs. 2 StPO. 1993.

Band 9 Ovvadias Namias: Die Zurechnung von Folgeschäden im Strafrecht. 1993.

Band 10 Jan Zopfs: Unfallflucht bei eindeutiger Haftungslage? Unverzüglichkeitsgebot und Wahlmöglichkeit in § 142 Abs. 2 und 3 StGB. 1993.

Band 11 Stefan Hiebl: Ausgewählte Probleme des Akteneinsichtsrechts nach § 147 StPO. 1994.

Band 12 Ralf Krack: List als Straftatbestandsmerkmal. Zugleich ein Beitrag zu Täuschung und Irrtum beim Betrug. 1994.

Band 13 Henning Radtke: Zur Systematik des Strafklageverbrauchs verfahrenserledigender Entscheidungen im Strafprozeß. 1994.

Band 14 Bernd J. A. Müssig: Schutz abstrakter Rechtsgüter und abstrakter Rechtsgüterschutz. Zu den materiellen Konstitutionskriterien sog. Universalrechtsgüter und deren normentheoretischem Fundament – am Beispiel der Rechtsgutsbestimmung für die §§ 129, 129a und 324 StGB. 1994.

Band 15 Heinz Koriath: Über Beweisverbote im Strafprozeß. 1994.

Band 16 Burkhard Niepoth: Der untaugliche Versuch beim unechten Unterlassungsdelikt. 1994.

Band 17 Karsten Altenhain: Die Strafbarkeit des Teilnehmers beim Exzeß. 1994.

Band 18 Ina Walbaum: Schuldspruch in der Revisionsinstanz nach freisprechendem Urteil des Tatgerichts. 1996.

Band 19 Birgit Dalbkermeyer: Der Schutz des Beschuldigten vor identifizierenden und tendenziösen Pressemitteilungen der Ermittlungsbehörden. 1994.

Band 20 Thomas Hackner: Der befangene Staatsanwalt im deutschen Strafverfahrensrecht. 1995.

Band 21 Hartmut Loritz: Kritische Betrachtungen zum Wert des strafprozessualen Zwischenverfahrens. 1996.

Band 22 Heinz-Hermann Berghof: Therapie und Strafe im Betäubungsmittelrecht. Recht und Wirklichkeit der Behandlung Drogenabhängiger unter besonderer Berücksichtigung der §§ 35 ff BtMG. 1995.

Band 23 Oliver Mertens: Strafprozessuale Grundrechtseingriffe und Bindung an den Wortsinn der ermächtigenden Norm. 1996.

Band 24 Sönke Bahnsen: Das Akteneinsichtsrecht der Verteidigung im Strafverfahren. Dogmatische Grundlagen und Einzelprobleme im Lichte einer rechtsstaatlichen Verfahrensgestaltung. 1996.

Band 25 Dirk Schwieger: Der Vorteilsbegriff in den Bestechungsdelikten des StGB. 1996.

Band 26 Stephanie Meinecke: Die Auswirkungen von Verfahrensfehlern auf die Strafbarkeit nach den Aussagedelikten. 1996.

Band 27 Ute Lambrecht: Strafrecht und Disziplinarrecht. Abhängigkeiten und Überschneidungen. 1997.

Band 28 Carsten Momsen: Verfahrensfehler und Rügeberechtigung im Strafprozeß. Die Strukturen der Revisionsberechtigung unter besonderer Berücksichtigung des Begriffs "Rechtsnormen, die lediglich zugunsten des Angeklagten gegeben sind" in § 339 StPO. 1997.

Band 29 Ursula Epp: Die Abgeordnetenbestechung – § 108 e StGB. 1997.

Band 30 Bernd Scheiff: Wann beginnt der Strafrechtsschutz gegen kriminelle Vereinigungen (§ 129 StGB)? 1997.

Band 31 Ulrike Fontaine: Max Grünhut (1893-1964). Leben und wissenschaftliches Wirken eines deutschen Strafrechtlers jüdischer Herkunft. 1998.

Band 32 Claudia Keiser: Das Kindeswohl im Strafverfahren. Zur Notwendigkeit eines am Kindeswohl orientierten Umgangs mit minderjährigen Opfern und Zeugen, den Möglichkeiten de lege lata und den Erfordernissen de lege ferenda. 1998.

Band 33 Wiebke Schürer-Mohr: Erlaubte Risiken. Grundfragen des "erlaubten Risikos" im Bereich der Fahrlässigkeitsdogmatik. 1998.

Band 34 Stephan Voigtel: Zum Freibeweis bei Entscheidungen der Strafvollstreckungskammer. Eine Untersuchung zu ausgewählten Fragen des Beweisrechts im gerichtlichen Verfahren in Strafvollstreckungs- und Strafvollzugssachen. 1998.

Band 35 Volkmar Wißgott: Das Beweisantragsrecht im Strafverfahren als Kompensation der richterlichen Inquisitionsmaxime. Die Judikatur des Reichsgerichts zum strafprozessualen Beweisrecht. 1998.

Band 36 Susanne Merz: Strafrechtlicher Ehrenschutz und Meinungsfreiheit. 1998.

Band 37 Uwe Schlömer: Der elektronisch überwachte Hausarrest. Eine Untersuchung der ausländischen Erfahrungen und der Anwendbarkeit in der Bundesrepublik Deutschland. 1998.

Band 38 Michael Liedke: Die Vermögensstrafe gemäß § 43a StGB in ihrer kriminalpolitischen Bedeutung. 1999.

Band 39 Danja Domeier: Gesundheitsschutz und Lebensmittelstrafrecht. Zur Konkretisierung der Verkehrspflichten und ihrer Strafbewehrung, insbesondere mit Blick auf §§ 8 ff. LMBG. 1999.

Band 40 Ritva Westendorf: Die Pflicht zur Verhinderung geplanter Straftaten durch Anzeige. Eine kritische Betrachtung der §§ 138, 139 StGB im Kontext der Unterlassungsdelikte. 1999.

Band 41 Hans Theile: Tatkonkretisierung und Gehilfenvorsatz. 1999.

Band 42 Nicole Lange: Vorermittlungen. Die Behandlung des staatsanwaltschaftlichen Vorermittlungsverfahrens unter besonderer Berücksichtigung von Abgeordneten, Politikern und Prominenten. 1999.

Band 43 Tanja Gunder: Der Umgang mit Kindern im Strafverfahren. Eine empirische Untersuchung zur Strafverfolgung bei Sexualdelinquenz. 1999.

Band 44 Sven-Markus Thiel: Die Konkurrenz von Rechtfertigungsgründen. 2000.

Band 45 Jan Schlüter: Die Strafbarkeit von Unternehmen in einer prozessualen Betrachtung nach dem geltenden Strafprozeßrecht. 2000.

Band 46 Detlef Heise: Der Insiderhandel an der Börse und dessen strafrechtliche Bedeutung. Eine Untersuchung des neuen deutschen Insiderrechts speziell unter Bezugnahme auf die strafrechtstheoretischen und strafrechtsdogmatischen Grundlagen. 2000.

Band 47 Hermann Wichmann: Das Berufsgeheimnis als Grenze des Zeugenbeweises. Ein Beitrag zur Lehre von den Beweisverboten. 2000.

Band 48 Rainer T. Cherkeh: Betrug (§ 263 StGB), verübt durch Doping im Sport. 2000.

Band 49 Kristian Hohn: Die Zulässigkeit materieller Beweiserleichterungen im Strafrecht. Eine Untersuchung über Erscheinungsformen und Grenzen der Lösung beweisrechtlicher Probleme im materiellen Strafrecht. 2000.

Band 50 Malte Rabe von Kühlewein: Der Richtervorbehalt im Polizei- und Strafprozeßrecht. 2001.

Band 51 Donata Meinecke: Die Gesetzgebungssystematik der Versuchsstrafbarkeit von Verbrechen und Vergehen im StGB. 2001.

Band 52 Joachim Bock: Begriff, Inhalt und Zulässigkeit der Beweislastumkehr im materiellen Strafrecht. 2001.

Band 53 Gabriele Rose: Grenzen der journalistischen Recherche im Strafrecht und Strafverfahrensrecht. 2001.

Band 54 Wiebke Reitemeier: Täuschungen vor Abschluß von Arbeitsverträgen. Zum Verhältnis zwischen dem Straftatbestand des Betrugs und dem Anfechtungsrecht wegen arglistiger Täuschung (§§ 263 Abs. 1 StGB, 123 Abs. 1 Alt. 1 BGB). 2001.

Band 55 Peter Rackow: Das DNA-Identitätsfeststellungsgesetz und seine Probleme. 2001.

Band 56 Frank Zschieschack: Geiselnahme und erpresserischer Menschenraub (§§ 239a, 239b StGB) im Zwei-Personen-Verhältnis. 2001.

Band 57 Natascha Sëyfi: Das Sicherungsverfahren (§§ 413 - 416 StPO). 2002.

Band 58 Dirk Seiler: Die *Sperrwirkung* im Strafrecht. 2002.

Band 59 Dorothee Sydow: Die actio libera in causa nach dem Rechtsprechungswandel des Bundesgerichtshofs. 2002.

Band 60 Inga Metrikat: Die Unterbringung in einer Entziehungsanstalt nach § 64 StGB – Eine Maßregel im Wandel? Eine vergleichende, empirische Untersuchung zur Entscheidung des Bundesverfassungsgerichts vom 16.03.1994, BVerfGE 91, 1 ff. 2002.

Band 61 Sabine Caroline Bechtoldt: Die Erledigungserklärung im Maßregelvollzug des § 63 StGB. Eine empirische Untersuchung der Erledigungserklärung und zugleich rechtsdogmatische Erörterung ihrer Rechtskraftproblematik. 2002.

Band 62 Sandra Schulte-Nover: Strafrichter in Deutschland und England. Ein systematischer Rechtsvergleich im Hinblick auf die richterlichen Kompetenzen im Strafverfahren. 2003.

Band 63 Tim Schurig: Belehrung und Beratung des Beschuldigten über sein Aussageverhalten. Eine gemeinsame Aufgabe von Gericht und Verteidigung? 2003.

Band 64 Markus Laski: Die strafrechtlichen Bezüge des Bundes-Bodenschutzgesetzes. 2003.

Band 65 Gunnar Lüer: Die Versäumung im Berufungsverfahren. Das strafprozessuale Anwesenheitsprinzip im Spannungsfeld von autonomer Subjektstellung und öffentlichen Interessen am Beispiel des § 329 Abs. 1,2 StPO. 2003.

Band 66 Thomas Grützner: Die Sanktionierung von Submissionsabsprachen. Eine Untersuchung der bestehenden Möglichkeiten einer Bekämpfung von Submissionsabsprachen unter besonderer Berücksichtigung des § 298 StGB. 2003.

Band 67 Bettina Noltenius: Kriterien der Abgrenzung von Anstiftung und mittelbarer Täterschaft. Ein Beitrag auf der Grundlage einer personalen Handlungslehre. 2003.

Band 68 Bettina Kraft: Tendenzen in der Entwicklung des Jugendstrafrechts seit der Jugendgerichtsbewegung. 2004.

Band 69 Jessica Däbritz: Die Bestimmung strafbaren fahrlässigen Verhaltens in der Forschung am Beispiel ärztlicher Humanerprobungen. Ein Beitrag zur methodischen Ermittlung und inhaltlichen Bestimmung von Sorgfaltspflichten in der Humanforschung. 2004.

Band 70 Maike Steenbock: Über die Unfallflucht als Straftat. Eine kritische Untersuchung zum Zusammenhang der Strafbarkeit der Unfallflucht mit den Besonderheiten des Straßenverkehrs. 2004.

Band 71 Holger Mann: Beschleunigungspotential im Jugendstrafverfahren. 2004.

Band 72 Dorothee Krutisch: Strafbarkeit des unberechtigten Zugangs zu Computerdaten und -systemen. 2004.

Band 73 Heinz-Helmut Fuhrmann: Das Begehen der Straftat gem. § 25 Abs. 1 StGB. Unter besonderer Berücksichtigung der sogenannten "eigenhändigen" Delikte. 2004.

Band 74 Gerwin M. Moldenhauer: Eine Verfahrensordnung für Absprachen im Strafverfahren durch den Bundesgerichtshof? 2004.

Band 75 Dirk Busch: Konzernuntreue. Eine Untersuchung spezifischer Untreuestrafbarkeit innerhalb von Konzernverbindungen mit Aktiengesellschaften und Gesellschaften mit beschränkter Haftung. 2004.

Band 76 Mitsuru Iijima: Die Entwicklung des strafrechtlichen Unrechtsbegriffs in Japan. Eine kritische Betrachtung aus strafrechtsdogmatischer und rechtsphilosophischer Perspektive. 2004.

Band 77 Lena Barbara Kötter: Private Elemente in der Strafvollstreckung. Zur Privatisierung von Bewährungshilfe, Gerichtshilfe und gemeinnütziger Arbeit. 2004.

Band 78 Martin Maria Laufen: Der Wucher (§ 291 Abs. 1 Satz 1 StGB). Systematische Einordnung und dogmatische Struktur. 2004.

Band 79 Maike Aselmann: Die Selbstbelastungs- und Verteidigungsfreiheit. Ein Beitrag zu den Garantiewirkungen von Verfahrensrechten im Hinblick auf die Beweiswürdigung, Strafzumessung und Strafbarkeit des Beschuldigten im Strafprozess. 2004.

Band 80 Ingmar Wolf: Graffiti als kriminologisches und strafrechtsdogmatisches Problem. 2004.

Band 81 Misuk Son: Straftatfolgen im deutschen und koreanischen Strafrecht. Ein prinzipieller Vergleich. 2004.

Band 82 Matthias Saal: Die Beteiligung an einer Schlägerei (§ 231 StGB). Ein Plädoyer für die Streichung der schweren Folge. 2004.

Band 83 Michael Stüber: Die Entwicklung des Prinzips der Unmittelbarkeit im deutschen Strafverfahren. 2005.

Band 84 Patrick Gerberding: Das Rechtsmittelsystem im US-amerikanischen Strafverfahren. Eine rechtsvergleichende Betrachtung. 2005.

Band 85 Rouven Seeberg: Aufgedrängte Nothilfe, Notwehr und Notwehrexzess. 2005.

Band 86 Andre Knoerchen: Schadenswiedergutmachung über anwaltliche Schlichtungsstellen. Rechtsökonomische Analyse eines Modellprojekts. 2005.

Band 87 Andreas Quante: Sanktionsmöglichkeiten gegen juristische Personen und Personenvereinigungen. 2005.

Band 88 Gundula Momsen-Pflanz: Die sportethische und strafrechtliche Bedeutung des Dopings. Störung des wirtschaftlichen Wettbewerbs und Vermögensrelevanz. 2005.

Band 89 Klaus Kleinbauer: Rechtsmittelverzicht und Rechtsmittelzurücknahme des Beschuldigten im Strafprozeß. 2006.

Band 90 Manuel Fumagalli: Rechtsprobleme vorgeburtlicher Diagnoseverfahren. Die personenrechtliche Begründung von Pränataldiagnostik und Präimplantationsdiagnostik. 2006.

Band 91 Matthias Dann: Staatliche Tatprovokation im deutschen, englischen und schottischen Recht. Rechtsvergleichende Untersuchung unter besonderer Berücksichtigung europäischer und internationaler Entwicklungslinien. 2006.

Band 92 Shahryar Ebrahim-Nesbat: Die Herausbildung der strafrechtlichen Teilnahmeformen im 19. Jahrhundert. 2006.

Band 93 Christoph Paglotke: Notstand und Notwehr bei Bedrohungen innerhalb von Prozesssituationen. 2006.

Band 94 Sebastian Olk: Die Abgabe von Sacherklärungen des Angeklagten durch den Verteidiger. 2006.

Band 95 Bernadette Pape: Legalverhalten nach Sexualdelinquenz. Eine empirische Analyse der Delinquenzkarrieren nach Sexualstraftaten an Kindern. 2007.

Band 96 Uttam Das: Möglichkeiten der Angleichung materiellen Strafrechts zwischen England und Deutschland im Rahmen des Art. K 31 EUV. 2007.

Band 97 Dennis Miller: Die Beteiligung am Verbrechen nach italienischem Strafrecht. Ein Beitrag zur Geschichte und Gegenwart von Einheits- und Differenzierungsmodellen der strafbaren Beteiligung mehrerer Personen. 2007.

Band 98 Michael Nehring: Kriminelle und terroristische Vereinigungen im Ausland. Auslegung und Analyse des im Zuge der Terrorismusbekämpfung nach dem 11. September 2001 geschaffenen § 129b Strafgesetzbuch. 2007.

Band 99 Bernadette Berger: Das Gesinnungsmoment im Strafrecht. 2008.

Band 100 Peter Rackow: Neutrale Handlungen als Problem des Strafrechts. 2007.

Band 101 Simone Mölders: Bestechung und Bestechlichkeit im internationalen geschäftlichen Verkehr. Zur Anwendbarkeit des § 299 StGB auf Sachverhalte mit Auslandsbezug. 2009.

Band 102 Anke David: Die Entwicklung des Mordtatbestandes im 19. Jahrhundert. 2009.

Band 103 Arne Habenicht: Die Beteiligung an sexuellen Gewalttaten. 2009.

Band 104 Marwan Hamdan: Drittmittelforschung in der Medizin. Eine Gratwanderung zwischen strafbarer Vorteilsannahme und verfassungsgarantierter Forschungsfreiheit. 2009.

Band 105 Carl-Friedrich von Scherenberg: Die sozialethischen Einschränkungen der Notwehr. 2009.

Band 106 Andreas Poppe: Die Akzessorietät der Teilnahme. Eine kritische Analyse der dogmatischen Grundlagen. 2011.

Band 107 Jonathan Burmeister: Die schuldangemessene Bewertung von Ehrenmorden im deutschen Strafrecht. Differenzierte Schuldmerkmale auf Tatbestandsebene bei sonstigen niedrigen Beweggründen. 2011.

Band 108 Philipp Reinhold: Amtsträgerbestechung. Unrechtsgehalt und Grenzen der §§ 331 ff. StGB. 2011.

Band 109 Simone Reiß: Verbotsirrtum und Subventionsbetrug. Unter Berücksichtigung der Besonderheiten bei der betrügerischen Erlangung von EU-Subventionen. 2012.